COLEÇÃO
**POCKET BOOK**
THEREZA NAHAS
COORDENADORA

COLEÇÃO
**POCKET BOOK**
THEREZA NAHAS
COORDENADORA

**ALEXANDRE AGRA BELMONTE**
**GIUSEPPE LUDOVICO**

# DANO EXTRAPATRIMONIAL NO DIREITO DO TRABALHO BRASIL/ITÁLIA

MATRIOSKA
EDITORA

**Publisher** – Editorial: Luciana Félix
**Publisher** – Comercial: Patrícia Melo
**Coordenação editorial da coleção:** Ana C. Moura
**Copidesque e preparação de texto:** Gisele Múfalo
**Revisão:** Equipe Matrioska Editora
**Editoração e capa:** Marcelo Correia da Silva

**Matrioska Editora**
Atendimento e venda direta ao leitor:
www.matrioskaeditora.com.br
contato@matrioskaeditora.com.br
facebook.com/matrioskaeditora
instagram.com/matrioskaeditora

**Dados Internacionais de Catalogação na Publicação (CIP)**
**(Câmara Brasileira do Livro, SP, Brasil)**

Belmonte, Alexandre Agra
Dano extrapatrimonial no direito do trabalho : Brasil : Itália / Alexandre Agra Belmonte, Giuseppe Ludovico. -- São Paulo : Matrioska Editora, 2022. -- (Coleção pocket book / Thereza Nahas, coordenadora)

Bibliografia.
ISBN 978-65-86985-76-4

1. Danos (Direito) 2. Direito do trabalho - Brasil 3. Direito do trabalho - Itália 4. Direitos fundamentais 5. Reparação (Direito) I. Ludovico, Giuseppe. II. Nahas, Thereza. III. Título. IV. Série.

22-119921 CDU-34:331(81:45)

**Índices para catálogo sistemático:**

1. Dano extrapatrimonial : Brasil-Itália : Direito do trabalho 34:331(81:45)

Cibele Maria Dias - Bibliotecária - CRB-8/9427

**Impresso no Brasil**
**2022**

# Os Autores

**Alexandre Agra Belmonte**

Ministro do Tribunal Superior do Trabalho, conselheiro do Conselho Superior da Justiça do Trabalho biênio 2022/2024, conselheiro da Escola Nacional de Magistratura Trabalhista, doutor em Justiça e Sociedade e mestre em Direito das Relações Sociais pela Universidade Gama Filho, especialista em Direito Privado Aprofundado pela Universidade Federal Fluminense, membro da Academia Brasileira de Direito do Trabalho, da Academia Nacional de Direito Desportivo, da Academia Iberoamericana de Direito do Trabalho e Previdência Social e da Academia Paulista de Letras Jurídicas, membro honorário do Instituto dos Advogados Brasileiros (IAB), professor permanente do programa de pós graduação *stricto sensu* em Direitos Sociais e Processos Reivindicatórios do Instituto Superior de Brasília, professor da Fundação Getúlio Vargas, Dr. Honoris Causa da Universidade Santa Úrsula, membro consultor de avaliação de programas de mestrados profissionais da CAPES, quadrienal 2017/20. Integrou o Grupo de Altos Estudos (GAET) para a apresentação de propostas de alteração da lei trabalhista. Participou da Comissão que elaborou a Instrução Normativa nº 39, do TST, editada em março de 2016, de compatibilização do atual CPC ao processo do trabalho, e da Comissão do TST de Direito Intertemporal da Reforma Trabalhista, que elaborou a Instrução Normativa nº 41/2018. Integrou a delegação brasileira em Conferência Internacional do Trabalho da OIT, em Genebra, na Suíça, em 2013. E-mail: alexandre.belmonte@tst.jus.br

**Giuseppe Ludovico**

Professor de Direito do Trabalho e da Previdência Social nos Cursos de Graduação, com mestrado e doutorado na Universidade de Milão. Diretor do Curso de Doutorado em Direito Comparado, Civil, Processual Civil e da Empresa da Universidade de Milão. Coordenador Didático do Curso de Especialização em Direito do Trabalho para Advogados da Universidade de Milão. Doutor em Direito do Trabalho pela Universidade de Bolonha. Especialista em Direito do Trabalho pela Escola de Especialização da Universidade de Parma. Graduado em Direito pela Universidade de Milão. Diretor dos Estudos Ítalo-Brasileiros de Direito do Trabalho e da Previdência Social. Diretor da Revista Brasileira de Previdência. Membro da Associação Italiana de direito do Trabalho e Seguridade Social. Membro da Labour Law Community-LLC. Membro Correspondente da Academia Brasileira de Direito do Trabalho. Membro da Comissão de Certificação dos Contratos de Trabalho da Universidade de Roma Ter. Membro do Comitê Científico de Cross Border Benefits Alliance-Europe (CBBA-Europe). Senior External Expert do Programa Sector Dialogues Support Facility (7th call) entre União Europeia e República Federativa do Brasil. Advogado. E-mail: giuseppe.ludovico@unimi.it

# Apresentação da Série

A coleção Pocket-book chega ao leitor com a intenção de proporcionar uma ferramenta de trabalho e conhecimento que permita a consulta rápida, inteligente e com a qualidade que o modelo da tecnologia atual exige.

Os temas monográficos e a diversidade de autores e pensamentos evitam que a velocidade das alterações legislativas, jurisprudenciais, políticas e sociais possam comprometer a atualidade das obras.

O formato praticamente 100% digital do conteúdo (com impressões esporádicas e sob demanda) viabiliza as atualizações constantes e necessárias para a compreensão dos temas propostos.

O mundo em constante transformação, a aceleração da tecnologia da informação e da comunicação e os vários instrumentos normativos que surgem nos diferentes países impactando, inclusive, a zona de conforto que cada um de nós vive, requer atualizações mais dinâmicas e intercâmbios culturais, políticos, jurídicos e sociais. O mundo não tem fronteiras e reclama que cada um possa ir mais além, justamente pela união dos povos e a cooperação transnacional.

Vivemos no século da sociedade do conhecimento, fundamento este de cada Pocket-book que o leitor poderá absorver!

*Thereza Nahas*

Coordenadora e autora

# Sumário

## PARTE I – BRASIL

# O DANO EXTRAPATRIMONIAL NO SISTEMA JURÍDICO TRABALHISTA BRASILEIRO

Alexandre Agra Belmonte

# INTRODUÇÃO

Agradeço, muito honrado, ao professor Giuseppe Ludovico, da Università Degli Studi Di Milano, pelo convite feito para a demonstração, em linhas gerais, da doutrina e jurisprudência trabalhsitas sobre as principais questões envolvendo os danos extrapatrimoniais nas relações individuais e coletivas de trabalho.

Embora a Constituição da República Federativa do Brasil tenha atribuído competência à Justiça do Trabalho para o exame da responsabilidade civil por danos extrapatrimoniais trabalhistas, somente a partir da Emenda Consitucional nº 45/2004, que expressamente atribuiu à Justiça Especializada a competência para processar e julgar as ações de indenização por dano moral ou patrimonial, decorrentes da relação de trabalho, a questão restou pacificada.

Ainda assim, somente em 2005, por decisão do Supremo Tribunal Federal, restou assentada à competência da Justiça do Trabalho para apreciar a responsabilização por acidentes do trabalho.

Tem-se, portanto, que a formação da jurisprudência trabalhista sobre danos extrapatrimoniais é relativamente recente.

Bem é toda coisa, valor ou prestação suscetível de apropriação jurídica.

As coisas corpóreas são as que têm existência material, e as incorpóreas são as perceptíveis pela consciência coletiva como realidade, pela utilidade propiciada ao ser humano, caso do dinheiro, dos títulos de crédito e dos direitos em geral.

Além das coisas, são bens os valores fundamentais ao ser humano, que dizem respeito a liberdade, igualdade, solidariedade e justiça social.

Além dos valores fundamentais ao ser humano, também são bens os valores fundamentais de coletividades: a livre inciativa, o meio ambiente, os valores artísticos, estéticos, históricos, turísticos e paisagísticos; honra, dignidade de grupos raciais, étnicos ou religiosos.

Finalmente, ingressam na categoria de bens jurídicos as prestações de dar, restituir, fazer e não fazer de conteúdo econômico ou não.

Bens extrapatrimoniais trabalhistas são os valores fundamentais identificáveis nas relações de trabalho, que integram os direitos da personalidade dos contratantes e os direitos difusos e coletivos de grupos, classes ou categorias. Entre eles estão os bens valorativos, físicos, espirituais, estéticos e existenciais do ser humano, os valores fundamentais inerentes às pessoas jurídicas e os valores fundamentais metaindividuais.

Portanto, nem sempre os bens jurídicos estão localizados no mundo exterior. Há direitos que se situam no âmbito da própria pessoa, integrando o seu ser, porque essenciais a uma existência livre, igualitária, solidária e socialmente justa na ordem social e econômica.

Tais direitos, inatos e interiores à pessoa, são tão merecedores de tutela jurídica quanto os bens exteriores, pelo que também podem ser objeto de direito. Regulados no plano infraconstitucional como direitos da personalidade, são direitos fundamentais à integridade física, psicológica e moral da pessoa humana, a exemplo dos direitos à vida, integridade física, da liberdade de ir e vir, de circulação, manifestação do pensamento, convicção, crença, expressão, informação, sexual, reunião e associação e dos direitos à imagem, intimidade, vida privada, segredo das comunicações, segurança, saúde, greve e tratamento respeitoso das condições pessoais e profissionais.

A tutela dos direitos da personalidade não é, contudo, exclusiva do ser humano. A pessoa jurídica também é detentora de personalidade, embora de aquisição e para finalidade distintas da pessoa natural. Daí que também adquire direitos da personalidade a partir de sua existência, tais como o direito ao nome, à marca, à imagem, ao segredo empresarial e ao sigilo das comunicações, que merecem proteção.

Outrossim, a vida em sociedade demanda a formação de interesses próprios da comunidade ou de grupos, classes e categorias de pessoas, ensejando a necessidade de proteção aos interesses difusos e coletivos, entre esses, os interesses extrapatrimoniais dessaa coletividades, a exemplo da proteção ao meio ambiente. O ambiente saudável e seguro de trabalho é um direito extrapatrimonial dos trabalhadores.

Os direitos da personalidade e os direitos comunitários desprovidos de economicidade ingressam na categoria de direitos extrapatrimoniais, posto que, ao contrário dos bens patrimoniais, de representação econômica, são valorados precipuamente pela perspectiva sentimental ou existencial.

Com efeito, se alguém causa um dano patrimonial, é possível mensurar o valor reparatório, quer quanto ao dano emergente, quer quanto aos lucros cessantes, para efeito de indenização, porque o bem atingido tem valor material de mercado. Mas se alguém ofende a honra ou a intimidade alheia, como calcular ou precificar o sofrimento imposto?

Enfim, a importância da distinção entre danos patrimoniais e extrapatrimoniais está em que os danos causados aos direitos de natureza econômica são compostos pela via reparatória com base na equivalência pecuniária em relação ao bem ofendido. Se pelo meio pecuniário são valorados ou medidos, por essa via devem ser os prejuízos compostos, na exata medida do dano experimentado pela vítima. Já os danos causados aos direitos da personalidade, porque extrapatrimoniais, não têm equivalência econômica e sua composição, quando impossível *in natura* – e geralmente o é, ocorre por meio de paliativo econômico, suscetível de compensar os efeitos da ofensa e pedagogicamente reprimir novas investidas do ofensor.

Lembra Maria Helena Diniz que, na hipótese de o ofendido reclamar uma compensação pecuniária em decorrência de dano moral, não se está a pretender um preço para a sua dor, mas sim a concessão de um meio capaz de atenuar as consequências do dano. Ao contrário do dano patrimonial, na reparação do dano moral o dinheiro não tem equivalência com o prejuízo causado, porque a dor não pode ser concretamente medida. Acrescenta, com propriedade, que o padecimento, a dor ou a aflição decorrentes da ofensa a um bem jurídico extrapatrimonial encontra outros meios de solução[1].

Realmente, a revolta e humilhação provocadas pela agressão à honra; a dor decorrente da morte de um filho provocada por terceiro; o

---

[1] DINIZ, Maria Helena *Curso de Direito Civil*, vol. 7, São Paulo: Saraiva, 2003, p. 82.

complexo advindo do acidente causado por avanço de sinal, tornando a vítima paraplégica; o trauma derivado da perda de um membro em defeituosa prensa não pode ser desfeito. Não há retorno possível ao *status quo ante*, pelo que devem ser buscadas outras formas de solução jurídica para ofensas dessa natureza.

É certo que, como decorrência do relacionamento social, inúmeras transgressões, intencionais ou não, são passíveis de cometimento aos direitos da personalidade, e o fato de serem extrapatrimoniais não exclui a necessidade de se buscar alternativas para solucionar ou amenizar os efeitos do dano causado. Eventual compensação financeira dessa sensação dolorosa pode servir de lenitivo para o ofendido e de exemplar sanção social, dissuasória para o ofensor. Além de servir de exemplo social quanto às consequências dos atos ofensivos ao sentimento alheio, tem a função de coibir o ofensor quanto a novas investidas e de proporcionar ao ofendido o custeio de prazeres compensatórios da dor, que são proporcionados pelo dinheiro.

Convém, no entanto, não esquecer que lesões causadas a direitos da personalidade, como a cometida à integridade física de uma pessoa em decorrência de acidente do trabalho, pode produzir, além do dano estético (defeito aparente) e da dor sentimental decorrente da deformidade (humilhações, limitações e complexos, advindos, por exemplo, da perda de movimentos) e de impedimentos existenciais de vida pessoal, familiar e/ou social), reflexos patrimoniais ou econômicos (dano patrimonial indireto, consistente no ressarcimento de despesas hospitalares, médicas e de tratamento), indenização pelo impedimento temporário ou permanente de exercício de labor remunerado), sem falar, no plano existencial, em impossibilidades de aspirações pessoais futuras e de regular vida social.

O mesmo é possível dizer das ofensas à honra, em que, além da dor sentimental, prejuízos reflexos de ordem econômica podem ser experimentados, como diminuição de clientela ou maior dificuldade de acesso ao mercado de trabalho, pelas consequências das investidas contra a credibilidade da pessoa humana.

A respeito, observa Maria Helena Diniz que a reparação ou compensação dos danos não fica limitada às lesões decorrentes das agressões à integridade corporal ou à vida: havendo ofensas aos direitos do autor, à honra das pessoas, ao seu nome, ter-se-á dano moral, que não elimina, contudo, a possibilidade de verificação de dano patrimonial indireto caso impeçam ou dificultem a atividade profissional do ofendido[2].

Para Miguel Reale, quando é atingida a dimensão social ou a imagem (dimensão ética) de uma pessoa no meio social, diminuindo-lhe o valor perante a opinião pública, tem-se o dano moral objetivo (atinente assim à consideração social). Já se agressão se refere a estados d'alma, sofrimentos ou sensações dolorosas que afetem os valores íntimos da pessoa, tem-se o dano moral subjetivo (pertinente assim à consideração pessoal)[3].

A Constituição da República Federativa do Brasil de 1988 expressamente consagra o direito à composição de ofensa a interesses extrapatrimonais morais (art. 5º, V e X).[4]

A Lei nº 7.783, de 28 de junho de 1989 (Lei de Greve) em seu art. 1º assegura às categorias profissionais o direito de greve, competindo

---

[2] DINIZ, Maria Helena. *Curso de Direito Civil*, vol. 7. São Paulo: Saraiva, 2003, p. 76.

[3] REALE, Miguel. *Temas de Direito Civil*, O Dano Moral no Direito Brasileiro. São Paulo: RT, 1992, p. 23.

[4] BRASIL, *Constituição da República Federativa do Brasil*. Disponível em: http://www.planalto.gov.br/ccivil_03/constituicao/constituicao.htm. Acesso em: 10 jan. 2022.

aos trabalhadores decidir sobre a oportunidade de exercê-lo e sobre os interesses que devam por meio dele defender. Entre eles, estão, por óbvio os de natureza extrapatrimonial.

O Código Civil brasileiro de 2002, além de regular expressamente os direitos da personalidade (arts. 11 a 21), também prevê indenização por dano moral puro, regulamentando o texto constitucional e fornecendo critérios gerais para a sua apuração (arts 944 e 945).[5]

Por força da Lei nº 13.467/2017[6], a CLT agora identifica, expressamente, os danos extrapatrimoniais verificáveis nas relações de trabalho (embora, evidentemente, de forma exemplificativa), os critérios objetivos para a sua composição e, não obstante questionáveis quer quanto ao critério estabelecido para o valor inicial, quer quanto ao teto final, as limitações valorativas da indenização (arts. 223-A a G, da CLT).[7]

A Lei da Ação Civil Pública (Lei nº 7.347, de 24 de julho de 1985)[8], a Lei de Defesa do Consumidor (Lei nº 8.078, de 11 de setembro de 1990[9]), a lei que prevê o Mandado de Segurança Coletivo (Lei

---

[5] BRASIL, Lei nº 10.406, de 10 de janeiro de 2002. Disponível em: http://www.planalto.gov.br/ccivil_03/leis/2002/l10406compilada.htm. Acesso em: 10 jan. 2022.

[6] BRASIL, Lei nº 13.467, de 13 de julho de 2017. Disponível em: http://www.planalto.gov.br/ccivil_03/_ato2015-2018/2017/lei/l13467.htm. Acesso em: 10 jan. 2022.

[7] Se para a reparação do dano patrimonial o valor do salário do trabalhador é ponto de partida adequado, para efeito de dano extrapatrimonial a dor sentimental termina medida por critério que diferencia a pessoa pelos ganhos, estando a questão a merecer revisão legislativa para a adoção de um valor neutro, por exemplo, calculada como ponto de partida pelo maior valor de benefício da previdência social.

[8] BRASIL, Lei nº 7.347, de 24 de julho de 1985. Disponível em: http://www.planalto.gov.br/ccivil_03/leis/l7347orig.htm#:~:text=Lei%207.347&text=LEI%20No%207.347%2C%20DE%2024%20DE%20JULHO%20DE%201985.&text=Disciplina%20a%20a%C3%A7%C3%A3o%20civil%20p%C3%BAblica,VETADO)%20e%20d%C3%A1%20outras%20provid%C3%AAncias. Acesso em: 10 jan. 2022.

[9] BRASIL, Lei nº 8.078, de 11 de setembro de 1990. Disponível em: http://www.planalto.gov.br/ccivil_03/leis/l8078compilado.htm. Acesso em: 10 jan. 2022.

nº 12.016, de 7 de agosto de 2009[10]), a lei do Mandado de Injunção Coletivo (Lei nº 13.300/2016[11]), o Dissídio Coletivo (art. 114, §§2º e 3º da Constituição Federal, 616, §2º e 856 e seguintes do Decreto-lei nº 5.452, de 1º de maio de 1943 – Consolidação das Leis do Trabalho), a ação trabalhista de cumprimento (art. 872, §2º, da CLT) e a Lei de Greve (Lei nº 7.783, de 28 de junho de 1989[12]), basicamente compõem, no Brasil, o microssistema das ações coletivas contra as ofensas patrimoniais e/ou extrapatrimoniais ou o exercício desses direitos por comunidades, grupos, classes e categorias.

---

[10] BRASIL, Lei nº 12.016, de 7 de agosto de 2009. Disponível em: http://www.planalto.gov.br/ccivil_03/_ato2007-2010/2009/lei/l12016.htm. Acesso em: 10 jan. 2022.

[11] BRASIL, Lei nº 13.300, de 23 de junho de 2016. Disponível em: http://www.planalto.gov.br/ccivil_03/_ato2015-2018/2016/lei/l13300.htm. Acesso em: 10 jan. 2022.

[12] BRASIL, Lei nº 7.783, de 28 de junho de 1989. Disponível em: http://www.planalto.gov.br/ccivil_03/leis/l7783.HTM. Acesso em: 10 jan. 2022.

# AS RELAÇÕES INDIVIDUAIS E COLETIVAS DE TRABALHO E SUA POTENCIALIDADE NA GERAÇÃO DE CONFLITOS EXTRAPATRIMONIAIS

No relacionamento interpessoal trabalhista, os elementos constitutivos da relação de emprego, as características do contrato de trabalho e o poder empregatício, que por si só atuam como elemento limitador do exercício dos direitos fundamentais do trabalhador, são suscetíveis de gerar abusos e ofensas a direitos extrapatrimoniais típicos do relacionamento individual entre empregado e empregador.

Calúnias, difamações, injúrias, informações desabonadoras, revistas íntimas, trabalho extenuante, degradante ou forçado, assédio moral, assédio sexual, desrespeitos à crença ou ideologia, discriminações de todo tipo, métodos abusivos de avaliação de desempenho, sujeição a riscos à saúde e segurança sem adequada prevenção, dispensas retaliativas e acidentes de trabalho são situações corriqueiras no ambiente de trabalho.

Como todo e qualquer relacionamento jurídico, o trabalhista é uma via de mão dupla. Também é possível o cometimento de ofensas extrapatrimoniais pelo trabalhador, incluindo o desrespeito aos direitos da personalidade da pessoa física ou jurídica do empregador. Assim como a vida, integridade física, intimidade, privacidade e outros bens jurídicos do empregador pessoa física podem ser colocados em risco pelo trabalhador, o nome, a imagem e os segredos empresariais da pessoa jurídica do empregador também são suscetíveis de serem ofendidos pelo trabalhador.

Por fim, é característico das sociedades de massa a utilização do trabalho de forma coletiva, o que enseja o surgimento de conflitos metaindividuais patrimoniais e extrapatrimoniais, envolvendo, entre outras, questões relacionadas à insatisfação coletiva quanto às condições remuneratórias e de saúde e segurança no ambiente de trabalho, tratamento diferenciado a grupos e assédio moral organizacional.

Do exposto, verifica-se que as relações individuais e coletivas de trabalho são potencialmente suscetíveis de gerar conflitos de natureza extrapatrimonial.

A grande questão relacionada ao tema não mais se encontra na caracterização da ofensa, no alcance dos ofendidos e na tutela jurisdicional adequada, individual ou coletiva.

Também não mais se verifica o impedimento a uma valoração específica para o dano extrapatrimonial puro, ou seja, desvinculado de prejuízo material. O problema que ainda subsiste reside na parametrização do dano extrapatrimonial e na escolha dos métodos aberto, tarifário e misto de apuração de um valor justo ou adequado à ofensa, que não tem correspondência no mercado, pela impossibilidade de mensuração substitutiva ou efetivamente reparatória da dor sentimental ou do impedimento existencial.

Calcular o valor estabelecido pelas partes como indenização patrimonial sucuritária pelo furto de um automóvel, o incêndio de um apartamento ou a diminuição da capacidade laborativa de um trabalhador é tarefa relativamente fácil, porque a avaliação tem correspondência no mercado ou está prevista no contrato. Mas como calcular a dor experimentada pela perda de uma perna ou de um braço num acidente do trabalho? Como calcular o dano existencial pela supressão do tempo que o trabalhador poderia ter para realizar projetos pessoais ou conviver adequadamente com a família ou com o meio social?

# EVOLUÇÃO HISTÓRICA DO DANO EXTRAPATRIMONIAL NO BRASIL: DA REPARAÇÃO DO DANO MORAL CONDICIONADA À REPERCUSSÃO PATRIMONIAL AO RECONHECIMENTO DO DANO MORAL PURO PELA CONSTITUIÇÃO DA REPÚBLICA FEDERATIVA DO BRASIL DE 1988

Embora o direito romano não tenha conhecido os direitos da personalidade, chegou a reconhecer, por meio da *actio injuriarum*, a reparação de situações hoje definidas como de dano moral.

Como demonstrado por Jhering, a *actio injuriarum* abstrata está relacionada àquilo que a pessoa é (por exemplo, na ocorrência de lesões ao corpo, à liberdade e à honra da pessoa), enquanto aquilo que a pessoa tem diz respeito à *actio injuriarum* concreta (por exemplo, na ocorrência de lesões à propriedade, posse e detenção da coisa)[13].

Observa o professor Wilson Melo da Silva que a reparabilidade do dano moral não era de todo desconhecida pelo direito romano[14].

Assim é que dentre as quatro categorias existentes de delitos privados, três eram reguladas pela lei Aquilia (*furtum, rapina e damnum injuria datum*) e a outra (injúria) o era pela *actio injuriarum aestimatoria* (injúrias verbais, faladas ou escritas) ou pela *Lex Cornelia* (injúrias traduzidas por meio de ações), sendo que nas duas últimas hipóteses de reparação do dano moral, o ofendido podia utilizar-se de dois caminhos: a ação civil, objetivando reparação em dinheiro, e a ação criminal, pretendendo a imputação de pena ao ofensor.

Note-se que nos delitos privados o conceito de injúria chegou a alcançar entre os romanos tal amplitude – extravasando, assim, os estreitos limites da Lei das XII Tábuas, a qual se referia apenas aos danos de natureza corporal –, que em período mais avançado daquela legislação tornou-se objeto de proteção jurídica, com inegável preocupação com a dignidade humana, passando a compreender as agressões a liberdade, integridade e honra do ofendido.[15]

Segundo os negativistas (Savigny, Gabba[16]), contraria a moral a atribuição de valor pecuniário à dor, à honra e a outros direitos personalíssimos, para os quais inexiste preço, havendo, por outro

---

[13] VON JHERING, Rudolf. *Actio injuriarum des lésions injurieuses en droit romain (et en droit français)*. Trad. Meulenaere. Paris: Chevalier, 1888, p. 1 e 24.

[14] SILVA, Wilson Melo da. *O dano moral e sua reparação* (tese). Belo Horizonte: Faculdade de Direito da UFMG, 1949. p. 13-16.

[15] SILVA, Wilson Melo da, obra cit., *idem*.

[16] GABBA. *Questione di Diritto Civile*. II. Torino: Fratelli Rocca, 1898, p. 225 e ss.; SAVIGNY. *Traité de Droit Romain*, I, p. 330.

lado, impossibilidade prática de sistematizar, mensurar e provar os reflexos negativos provocados, em concreto, nas pessoas atingidas em tais valores, pelo que o juiz fixaria, de forma arbitrária, eventual valor indenizatório.

Para os negativistas, tendo a prestação contida na obrigação conteúdo econômico e não sendo o componente puramente moral estimável em dinheiro, não se pode cogitar de reparação pela simples inexistência de obrigação jurídica.

A essa compreensão objetaram os positivistas, para quem a patrimonialidade da prestação não se confunde com o interesse do credor, que pode ser econômico ou moral, não constituindo a reparação de danos morais uma fixação de preço para a dor e sim uma compensação do lesado.

Dentre os positivistas, alguns impõem limitações para a reparação do dano moral e outros não fazem restrições[17].

Para as teorias limitativas ou ecléticas, essa compensação ocorre somente quando o dano repercute no patrimônio do lesado ou quando o legislador expressamente e somente nas hipóteses previstas, fixa uma indenização. Dentre os autores nacionais, assim chegaram a sustentar Orlando Gomes e Agostinho Alvim[18].

Para as teorias afirmativas, a fixação de compensação ocorre independentemente de repercussão no patrimônio do lesado, eis que ao menos propiciam a ele *"lenitivos, confortos, prazeres, e outras sensações, ou sentimentos aliviadores, que, através da moeda, se podem*

---

[17] COVIELLO. L'art. 185 del Codice Penale e la Risarcibilità del Danni Morali in Materia Civile. *Rivista Diritto Civile*, 1932, p. 313; CARNELUTTI, Franscesco. *Il Danno e Il Reato*. Padova: Cedam, 1926, p. 39; SAVATIER. *Traité de La Responsabilité Civile*. II. Paris, 1951, n. 525.

[18] GOMES, Orlando. *Obrigações*. Rio de Janeiro: Forense, 1986, p. 334; ALVIM, Agostinho. *Da Inexecução das Obrigações e suas Consequências*. Rio de Janeiro: Jurídica e Universitária, 1965, p. 220 e 221.

*obter, como os experimentados em viagens, terapias, leitura, e outras tantas"*.[19]

O revogado Código Bevilaqua (Código Civil brasileiro de 1916)[20] estabelecia o legítimo interesse moral como condição para o exercício do direito de ação (art. 76), mas somente em casos específicos previa a reparação dos danos a direitos da personalidade, a exemplo dos crimes de violência sexual e danos por injúria.

O Código de Processo Civil de 1939 estabelecia no art. 2º, que para "*propor ou contestar ação é necessário legítimo interesse, econômico ou moral*".

O Código de Processo Civil, de 1973 sequer fez referência ao interesse moral (art. 3º).

Consequentemente, como os referidos códigos processuais eram instrumentais do direito material, se doutrina e jurisprudência majoritária afastavam a indenização em caso de dano moral puro, a leitura no plano jurisdicional, dois dispositivos processuais, era a de que o interesse moral ficava subordinado à verificação reflexa de prejuízo material.

Enfim, a compreensão era a de que o sistema era limitativo, com restrição da reparabilidade do dano moral basicamente às hipóteses previstas em lei e assim mesmo, via de regra, quando se verificasse a existência concomitante de prejuízo material. O fundamento era a impossibilidade de avaliação pecuniária de dores e sofrimentos – *o pretium doloris*.

Os posicionamentos negativistas e limitativos revelavam-se injustificáveis. Se, num primeiro momento, a interpretação fria da

---

[19] BITTAR, Carlos Alberto. *Reparação Civil por Danos Morais*. 2. ed. São Paulo: RT, 1994, p. 79.

[20] BRASIL, Lei nº 3.071, de 1º de janeiro de 1916 (revogada). Disponível em http://www.planalto.gov.br/ccivil_03/leis/l3071.htm. Acesso em: 10 jan. 2022.

lei afastou, salvo nos casos especificados, a reparação do sofrimento íntimo, o passar do tempo e o alcance de uma época em que a socialização dos riscos, fundamento inclusive da responsabilidade objetiva, cada vez mais encontrava adeptos (destinando-se o seguro de vida exatamente a compensar, pela via econômica, a morte ou acidente sofrido[21]), abalaram, sobremaneira, esse posicionamento. Quando menos, impunha-se a fixação de indenização em pecúnia para coibir as ofensas morais e satisfazer a vítima com algum lenitivo ou prazer compensatório do dano experimentado.

Afinal, se devem ser objeto de respeito os direitos que repercutem no patrimônio, com mais razão devem ser respeitados – e reparados, quando violados – os direitos relativos aos valores pessoais do sujeito do direito, precisamente aqueles que repercutem em seus sentimentos.

Partindo-se do pressuposto de que a pessoa tanto pode ser lesada no que tem, no que é[22] e no que poderia vir a ter, da construção jurídica limitativa da composição dos direitos personalíssimos apenas quando decorrente da reflexão no patrimônio (com tutela pela via obrigacional e indenização do concreto prejuízo de natureza patrimonial acaso verificado como resultado de uma ofensa moral), passou-se a sustentar, embora não sem resistência, a compensação do sofrimento íntimo, independentemente da verificação de prejuízo material.

A ausência de patrimonialidade dos valores morais não impede que a frustração, a indignação, a revolta, a dor e a mágoa causadas pelos atos lesivos aos sentimentos íntimos possam ter reparação pela via econômica. A responsabilidade por danos morais tem por fim compensar as lesões extrapatrimoniais causadas a direitos

---

[21] WALD, Arnoldo. *Obrigações e Contratos*, vol. II, 1992, p. 118.

[22] VON JHERING, Rudolf. *Actio Injuriarum des lésions injurieuses en droit romain (et en droit français)*, trad. Meulenaere. Paris: Chevalier, 1988, p. 1 e 24.

personalíssimos, não estando os danos causados a atributos valorativos da personalidade necessariamente ligada a prejuízo de ordem patrimonial (dano patrimonial).

A diminuição da capacidade de trabalho decorrente de um abalo moral causado por outrem, bem como a necessidade de gozo de férias em viagem custeada pelo ofensor[23] para o restabelecimento físico e psicológico do ofendido são exemplos de como a reparação em pecúnia podem se revelar eficientes para custear despesas decorrentes, em última análise, de um comportamento danoso causado à esfera jurídica do moralmente ofendido por fato lesivo.

A respeito, observa Maria Helena Diniz que a reparação do dano moral em dinheiro serve para compensar a dor com a alegria da obtenção de meio material capaz de facilitar a aquisição de prazeres destinados a atenuar o seu sofrimento.[24]

A Carta Política brasileira de 1988, construída no Estado Democrático de Direito, encerrou definitivamente quaisquer discussões a respeito da indenizabilidade direta do dano moral. Consagrou, de forma expressa o direito à reparação de ofensa a interesses morais, sem fazer qualquer exigência a eventual necessidade de repercussão econômica para a respectiva indenizabilidade, contentando-se, pois, com o simples fato da violação (dano moral puro). Note-se que o rol constitucionalmente fornecido quanto às lesões à honra, à imagem, à vida privada e à intimidade é meramente exemplificativo[25].

Com efeito, ela aponta a justiça social como um de seus valores supremos (art. 3º, I), apresenta a dignidade humana como um dos fundamentos do Estado brasileiro (art. 1º, III) e assegura, além da

---

[23] WALD, Arnoldo, cit., p. 118.

[24] DINIZ, Maria Helena. *Curso de Direito Civil*, vol. 7. São Paulo: Saraiva, 2003, p. 92.

[25] PEREIRA, Caio Mário da Silva. *Responsabilidade Civil*. 4. ed. Rio de Janeiro: Forense, 1993, p. 58.

inviolabilidade da honra, imagem, intimidade e vida privada (incluindo o sigilo da correspondência e das comunicações telegráficas, de dados e das comunicações telefônicas – art. 5º, XII), a proteção dos demais direitos fundamentais extrapatrimoniais, além de indenização por dano material ou moral decorrente da respectiva transgressão (art. 5º, V e X).

A Lei nº 8.078, de 11 de setembro de 1990 (Código de Defesa do Consumidor) definiu os direitos difusos, coletivos e individuais homogêneos, além de fazer menção à compensação por danos morais individuais e coletivos (art. 6º, VI e VII).

A referida lei também alterou o art. 21 da Lei de Ação Civil Pública (Lei nº 7.347, de 24 de julho de 1985), para determinar a aplicação dos dispositivos constantes de seu Título III à defesa dos direitos e interesses difusos, coletivos e individuais.

A Lei da Ação Civil Pública teve o *caput* e o inciso IV do art. 1º alterado pelo art. 88 da Lei nº 8.884/1994, para estender aos legitimados a propositura das ações de responsabilidade por danos morais e materiais causados aos bens jurídicos por ela tutelados.

Regulamentando a Constituição de 1988, o atual Código Civil, de 2002 estabelece, no art. 186, que o dano causado a outrem, ainda que exclusivamente moral, é caracterizado como ato ilícito, e se o ofendido não puder provar prejuízo material, caberá ao juiz fixar, equitativamente, o valor da indenização, em conformidade com as circunstâncias do caso (parágrafo único do art. 953), eis que a Constituição de 1988 não exige repercussão econômica para a indenizabilidade do dano moral.

Outrossim, prevê hipóteses de indenização por dano moral nos arts. 948 a 954, sem falar no parágrafo único do art. 944, que baliza a liquidação dos danos morais.

No Código de Processo Civil brasileiro de 2015, o art. 292, V, estabelece que o valor da causa, na ação indenizatória, inclusive a fundada em dano moral, o valor pretendido.

Infelizmente, o diploma processual não regulou o processo coletivo.

Quanto à jurisprudência, a Súmula nº 37 do Superior Tribunal de Justiça, de 1992, consolidou o entendimento de que *"São cumuláveis as indenizações por dano material e dano moral oriundos do mesmo fato"*, espancando assim as divergências jurisprudenciais que remanesciam.

Na área trabalhista, o STF (CJ 6.959-6, Relator designado Min. Sepúlveda Pertence, julgamento em 23/5/1990, DJU 22/2/1991 p. 1.259, Revista LTr 59-10/1370) e o TST (RR-583.555/99.5, em que foi relator o eminente Ministro Vantuil Abdala, Ac. 2a T., 28/06/2000, Revista LTr 65-05/590) já admitia a competência, a tipificação de dano moral e a indenizabilidade do dano moral puro nas relações de trabalho.

A Emenda Constitucional nº 45/2004 atribuiu por meio da inclusão do art. 114, V, na Constituição, competência à Justiça do Trabalho para decidir sobre danos morais decorrentes das relações de trabalho, nos seguintes termos:

> Art. 114. Compete à Justiça do Trabalho processar e julgar:
>
> VI - as ações de indenização por dano moral ou patrimonial, decorrentes da relação de trabalho;
>
> No ano segunte, questionado a respeito, o STF decidiu que essa competência se estende aos danos provenientes de acidentes do trabalho (Conflito de Competência 7.204-1 Minas Gerais - Relator: Min. Carlos Britto):
>
> Decisão: O Tribunal, por unanimidade, conheceu do conflito e, por maioria, definiu a competência da justiça trabalhista, a partir da Emenda

> Constitucional nº 45/2004, para julgamento das ações de indenização por danos morais e patrimoniais decorrentes de acidente do trabalho, vencido, no caso, o Senhor Ministro Marco Aurélio, na medida em que não estabelecia a edição da emenda constitucional como marco temporal para competência da justiça trabalhista. Votou a Presidente. Ausente, justificadamente, o Senhor Ministro Nelson Jobim (Presidente). Presidiu o julgamento a Senhora Ministra Ellen Gracie (Vice-Presidente). Plenário, 29/06/2005.[26]

Finalmente a reforma trabalhista, por meio da inclusão na CLT dos arts. 223-A a 223-G, disciplinou a caracterização e a composição dos danos extrapatrimoniais nas relações de trabalho, em que estão incluídos os danos morais, *verbis*:

Nos termos do art. 223-B, *"Causa dano de natureza extrapatrimonial a ação ou omissão que ofenda a esfera moral ou existencial da pessoa física ou jurídica, as quais são as titulares exclusivas do direito à reparação."*

---

[26] BRASIL, Supremo Tribunal Federal. Disponível em: https://redir.stf.jus.br/paginadorpub/paginador.jsp?docTP=AC&docID=25686. Acesso em: 10 fev. 2022.

# DAS CORRENTES NEGATIVISTAS E POSITIVISTAS SOBRE DANO MORAL TRABALHISTA TÍPICO E O RECONHECIMENTO LEGAL PELA EMENDA CONSTITUCIONAL Nº 45/2004, CONFIRMADO PELO SUPREMO TRIBUNAL FEDERAL E AMPLIADO ÀS AÇÕES ACIDENTÁRIAS

Como decorrência do fato do rompimento do contrato – com ou sem culpa – a lei infraconstitucional trabalhista tarifa as indenizações acaso devidas.

Ao longo da Consolidação das Leis do Trabalho – CLT (Decreto-lei nº 5.452, de 1º de maio de 1943)[27] e até mesmo por meio de leis especiais (por exemplo, a Lei nº 9.029/1995, que proíbe a exigência de atestados de gravidez e esterilização, e outras práticas discriminatórias, para efeitos admissionais ou de permanência da relação jurídica de trabalho, e dá outras providências)[28] o legislador estabelece efeitos ou indenizações pontuais por infrações contratuais.

A Consolidação não apresenta uma regulação geral sobre responsabilidade civil, pelo que, na omissão, as regras gerais, observados os princípios trabalhistas e as peculiaridades das relações de trabalho, devem ser extraídas da regulação civil, por aplicação subsidiária, quer para efeitos patrimniais, quer para efeitos não patrimoniais.

Não obstante, dispõe o art.223-A, da CLT, verbis: *"Art. 223-A. Aplicam-se à reparação de danos de natureza extrapatrimonial decorrentes da relação de trabalho apenas os dispositivos deste Título."*

---

[27] BRASIL, Consolidação das Leis do Trabalho (Decreto-lei nº 5.452, de 1º de maio de 1943)
"Art. 461. Sendo idêntica a função, a todo trabalho de igual valor, prestado ao mesmo empregador, no mesmo estabelecimento empresarial, corresponderá igual salário, sem distinção de sexo, etnia, nacionalidade ou idade.

..................

§ 6º No caso de comprovada discriminação por motivo de sexo ou etnia, o juízo determinará, além do pagamento das diferenças salariais devidas, multa, em favor do empregado discriminado, no valor de 50% (cinquenta por cento) do limite máximo dos benefícios do Regime Geral de Previdência Social."
Consulta feita em 10/02/2022 in http://www.planalto.gov.br/ccivil_03/decreto-lei/del5452.htm

[28] BRASIL, Consolidação das Leis do Trabalho (Decreto-lei nº 5.452, de 1º de maio de 1943)
"Art. 4º O rompimento da relação de trabalho por ato discriminatório, nos moldes desta Lei, além do direito à reparação pelo dano moral, faculta ao empregado optar entre:
I - a reintegração com ressarcimento integral de todo o período de afastamento, mediante pagamento das remunerações devidas, corrigidas monetariamente e acrescidas de juros legais;
II - a percepção, em dobro, da remuneração do período de afastamento, corrigida monetariamente e acrescida dos juros legais."
Consulta feita em 10/02/2022 in http://www.planalto.gov.br/ccivil_03/decreto-lei/del5452.htm

Contudo, assim como há omissões na regulação trabalhista sobre danos patrimoniais (acidentes do trabalho, danos estéticos, danos em ricochete, excludentes do nexo causal, concausas e princípios gerais como *restitutuio in integrum*, proporcionalidade e razoabilidade), que forçosamente remetem à legislação comum, os artigos que buscam regular o dano extrapatrimonial têm várias omissões que exigem a integração por meio do disposto no art. 8º da própria CLT, *verbis*:

Art. 8º - As autoridades administrativas e a Justiça do Trabalho, na falta de disposições legais ou contratuais, decidirão, conforme o caso, pela jurisprudência, por analogia, por eqüidade e outros princípios e normas gerais de direito, principalmente do direito do trabalho, e, ainda, de acordo com os usos e costumes, o direito comparado, mas sempre de maneira que nenhum interesse de classe ou particular prevaleça sobre o interesse público.

> § 1º O direito comum será fonte subsidiária do direito do trabalho.[29]

A CLT silenciava a respeito da composição do dano extrapatrimonial derivado do desrespeito aos direitos personalíssimos do trabalhador, ainda que à dignidade e à intimidade do empregado se referisse, expressamente, em duas oportunidades (483, e 373-A, VI, da CLT), pelo que, anteriormente à Emenda Constitucional nº 45/2004, era possível separar em três grupos os posicionamentos relacionados ao tema da configuração de dano moral de natureza especificamente trabalhista:

a. os que admitiam a reparação do dano extrapatrimonial nas relações de trabalho e a competência da Justiça do Trabalho para a apreciação dos conflitos a ele relacionados;

---

[29] BRASIL, Consolidação das Leis do Trabalho (Decreto-lei nº 5.452, de 1º de maio de 1943). Disponível em: http://www.planalto.gov.br/ccivil_03/decreto-lei/del5452.htm. Acesso em: 10 fev. 2022.

b. os que entendiam ser de natureza civil eventual dano entrapatrimonial entre empregado e empregador e a absoluta incompetência da Justiça do Trabalho para a solução dos conflitos relacionados ao tema; e,
c. os que admitiam que, na forma da lei (ordinária, a ser eventualmente editada), os conflitos envolvendo dano extrapatrimonial como decorrência da relação de trabalho possam ser decididos pela Especializada.

Para melhor compreensão da discussão, tenha-se em mente que, na época, a expressão "dano moral" servia para designar todas as espécies de dano extrapatrimonial.

Arnaldo Süssekind, Pinho Pedreira, Jorge Pinheiro Castelo, Valdir Florindo e João de Lima Teixeira Filho, entre outros, integravam a primeira corrente, sustentando que a relação de trabalho subordinado é, pelas próprias características, fonte latente de desrespeito aos direitos da personalidade por parte dos contratantes, e que as reparações expressamente previstas, de natureza patrimonial, têm por fim compensar a perda do emprego e não a compensação da dor íntima causada a imagem, honra, intimidade ou vida privada. Segundo esses doutrinadores, quando o dano moral decorre diretamente da relação de trabalho, ganha contornos trabalhistas e assim deve ser pelo Direito do Trabalho regulado (art. 8º, da CLT) e pela Especializada apreciado e reparado (art. 769, do CPC e 114, *caput*, da Consolidação das Leis do Trabalho)[30].

---

[30] SÜSSEKIND, Arnaldo. Tutela da personalidade jurídica do trabalhador. *Revista LTr*, n. 59, p. 595, maio 1995; PINHO PEDREIRA. A reparação do dano moral no direito do trabalho. *Revista LTr*, n. 55, p. 558, 1991; FLORINDO, Valdir. A justiça do trabalho e o dano moral decorrente da relação de emprego. *Revista LTr*, v. 59, n. 3, p. 348-349, março 1995; CASTELLO, Jorge Pinheiro. Do dano moral trabalhista. *Revista LTr*, v. 59, n. 04, p. 489, abril 1995.

Júlio Bernardo do Carmo, Mauricio Ferreira do Rêgo e Francisco Antonio de Oliveira integravam uma das duas correntes restantes. O primeiro sustentava que, por inexistir lei ordinária que expressamente regulasse a compensação do dano moral como uma das outras controvérsias decorrentes da relação de trabalho, a que se refere o art. 114, *caput*, da Constituição da República, a Justiça do Trabalho seria incompetente para a apreciação da matéria, que seria de natureza civil[31].

Para Mauricio Ferreira do Rêgo, a competência designada no art. 114 da CRFB, com a anterior redação, não foi firmada em razão da pessoa, pelo que apenas as matérias de cunho substancialmente trabalhistas estariam sujeitas à análise pela Especializada, admitindo que, na forma da lei, a apreciação de outras controvérsias decorrentes da relação de trabalho pudesse ser prevista, caso da indenização por dano moral, mas que tal fugiria à fixação constitucional material da competência trabalhista. Do mesmo raciocínio, comungava Francisco Antonio de Oliveira ao sustentar que se fosse dado ao art. 114, *caput*, da Constituição da República, amplitude para decidir casos relacionados a dano moral ocorrente entre empregado e empregador, então também os casos de infortunística passariam à respectiva esfera[32].

À época, era nosso entendimento que, quando o art. 114, da Constituição da República, com a anterior redação, atribuiu à Justiça do Trabalho a apreciação dos dissídios decorrentes da relação de trabalho, também estava conferindo à Especializada, em razão da matéria, o poder de fixar a reparação devida pelo dano moral diretamente

---

[31] CARMO, Júlio Bernardo do O. Dano moral e sua reparação no âmbito do direito civil e do trabalho. *Revista LTr*, 60-63/318.

[32] SÜSSEKIND, Arnaldo. Tutela da personalidade jurídica do trabalhador. *Revista LTr*, n. 59, p. 595, maio 1995; PINHO PEDREIRA. A reparação do dano moral no direito do trabalho. *Revista LTr*, n. 55, p. 558, 1991; FLORINDO, Valdir. A justiça do trabalho e o dano moral decorrente da relação de emprego. *Revista LTr*, vol. 59, n. 3, p. 348-349, março 1995; CASTELLO, Jorge Pinheiro. Do dano moral trabalhista. *Revista LTr*, v. 59, n. 4, p. 489, abril 1995.

decorrente do contrato de trabalho, incluindo os acidentes de trabalho. E que não se cuidava, na hipótese, de responsabilidade civil, que apenas se presta ao estudo dogmático geral em matéria de dano, mas sim de responsabilidade trabalhista como tutela específica decorrente da violação dos direitos da personalidade perante os princípios e normas de Direito do trabalho, com utilização das normas de direito civil apenas como fonte subsidiária dessa tutela trabalhista[33].

Aliás, neste sentido já vinha decidindo o STF (CJ 6.959-6, Relator designado Min. Sepúlveda Pertence, julgamento em 23/5/1990, DJU 22/2/1991 p. 1.259, *Revista LTr* 59-10/1370) e o TST (RR-583.555/99.5, em que foi relator o eminente Ministro Vantuil Abdala, Ac. 2ª T., 28.6.00, *Revista LTr* 65-05/590).

Observávamos também que, ocorrendo dano moral como decorrência direta do desenvolvimento do contrato de trabalho, o conflito e o enfoque desse conflito eram trabalhistas e, igualmente, a responsabilização decorrente e não que poderia existir jurisdição diferente que, com justiça e conhecimento especializado da dinâmica e características da relação de trabalho, sujeitos envolvidos e condições da prestação de serviços, pudesse mais bem decidir sobre a eventual ocorrência de dano moral e a justa reparação.

Aproveitando agora os mesmos exemplos e questionamentos apresentados naquela oportunidade, novamente perguntamos: – se o empregador resolve diminuir o seu empregado aos olhos dos colegas de trabalho, colocando o chefe do setor de contabilidade para servir cafezinho ou fazer faxina, presume-se que a partir dessa conduta, além de humilhar o trabalhador, busca dele obter um pedido de demissão. E o fato de este empregado ter direito ao rompimento do pacto por

---

[33] Remetemos o leitor à nossa obra *Danos Morais no Direito do Trabalho*. 1. ed. e 2. ed. Rio de Janeiro: Renovar, 1999, 2002.

culpa patronal (legalmente denominada de "rescisão indireta"), com as indenizações previstas para o fato da inexecução das cláusulas contratuais, abrange o dano moral sofrido pelo obreiro?

Por outro lado, se o ex-empregador termina por prejudicar a imagem de seu ex-empregado, divulgando informações deméritas a respeito daquele que despediu sem justa causa, não teria o obreiro direito à reparação pelos danos morais causados, danos que, independentemente da dor íntima, reflexamente causam prejuízo material porque terminam impedindo o trabalhador de obter nova ocupação?

Se o empregado, por motivos particulares, resolve prejudicar a imagem da empresa, do estabelecimento ou a moral do empregador perante terceiros, não teria este o direito de haver reparação junto ao obreiro pelo dano perpetrado?

Relativamente à honra ou imagem, somente em duas oportunidades, sem se referir expressamente à composição do dano moral, dispunha então o legislador que o ato lesivo da honra ou da boa fama praticado contra o empregador ou em serviço contra qualquer pessoa constituem "justa causa para rescisão do contrato de trabalho pelo empregador" (art. 482, *j* e *k*, CLT).

Quando o empregador – apesar do elemento fiduciário, que caracteriza o contrato de emprego, impõe abusiva revista a seus empregados, ele não estaria se atribuindo um poder de polícia que exorbita do poder de comando, ferindo a confiança recíproca inerente ao contrato, afetando os obreiros em sua dignidade e dando lugar ao direito de reparação do dano cometido?

Se a empregada é instada, de forma velada ou expressa, a fazer favor sexual ao empregador em troca da conservação do emprego ou de melhores condições de trabalho, tem a obreira direito a uma compensação pela dor íntima experimentada? E o mesmo não ocorrerá, independentemente do rompimento com culpa patronal, se o empregador, ao arrepio do art. 373-A, VI, da CLT, resolver proceder a revista íntima da empregada, mormente abusiva, ou tomar atitudes de discriminação em relação à obreira que engravida em meio ao contrato?

Mais ainda, se por culpa patronal vem o empregado a se acidentar, ficando, por exemplo, paraplégico ou cego, não estará o empregador obrigado a indenizar o sofrimento causado ao obreiro, a discriminação social que este passará a experimentar, o sentimento de impotência para a realização de atividades mínimas?

Se o empregador resolver discriminar o empregado pelo simples fato de ele ser negro, homossexual, do sexo feminino ou idoso, não obstante tão ou mais capazes do que um paradigma branco, heterossexual, do sexo masculino ou jovem, não estaria atentando contra a autoestima e o direito de igualdade?

Assim, em ocorrendo dano moral como decorrência direta do desenvolvimento do contrato de trabalho, o conflito e o enfoque respectivo são trabalhistas, assim também a responsabilização decorrente. A Justiça do Trabalho, detentora nata do conhecimento especializado da dinâmica e características das relações de trabalho, sujeitos envolvidos e condições de sua realização, é a que melhor pode decidir sobre a eventual ocorrência de dano moral e a justa reparação.

Tem-se, portanto, que o dano moral é de natureza civil quando não decorre da relação de trabalho; é de cunho trabalhista quando é causado por um dos contratantes, como derivação direta desse vínculo.

Tomando-se como exemplo uma relação de emprego, se determinado empregador transfere um empregado, sem ser por necessidade do serviço, age de forma a possibilitar a anulação do ato (art. 469, *caput*, 1ª parte e 468, *caput*, 2ª parte, da CLT), cuidando-se assim de questão tipicamente trabalhista, decorrente da relação de emprego. Como a atitude patronal fere as obrigações do contrato e é capaz de impossibilitar a respectiva continuidade, pode o trabalhador optar pelo rompimento culpável do contrato sem permanecer no serviço (art. 483, *d* e § 3º, da CLT), questão igualmente trabalhista a ser discutida entre ex-empregado e ex-empregador, eis que derivada do contrato que existiu entre as partes.

Outrossim, a reparação cabível ficará limitada ao campo patrimonial.

Se o empregador, contudo, humilha o vendedor diante de outros empregados, dizendo que ele está sendo transferido para local longínquo e onde as vendas são escassas, "para que morra de fome para aprender", já então se lança contra a dignidade do obreiro, provocando-lhe dor, merecedora assim de reparação no campo moral e fazendo nascer um conflito também de natureza trabalhista.

Se, numa roda de jogo, o empregador chama o empregado que o acompanha no carteado de *ladrão*, o dano ocorrente é de natureza civil. Mas, se a acompanhante, empregada de pessoa enferma, é chamada de ladra em decorrência do carteado promovido pela primeira para distrair a segunda, torna-se evidente tratar-se de questão atinente à relação de emprego.

De igual sorte, se certo empregador despede o seu empregado sem declinar o motivo e mais tarde passa a dar informações que prejudicam a imagem do obreiro perante os futuros interessados em dar-lhe emprego, não há dúvida de que a questão é de natureza trabalhista. Por exemplo, quando o ex-empregador passa a dar informações de tratar-se o ex-empregado de péssimo motorista, imperito para a função, não obstante tenha restado apurado que o ex-empregado, despedido por justa causa por ter se envolvido em um acidente com veículo da empresa durante a jornada de trabalho, não teve qualquer parcela de culpa no evento.

Com efeito, se um motorista de táxi tem o seu veículo danificado pela imprudência de outrem, basta verificar o prejuízo causado ao veículo para determinar-se a recomposição do dano emergente e a média da diária, esta destinada a compor o lucro cessante correspondente aos dias parados.

Assim como o atingido foi um motorista de táxi, poderia ser um médico, um estudante, um dentista, um advogado, enfim, qualquer pessoa, independentemente de sua condição profissional ou do modo de prestação de sua atividade, mas o que importa é que qualquer um, em tal situação, seria merecedor de igual tratamento, com direito à recomposição do prejuízo causado ao veículo e indenização, já aqui, das despesas de locomoção pela privação do veículo de sua propriedade, durante o tempo necessário para o reparo e do eventual lucro cessante.

Se o empregado alardeia que seus empregadores são ladrões, que a empresa sonega os impostos e explora os seus empregados, também não há dúvida de que o eventual dano deverá ser apreciado pela Justiça do Trabalho. A lógica é que somente sob a ótica do Direito Laboral, capaz de avaliar as condições pessoais do trabalhador (grau de instrução e de compreensão do alcance da atitude), tratamento que lhe é dispensado pelo empregador e aos demais empregados, o grau de respeitabilidade da empresa e outras considerações inerentes à experiência e preparo específico do Juiz do Trabalho, será capaz de bem avaliar e bem compor o dano.

Quando se remete à Justiça do Trabalho a competência para apreciar certos conflitos, é para que sejam levadas em consideração todas as questões inerentes à qualificação pessoal do trabalhador, às exigências feitas pelo empregador quando da admissão, às expectativas de progressão, à transposição, muitas vezes por imposição patronal e sem os devidos cuidados, de uma função para outra, a questão do fornecimento adequado e suficiente dos instrumentos de trabalho para o respectivo desempenho, a diligência exigível do trabalhador médio, os problemas atinentes aos usos e costumes empresariais, as práticas empresariais, as normas destinadas à regulação legal dos conflitos individuais e coletivos, a escolha da norma reguladora de direitos igualmente importantes, quando confrontados, como a propriedade e a intimidade, o poder de comando e a subordinação, a caracterização ou não da recusa da prestação do trabalho diante de certas situações.

Quer para reparação dos prejuízos materiais causados, quer para mensurar e compensar a dor íntima imposta ao trabalhador ou ao empregador, somente a Justiça do Trabalho, atenta ao contexto de um ambiente de trabalho, que deve considerar a regulação pertinente, as peculiaridades e expectativas da vida profissional empregatícia, as práticas empresariais e as necessidades econômicas, tem condições de avaliar com precisão e decidir com propriedade as situações típicas de uma relação de trabalho.

Em caso concreto decidido pela 7ª Vara do Trabalho do Rio de Janeiro, Processo nº 2.439/1992, sentença essa confirmada pelo TRT em grau de recurso, restou apurado que determinado médico foi despedido por justa causa, com fundamento em mau procedimento, por ter se recusado a fazer uma cirurgia numa senhora idosa.

Ocorre que também restou comprovado que a recusa se deveu ao fato de que a referida senhora encontrava-se desde as 8h da manhã em jejum, preparada para uma cirurgia de colocação de pinos posterior à redução de uma fratura, mas no aguardo do conserto da autoclave esterilizadora do material cirúrgico que estava danificada, até que à tarde foi encontrada a solução de esterilizar o material em outro local, entendendo o cirurgião-chefe, por volta das 17h, que não mais realizaria a cirurgia porque a paciente já se encontrava bastante sacrificada, assim também esse médico e seus auxiliares, inclusive pela tensão e esgotamento da espera, além do que o pós-operatório seria, à noite, muito arriscado, posto que a clínica não dispunha de pessoal para o devido acompanhamento da terapia intensiva naquele horário, retirando-se, então, após comunicação, suspendendo a dieta da paciente e liberando os auxiliares.

Mais tarde, em casa, o cirurgião recebeu telefonema do diretor, comunicando o retorno do material cirúrgico e convocando-o para a cirurgia, ao que se recusou, pelas razões anteriormente declaradas.

Foi despedido por justa causa e a referida Junta (hoje Vara Trabalhista) entendeu não ter ela ocorrido, vindo esse posicionamento, mais tarde, a ser reformado no Tribunal.

Evidentemente, tal profissional ficou com a sua reputação bastante arranhada: para as enfermeiras e o restante do pessoal que não fazia parte da equipe médica, ficou a pecha de que o cirurgião teria se recusado a operar uma senhora idosa, que foi o alardeado inclusive como motivo da demissão.

Não há dúvida de que existiu dano moral, a atingir a reputação do empregado; também não existe dúvida de que a dor íntima sofrida pelo esculápio com tamanha injustiça não foi compensada com a indenização decorrente do rompimento do contrato, já que esse empregado não postulou a reparação dos danos morais sofridos.

São inúmeros os casos de sofrimento íntimo decorrentes de sequela física ou psíquica resultante de acidente de trabalho causado por culpa do empregador, sendo que, independentemente da indenização de seguro acidentário, a ser postulada na Justiça Comum, deve ser buscada na Justiça do Trabalho a reparação decorrente do complexo e da exclusão social advindos da perda, deformação ou paralisia de membro, quando advindas da relação de emprego e de igual sorte os danos patrimoniais subsequentes de eventuais lucros cessantes.

A Emenda Constitucional nº 45/2004, publicada em 31 de dezembro de 2004, foi além na atribuição da competência à Justiça do Trabalho para a resolução dos danos morais, incluindo os decorrentes de acidentes do trabalho: ao estender às relações de trabalho em geral, o reformador constitucional transferiu à justiça laboral também os conflitos do trabalho advindos das relações autônomas, temporárias, avulsas e eventuais, desde que realizado pelo próprio trabalhador e, na forma da lei, outras questões subsequentes de relações que envolvam trabalho e que a legislação infraconstitucional possa vir a atribuir à Especializada (art. 114, da CFRB, com a nova redação dada pela EC nº 45/2004).

Tendo a Justiça do Trabalho competência material para julgar as controvérsias decorrentes da relação de trabalho, é da Justiça Comum a competência para apreciar a responsabilidade decorrente do relacionamento civil entre ofendido e ofensor, e é da Justiça do Trabalho a competência para apreciar a responsabilidade trabalhista que tem origem em fatos derivados da relação de trabalho, *cabendo-lhe assim determinar e fixar a reparação decorrente de dano moral trabalhista*.

A regulação material específica dos danos extrapatrimonais nas relações de trabalho atualmente consta dos arts. 223-A a 223-G, da CLT.

# DIREITOS FUNDAMENTAIS, DIREITOS DA PERSONALIDADE E DIREITOS DIFUSOS E COLETIVOS EXTRAPATRIMONIAIS

Nas relações de trabalho, dano extrapatrimonial é o causado à pessoa do trabalhador, à pessoa, física ou jurídica do empregador, e a comunidade, grupos, classes ou categorias de trabalhadores.

Logo, impõe-se o estudo dos direitos da personalidade das pessoas física e jurídica e dos direitos difusos e coletivos sem economicidade, necessário à identificação dos interesses extrapatrimoniais que podem estar envolvidos nas relações individuais e coletivas de trabalho.

Evidentemente, o poder empregatício decorrente da livre iniciativa, detido pelo empregador, é potencialmente propício ao cometimento de abusos, não sendo outra a razão pela qual a Constituição e normas internacionais estabelecem em prol do trabalhador um rol de direitos fundamentais destinados a assegurar-lhes a dignidade, o equilíbrio nas relações individuais, bem como o diálogo e o direito de reivindicar melhorias das condições de trabalho nas relações coletivas. E a legislação infraconstitucional impõe limites e direitos mínimos cogentes, proporcionais ao tipo de relação, individual ou coletiva.

Isso não significa dar carta branca aos trabalhadores. Eles também podem cometer, individual ou coletivamente, ilegalidades e abusos ensejadores de danos extrapatrimoniais, pelo que o ordenamento jurídico também se encarrega de identificar e proteger os direitos da personalidade do empregador.

Entres outros, fundamentam o Estado Democrático de Direito da República Federativa do Brasil os princípios da dignidade da pessoa humana (art. 1º, III), dos valores sociais do trabalho e da livre iniciativa (art. 1º, IV, CF).

O princípio da livre iniciativa está enunciado no art. 1º, IV, da CF. Nos termos do parágrafo único do art. 170, é garantido o livre exercício de qualquer atividade econômica, independentemente de autorização de órgãos públicos.

A Constituição introduz modelo econômico baseado na liberdade de iniciativa, devendo, no desenvolvimento de atividade econômica, observar a soberania nacional, a propriedade privada e sua função social, a livre concorrência (repudiando a concorrência desleal e o abuso de poder econômico), o direito do consumidor, a redução das desigualdades sociais e regionais e a busca do pleno emprego (incisos I a IV).

A livre iniciativa, livre atividade produtiva ou, como bem se expressa a respeito a Constituição portuguesa, a liberdade de iniciativa econômica privada (art. 61º), compreende a liberdade de empresa, assim entendida a de criar, organizar e definir o objeto de atividade econômica direcionada ao acesso ao mercado, ou seja, à livre exploração de atividade destinada à produção ou circulação de bens ou serviços no mercado.

A livre iniciativa – ou livre atividade produtiva de bens e serviços – é regida pela liberdade econômica de atuação no mercado, que tem por fim criar um ambiente favorável de negócios, gerador de oportunidades, ocupações e tributos em prol da comunidade.

O exercício da livre iniciativa, cujo princípio é enunciado no art. 1º, IV, da CF, não é, contudo, ilimitado. Daí porque o art. 170, *caput*, dispõe que *"A ordem econômica, fundada na valorização do trabalho humano e na livre iniciativa, tem por fim assegurar a todos existência digna, conforme os ditames da justiça social..."*

Com efeito, a ordem econômica é fundada na livre iniciativa, característica do sistema capitalista, mas também no valor social do trabalho humano, como forma de assegurar a todos uma existência digna, baseada na justiça social, que impõe a redução das desigualdades sociais e regionais, o pleno emprego, o tratamento favorecido para as empresas de pequeno porte constituídas sob as leis brasileiras e que tenham sua sede e administração no País, o respeito ao meio ambiente, à defesa do consumidor, o respeito à propriedade privada, à função social da propriedade em respeito aos direitos coletivos e difusos, à soberania nacional, à livre concorrência e a vedação à concorrência desleal.

A livre iniciativa pode ser exercida de forma individual ou por meio de sociedades, para a consecução de atividades e objetivos que transcendem as limitações de atuação pessoal.

A dignidade da pessoa humana consiste no respeito aos atributos necessários a garantir à pessoa humana um tratamento livre, igualitário e fraterno ou solidário, que lhe permita, na atuação individual e em comunhão com os demais componentes da sociedade, desenvolver a sua autonomia espiritual como ser integral, concretizar os ideais e ter as mesmas oportunidades para acesso aos bens da vida.

A dignidade deve, portanto, considerar o sujeito: a) em seu aspecto moral, mediante o respeito a suas convicções, crenças, intimidade, honra, vida privada e imagem; b) em sua integridade psicofísica, mediante o respeito à sua vida, integridade física, saúde e segurança; c) no respeito à sua liberdade física e intelectual, de forma a permitir o direito de ir e vir, de locomoção, de trabalho, de expressão e de autodeterminação de escolhas individuais; d) em sua consideração como parte do grupo social que integra, a exigir o respeito a um tratamento justo e solidário, que lhe garanta uma atuação voltada para a concretização das aspirações e acesso aos bens da vida, ou seja, para o seu desenvolvimento espiritual e progresso material, em condições de igualdade substancial.[34]

Juntamente com a livre iniciativa, o trabalho é um dos pilares de construção de uma sociedade. Daí que a "*ordem social tem como base o primado do trabalho, e como objetivo o bem-estar e a justiça sociais*." (art. 193, da CF), sendo um dos instrumentos eleitos pela Constituição da República Federativa do Brasil, para garantir o desenvolvimento nacional (art. 3º, II).

Do trabalho subordinado provém o salário, com garantia de percepção de um mínimo (art. 7º, IV) destinado a propiciar a subsistência do trabalhador e de sua família. E por isto a relação de emprego é protegida contra a despedida arbitrária ou sem justa

---

[34] MORAES, Maria Celina Bodin de. O princípio da dignidade humana. *In: Princípios do Direito Civil Contemporâneo*. Rio de Janeiro: Renovar, 2006, p. 12-51.

causa (art. 7º, I) e o direito ao trabalho é direito social garantido pelo art. 6º, da CF e concretizado mediante o comando da busca do pleno emprego (art. 170, VIII).

O trabalho não é, contudo, apenas o veículo de atendimento das necessidades de existência do ser humano, mas também uma forma de ele alcançar a realização. Por meio do trabalho ele se mantém e desenvolve as potencialidades, agindo e participando da sociedade, ou seja, na busca de uma vida plena e aberta a oportunidades, pelo que é preciso assegurar que o trabalho se desenvolva em condições dignas (art. 1º, III), destinadas a permitir a construção de uma sociedade livre, justa e solidária (art. 3º, I), que objetiva erradicar a pobreza e a marginalização, além de reduzir as desigualdades sociais e regionais (art. 3º, III), o que agrega ao trabalho, além da inserção do trabalhador no sistema econômico e de distribuição de renda, inúmeros outros valores sociais, constitucionalmente previstos.

Nos termos da Constituição Federal brasileira de 1988, é livre o exercício de qualquer trabalho, ofício ou profissão (art. 5º, XIII). Mas essa liberdade, para o alcance da realização do trabalhador precisa ser acrescida da igualdade de direitos e de oportunidades (art. 5º, *caput*) e exercida sem que sofra preconceitos e outras formas de discriminação (art. 3º, IV e 7º, XXX, XXXI e XXXII) e com as garantias de exercício da liberdade intelectual (art. 5º, VI, IX e XII) e de expressão coletiva (arts. 5º, XVI e XVII, 8º e 9º), que caracterizam o ser humano como ser integral e não como mercadoria ou artigo de comércio, agregando, assim, ao trabalho outros valores sociais.

Em resumo, o valor social do trabalho está em que, além de propiciar a subsistência da pessoa humana e a sua progressão material e espiritual como instrumento de realização existencial, é um mecanismo de transformação social.

Logo, para a realização do princípio da dignidade da pessoa e do valor social do trabalho, direitos fundamentais devem assegurar a sua concretização, mediante inclusive garantias.

São direitos fundamentais, segundo Romita, *"aqueles que, em dado momento histórico, fundados no reconhecimento da dignidade da pessoas humana, asseguram a cada homem as garantias de liberdade, igualdade, solidariedade, cidadania e justiça"*.[35]

Os direitos sociais encontram-se elencados de forma exemplificativa no art. 6º, da CF, sendo que os artigos 7º, 8º, 9º, 10 e 11 da CF, além de outros que visem à melhoria de sua condição social (art. 7º, *caput*, da CF), são direitos fundamentais especificamente dirigidos aos trabalhadores.

Ocorre que, no contrato de trabalho, um dos sujeitos é um centro de poder, inclusive econômico, com atribuições para organizar a atividade, regulamentar ou produzir regras de funcionamento interno, controlar a prestação de serviços e aplicar sanções pelo descumprimento das ordens gerais e específicas de trabalho. O que justifica a repercussão horizontal nas relações de trabalho de outros direitos fundamentais, embora originariamente oponíveis contra o Estado como centro de poder, porque destinados a garantir a existência do trabalhador como ser integral. São eles:

- direito à vida, saúde, integridade física, segurança e subsistência (art. 5º, *caput* e 6º, CF);
- direito à liberdade de trabalho, ofício ou profissão (art. 5º, XIII);
- direito ao trabalho respeitoso (vedação à tortura e ao tratamento desumano ou degradante (art. 5º, inciso III);

---

[35] ROMITA, Arion Sayão. *Direitos Fundamentais nas Relações de Trabalho*. São Paulo: LTr, 2005, p. 36.

- direito à liberdade de locomoção e circulação (art. 5º, XV);
- direito à liberdade de pensamento (à liberdade de consciência e de crença – art. 5º, inciso VI – e da expressão de ideias, sentimentos, tendências e opiniões, inclusive ideológicas, filosóficas e políticas – inciso IV);
- direito à liberdade de informação (direito de comunicação interna e externa – art. 5º, XIV);
- direito à liberdade de expressão da atividade intelectual, artística, científica e de comunicação (art. 5º, IX);
- direito à honra e à imagem (art. 5º, inciso X);
- direito à intimidade e vida privada (art. 5º, inciso X);
- direito à liberdade sexual ou à sexualidade;
- direito ao sigilo da correspondência e das comunicações telegráficas, de dados e das comunicações telefônicas (art. 5º, inciso XII);
- direito à igualdade de tratamento, com proibição de discriminação (art. 5º, incisos I e IV e preâmbulo da CF);
- direito à liberdade de expressão coletiva (direitos de greve, reunião e associação profissional (art. 5º, incisos XVI, XVII e XX e art. 9º).

Há direitos fundamentais que não estão expressos na Constituição, mas que ela própria prevê o reconhecimento não apenas pela adoção em tratados internacionais em que a República Federativa do Brasil seja parte (art. 5º, §2º, da CF), como também por meio de normas infraconstitucionais ou pela jurisprudência (vide art. 7º, *caput, in fine*). Assim a extensão da estabilidade no emprego à mãe adotante; cotas para deficientes físicos e menores aprendizes; estabilidade por um ano do acidentado que regressa do benefício previdenciário.

Nas relações individuais privadas, tais direitos, denominados fundamentais pela Constituição, recebem a denominação de direitos da personalidade, porque são bens interiores à pessoa e indispensáveis à sua existência.

Assim como o exercício de direitos fundamentais pode sofrer limitações em confronto com outros direitos fundamentais, os direitos da personalidade, preservadas as linhas mestras de sua fundamentalidade constitucional, sofrem a conformação necessária às peculiaridades das relações privadas. Daí que limites de exercício podem ser impostos não apenas para evitar abuso de direito em relação a outrem e à comunidade, como também para ajuste em relação ao exercício contraposto de direitos alheios.

## 5.1 Direitos da personalidade

Direitos da personalidade são os direitos subjetivos destinados a garantir a integridade física, intelectual e moral do indivíduo, em prol de uma existência livre, igualitária, valorizada, justa e fraterna ou solidária na ordem política, econômica e social, e tendo por fundamento a dignidade da pessoa humana.

Para Carlos Alberto Bittar:

> Consideram-se como da personalidade os direitos reconhecidos à pessoa humana tomada em si mesma e em suas projeções na sociedade, previstos no ordenamento jurídico, exatamente para a defesa de valores inatos ao homem, como a vida, a rigidez física, a intimidade, a honra, a intelectualidade e outros tantos.[36]

[36] BITTAR, Carlos Alberto. *Os Direitos da Personalidade*. vol. I. Rio de Janeiro: Forense Universitária, 1989, p. 201.

Acrescenta o autor:

> Alguns desses direitos, quando enfocados sob o aspecto do relacionamento com o Estado e reconhecidos pelo ordenamento jurídico positivo, recebem o nome de liberdades públicas. São, pois, os mesmos direitos, mas examinados em planos distintos[37].

Recebem, segundo o enfoque, diversas denominações: individuais (Köhler), da personalidade (Gierke), pessoais (Watchter), direitos de estado (Muhlenbruch), direitos privados da personalidade (Limongi França)[38] e ainda, inatos, subjetivos essenciais ou personalíssimos.

Com efeito, se os direitos fundamentais constituem garantias do cidadão contra o Estado, (direitos de defesa ou *Abwwhrrechte*), também devem ser garantidos pelo Estado nas relações do homem com terceiros (*Schutzpflicht des Staats*)[39]. A doutrina alemã da *Drittwirkung*[40] sustenta exatamente a repercussão ou eficácia dos direitos fundamentais na ordem privada, observadas as peculiaridades que podem justificar um tratamento diferenciado.

Neste sentido, direitos fundamentais e direitos da personalidade têm o mesmo significado, mudando apenas o âmbito de incidência ou o objetivo: se os direitos fundamentais norteiam as ações e limitam a ingerência do Estado nas relações com os cidadãos para a preservação da

---

[37] *Direitos da personalidade*, cit, p. 202.

[38] GOMES, Orlando. *Introdução ao Direito Civil*. 9. ed. Rio de Janeiro: Forense, 1987, p. 130; ALVES, Alexandre Ferreira de Assumpção. *A Pessoa Jurídica e os Direitos da Personalidade*. Rio de Janeiro: Renovar, 1998, p. 59.

[39] MENDES, Gilmar Ferreira, Os direitos individuais e suas limitações: breves reflexões. In: MENDES, Gilmar et al. *Hermenêutica Constitucional e Direitos Fundamentais*. Brasília: Brasilia Jurídica, 2002, p. 208.

[40] CANOTILHO, José Joaquim Gomes. *O Provedor de Justiça e o efeito horizontal dos direitos, liberdades e garantias*. Disponível em: http://www.provedor-jus.pt/publicações/sessao/gcanotilho.htm. Acesso em: 20 fev. 2003.

dignidade da pessoa humana em seus aspectos físico, moral, existencial e espiritual, mediante as garantias de liberdade, igualdade, solidariedade, cidadania, com justiça social, os direitos da personalidade destinam-se a limitar os abusos dos particulares aos direitos inatos à sua condição de pessoa, garantindo, na ordem privada, a eficácia horizontal dos direitos fundamentais estabelecidos na Lei Fundamental.

Assim, se ao Estado cabe garantir a vida e a integridade física dos cidadãos, também deve assegurar, nas relações entre particulares, o exercício de direitos como o de doação para efeito de transplante, desde que tal ação importe na possibilidade de salvar outra vida.

Os direitos da personalidade, nas relações comuns, regulados nos artigos 11 a 21 do Código Civil, podem ser classificados em direitos à integridade física, direitos à integridade psíquica, intelectual ou espiritual, direitos à integridade existencial e direitos à integridade moral ou valorativa, cada um deles destinado a resguardar os bens ou direitos que compõem a personalidade.

### *5.1.1 Natureza jurídica e classificação*

Ao contrário dos bens exteriores, corpóreos e incorpóreos de que o homem necessita para a satisfação de suas necessidades, bens interiores ou encontráveis dentro da própria pessoa lhe são inatos e aderem à personalidade.

Há quem negue a natureza de direito subjetivo aos direitos da personalidade, sustentando que o sujeito ativo (o indivíduo) e o objeto (direito ao nome, à integridade física, à liberdade etc.) se confundem, ou seja, que a pessoa não pode ser, simultaneamente, sujeito e objeto de direitos (Savigny, Windscheid); há a Teoria Monista ou Unitária, que concebe os direitos da personalidade como direitos sem objeto, cuidando-se assim da tutela da própria pessoa (Larenz); finalmente, a Teoria

Eclética, que sustenta que o direito de personalidade tem por objeto atributos ou qualidades físicas, morais e intelectuais da personalidade, destacáveis do sujeito e assim objeto de tutela legal específica[41].

Adriano de Cupis classifica os direitos da personalidade em:

I. direito à vida e à integridade física;

II. direito sobre as partes destacadas do corpo e direito sobre o cadáver;

III. direito à liberdade;

IV. direito ao resguardo (direito à honra, ao resguardo e ao segredo);

V. direito à identidade pessoal (direito ao nome, ao título e ao sinal pessoal);

VI. direito moral de autor[42].

Segundo R. Limongi França, direitos da personalidade são aqueles que recaem em certos atributos físicos, intelectuais ou morais do homem[43], com a finalidade de resguardar a dignidade e a integridade da pessoa humana.

Observando que os direitos da personalidade não são estanques e podendo, assim, participar de mais de uma categoria, o prof. Limongi França os especifica e agrupa da seguinte forma:

- direitos à integridade física: direito à vida e aos alimentos, direito sobre o próprio corpo vivo, direito sobre o próprio corpo morto, direito sobre o corpo alheio vivo, direito sobre o corpo alheio morto, direito sobre partes separadas do corpo vivo, direito sobre partes separadas do corpo, morto;

---

[41] LARENZ, Karl. *Tratado de Derecho Civil Alemãn* – parte general. Trad. de Miguel Izquierdo. Madrid: Editoriales de Derecho Reunidas, 1978, p. 160-162.

[42] CUPIS, Adriano de. *Os Direitos da Personalidade*. Lisboa: Livraria e Editora Morais, 1961, p. 38 e ss.

[43] FRANÇA, Rubens Limongi. *Instituições de Direito Civil*. 3. ed. São Paulo: Saraiva, 1994, p. 1.037.

- direitos à integridade intelectual: direito à liberdade de pensamento, direito pessoal de autor científico, direito pessoal de autor artístico, ao direito pessoal de inventor;
- direitos à integridade moral: direito à liberdade civil, política e religiosa, direito à honra, direito à honorificência, direito ao recato, direito ao segredo pessoal, doméstico e profissional, direito à imagem, direito ao segredo profissional[44].

Maria Helena Diniz acrescenta aos direitos à integridade física, o direito à liberdade física ou de locomoção, ao aspecto físico da estética humana e aos alimentos; aos direitos à integridade moral o direito à intimidade, ao respeito, à identidade pessoal, familiar, social e sexual, à segurança moral e ao aspecto moral da estética[45].

Carlos Alberto Bittar propõe a distribuição dos direitos da personalidade em físicos (referentes à integridade corporal – os componentes materiais da estruturação humana, compreendendo a vida, o corpo, os órgãos, os membros, a imagem ou efígie, a locomoção), psíquicos (relativos à integridade psíquica – os elementos intrínsecos da personalidades, como as liberdades de pensamento, expressão, de culto, a intimidade, o sigilo) e os morais (pertinentes aos atributos valorativos – virtudes da pessoa na sociedade, como o nome, a honra, as lembranças de família, as criações intelectuais, incluindo a correspondência). Conclui que esses direitos se relacionam, de um lado, à pessoa em si, como ente individual e, de outro, à sua posição frente a outros seres na sociedade, como ente social[46].

---

[44] FRANÇA, cit., p. 1.037-1.038.

[45] FRANÇA, cit., p. 67.

[46] FRANÇA, cit., p. 212, 242 e 244.

Observa Bittar, *"... os direitos da personalidade devem ser compreendidos como: a) os próprios da pessoa em si (ou originários), existentes por natureza, como ente humano, com o nascimento; b) e os referentes às suas projeções para o mundo exterior (a pessoa como ente moral e social, ou seja, em seu relacionamento com a sociedade)."*[47]

Quanto à referida classificação, observa o jurista que primeiro considera-se a pessoa como ser individual, nos quais se destacam os elementos extrínsecos (os seus dotes físicos) e os elementos intrínsecos da personalidade (os atributos da inteligência e do sentimento). São os direitos físicos e psíquicos; depois, como ser social, integrado à sociedade, os atributos de valoração da pessoa em sua conceituação pela coletividade. São os direitos morais ou dotes de moral, de cultura, de honradez, de dignidade.

Tudo ponderado, pensamos que os direitos da personalidade podem ser classificados em direitos à integridade física, direitos à integridade psíquica ou intelectual e existencial e direitos à integridade moral, cada um deles destinado a resguardar os valores inerentes à integridade física, existencial e moral da pessoa.

Objeto de direito, têm a natureza de direitos subjetivos absolutos – porque exercitáveis *erga omnes* – consistentes em bens jurídicos incorpóreos, titularizados pelos mesmos sujeitos que os detém como conteúdo da personalidade.

Como o sujeito ativo (o indivíduo) não se confunde com o objeto (direito ao nome, à integridade física, à liberdade etc.), chega-se à conclusão de que os direitos de personalidade, que recaem sobre bens interiores, encontráveis dentro da própria pessoa, têm por objeto

---

[47] FRANÇA, cit., p. 207.

atributos ou qualidades físicas, morais e intelectuais da personalidade, destacáveis do sujeito e assim suscetíveis de tutela legal específica[48].

Nas relações de trabalho, considerado o disposto nos arts. 3º, IV, 5º, 6º, 7º, 8º, 9º e 170, da CF, podemos citar os seguintes direitos da personalidade:

- direitos ao nome, vida, integridade física (incluído o integridade estética) e subsistência;
- direito de ação;
- direito ao trabalho livre e quantitativamente limitado;
- direitos à desconexão e ao lazer;
- direito ao tratamento humano e respeitoso;
- direito ao meio ambiente saudável e seguro de trabalho;
- direitos à livre manifestação do pensamento, à liberdade de consciência e de crença, à liberdade de expressão e de informação;
- direito à liberdade ideológica, política e filosófica;
- direitos à intimidade e vida privada;
- direito à sexualidade;
- direito ao sigilo da correspondência e das comunicações telegráficas, de dados e das comunicações telefônicas;
- direitos à liberdade física de locomoção e circulação;
- direitos à honra e imagem;
- direitos à igualdade, à indiscriminação e à chance;
- direito à vida pessoal, familiar e de relações sociais (direito existencial) e à chance; e
- direitos de solidariedade (direitos de greve, reunião, associação profissional e sindical).

---

[48] LARENZ, Karl. *Tratado de Derecho Civil Alemán* – parte general. Trad. de Miguel Izquierdo. Madrid: Editoriales de Derecho Reunidas, 1978, p. 160-162.

Os direitos da personalidade, nas relações de trabalho, podem ser classificados em:

- direitos à integridade física (direitos à vida e à integridade física, ao meio ambiente seguro e saudável, à liberdade física de locomoção e circulação, à subsistência e ao trabalho livre e quantitativamente limitado, à desconexão, à greve, reunião e associação);
- direito à integridade psíquica ou intelectual e existencial (direitos de ação e à liberdade de pensamento, consciência, crença, expressão e sexualidade; à intimidade e vida privada, à vida pessoal, familiar e de relações, de ação; à igualdade, à indiscriminação e à chance; à liberdade ideológica, política e filosófica; ao tratamento humano e respeitoso; ao sigilo da correspondência e das comunicações telegráficas, de dados, notadamente os pessoais sensíveis e das comunicações telefônicas; ao lazer e à chance);
- direitos à integridade moral (à honra ou reputação, à imagem, ao decoro, à identidade e criações intelectuais – direito pessoal de autor científico, artístico e de inventor).

### *5.1.2 Características*

Os direitos da personalidade são fundamentais, interiores, absolutos, extrapatrimoniais, necessários, vitalícios, intransmissíveis (extinguem-se com a morte do titular), indisponíveis, irrenunciáveis e ilimitados.

Os direitos da personalidade são fundamentais porque asseguram à pessoa as garantias de liberdade, igualdade, solidariedade, cidadania e justiça como condição do alcance da dignidade e valor social.

Incidindo sobre atributos ou valores localizados no interior da pessoa – e não em bens situados fora dele –, os direitos da personalidade são os direitos subjetivos absolutos – porque exercitáveis *erga omnes* –, que recaem em certos atributos físicos, intelectuais ou morais da pessoa[49], com o objetivo de resguardar sua dignidade e integridade. Ao contrário dos bens exteriores, corpóreos e incorpóreos de que a pessoa necessita para a satisfação de suas necessidades, bens interiores ou encontráveis dentro de si lhe são inatos e aderem à sua personalidade.

Os direitos da personalidade são vitalícios porque, enquanto viver, o seu titular não os perde, sendo-lhe indispensáveis.

Os direitos da personalidade são não pecuniários porque não são suscetíveis de avaliação econômica, sendo o ingresso de valores equivalentes, no patrimônio, um efeito casual.

Os direitos da personalidade são intransmissíveis até mesmo por ato *causa mortis*, com o indivíduo nascendo e desaparecendo com a sua morte; são indisponíveis, assim inalienáveis, irrenunciáveis e impenhoráveis (não admitindo execução coercitiva), porque o titular não possui poder jurídico sobre o direito, por lhe ser inato e essencial à existência, permanecendo assim em sua órbita de direitos independentemente de sua vontade.

Evidentemente, poderá dar-se permissão para uso por terceiro do nome civil, sem que o titular perca o direito ao nome; da mesma forma, a cessão gratuita ou onerosa do uso, por determinado tempo, dos direitos sobre a obra não atinge o direito de autor.

Como observa Maria Helena Diniz, os direitos da personalidade podem tornar-se disponíveis quanto à sua projeção econômica ou para exploração humanitária, como ocorre com a exploração remunerada

---

[49] FRANÇA, Rubens Limongi. *Instituições de Direito Civil*. 3. ed. São Paulo: Saraiva, 1994, p. 1.037.

de imagem de pessoa famosa ou na cessão gratuita de órgãos ou tecidos[50].

### *5.1.3 Notícia histórica e tratamento dispensado à matéria pelo legislador civil*

Os direitos da personalidade são categoria que os ordenamentos antigos desconheceram, cuidando-se, assim, de elaboração dogmática do presente século.

Na Idade Média, o Cristianismo deu suporte moral aos direitos individuais, mas dentro de uma concepção universal do Direito. Somente com o surgimento do movimento artístico e cultural renascentista dos séculos XV e XVI foi que restou afirmada a necessidade da independência das pessoas, com identificação de bens no próprio homem, além dos bens exteriores e a intangibilidade dos direitos humanos.

A partir daí, a preocupação cada vez maior com os direitos naturais ou inatos culminou na Revolução Francesa de 1789, cuja doutrina consagrou a ideia dos direitos naturais, inalienáveis e sagrados do homem (conforme preâmbulo da Declaração dos Direitos do Homem e do Cidadão e que destacou os direitos à igualdade, liberdade, segurança, propriedade e resistência à opressão).

Ocorre que o fortalecimento do indivíduo perante o Estado opressor foi a preocupação da Revolução Francesa. A proteção então conferida aos direitos do homem, porque fundamentada nas declarações de cunho político surgidas a partir do século XVIII, teve natureza de direito público. Somente com a doutrina moderna – surgida a partir dos séculos XIX e XX – restou dissipada a confusão

---

[50] DINIZ, cit., p. 120-121.

entre os direitos da personalidade (aspecto civil) e os direitos do homem (aspecto público).[51]

Os códigos civis que sucederam àquelas declarações, no caso, a exemplo do revolucionário Código Napoleão de 1804, individualista, não chegaram a prescrever uma disciplina específica para os direitos da personalidade. A primeira lei a cuidar em especial de um direito privado da personalidade foi a romena, de 18 de março de 1895, e somente a partir do novo Código Civil italiano as legislações subsequentes passaram a dar melhor tratamento aos direitos da personalidade, de qualquer sorte, insatisfatório.[52]

O Código Bevilaqua não apresenta disciplina específica a respeito da matéria. De forma genérica menciona que a todo direito corresponde uma ação que o assegure e que para o exercício dela é bastante a demonstração do interesse econômico ou moral (arts. 75 e 76).

No anteprojeto de Código Civil, de 1963, Orlando Gomes incluiu a matéria relativa aos direitos da personalidade, embora sem disposição expressa relacionada à pessoa jurídica.

O Projeto de Código Civil 634-B, de 1975, manteve a orientação antes referida, mas incluiu artigo expresso relacionado à proteção dos direitos da personalidade da pessoa jurídica.

O atual Código Civil, de 2002, resultante do referido projeto e inspirado no Código Civil italiano, de 1942, regula a matéria nos arts. 11 a 21.

O Código Civil dá proteção expressa aos direitos da personalidade, possibilitando ao ofendido exigir que cesse a ameaça, ou a lesão, e

---

[51] AMARANTE, Aparecida I. *Responsabilidade Civil por Dano à Honra*. 3. ed. rev. e atual. Belo Horizonte: Del Rey, 1996, p. 32-34.

[52] FRANÇA, Rubens Limongi. *Manual de Direito Civil*, vol. I. São Paulo: RT, 1966, p. 325.

reclamar perdas e danos, sem prejuízo de outras sanções (art. 12), sendo que a regulação dos danos morais (arts. 20, 186, 948, 949, 950, 951, 953 e 954) é consequência direta da proteção aos direitos da personalidade.

Aplica-se às pessoas jurídicas a proteção dos direitos da personalidade (art. 52). A pessoa jurídica, cuja personalidade própria a legitima à prática de certas atividades, não tem direito à vida e à integridade física, embora possa ter direito à titularidade da patente (Lei nº 9.279/1996, arts. 88 e 91), à imagem, ao segredo e ao nome.

Com exceção da cessão em vida para efeito de transplante nos casos admitidos em lei especial ou para o atendimento de exigência médica (caso das cirurgias para mudança de sexo), é defeso ato de disposição do próprio corpo, quando importar em diminuição permanente da integridade física, ou contrariar os bons costumes (art. 13).

A disposição gratuita do próprio corpo, parcial ou total para depois da morte, é válida quando efetuada com objetivo científico ou altruístico (art. 14).

A lei veda o uso do nome alheio, sem autorização, em propaganda comercial (art. 18) ou em emprego em publicações ou representações que exponham a pessoa ao desprezo público (art. 17).

Exceto se autorizadas, ou se necessárias à administração da justiça ou à manutenção da ordem pública, a nova lei também veda a divulgação de escritos, a transmissão da palavra, ou a publicação, a exposição ou a utilização da imagem de uma pessoa (uma atriz famosa pode fazer um ensaio fotográfico de nu artístico para uma revista masculina, mas é invasão da intimidade o vizinho fotografá-la nua). E concede indenização às agressões que atingirem a honra, boa fama, respeitabilidade, ou ainda se forem destinadas a fins comerciais (art. 20).

### *5.1.4 A tutela dos direitos da personalidade nas relações de trabalho*

Ao contrário do Código do Trabalho português (arts. 14 a 22), a CLT não regulava os direitos da personalidade nas relações de trabalho, pelo que a jurisprudência aplicava diretamente os direitos fundamentais previstos na Constituição Federal ou, subsidiariamente, os direitos da personalidade previstos no Código Civil, para concretizá-los.

A partir da reforma trabalhista (Lei nº 13.467/2017), o legislador corrigiu a omissão, regulando, nos artigos 223-C e 223-D, respectivamente, os direitos da personalidade das pessoas física e jurídica.

Entre outros, são direitos da personalidade da pessoa física a honra, a imagem, a intimidade, a igualdade de tratamento e oportunidades, a liberdade de ação, a autoestima, a sexualidade, a saúde, a segurança, o lazer e a integridade física e espiritual.

Quanto à pessoa jurídica, são bens que integram a sua personalidade, entre outros, a imagem, a marca, o nome, o segredo empresarial e o sigilo da correspondência.

Como o empregado tem direito à vida, saúde e integridade física como direitos da personalidade, o empregador precisa prevenir o ambiente de trabalho contra os riscos inerentes ao trabalho, por meio de normas de saúde, higiene e segurança (art. 7º, XXII, da CF), sem prejuízo da responsabilidade do empregador pelos danos patrimoniais e morais decorrentes da morte ou da redução temporária ou definitiva da capacidade para o trabalho, e dos danos estéticos causados à aparência física do trabalhador (art. 7º, XXVII c/c 5º, V, da CF c/c art. 927, *caput* e parágrafo único do CC).

Por outro lado, é defeso ao empregador ou por seus superiores hierárquicos exigir do empregado serviços superiores às suas forças; tratar o empregado com rigor excessivo; expor o trabalhador a perigo manifesto de mal considerável; ofender física ou moralmente o trabalhador ou permitir que outrem assim aja no ambiente de trabalho (art. 482, CLT).

O empregado tem ainda direito à vida privada (art. 5º, X, CF), ao sigilo de correspondência (art. 5º, XII), às liberdades de consciência, crença (art. 5º, VI, CF) e expressão (art. 5º, IV e IX), ao tratamento humano e respeitoso no ambiente de trabalho, à orientação sexual e a uma existência que lhe permita desfrutar da vida pessoal, familiar e de relações sociais, pelo que o empregador não pode desnudar os pensamentos do trabalhador; interferir nas suas convicções políticas, ideológicas, filosóficas e religiosas; na manifestação do pensamento, incluindo os desejos, anseios e ideais; na correspondência particular; no comportamento do trabalhador no seu relacionamento privado; ofender a sua respeitabilidade ou consideração social; trata-lo de forma desumana ou desrespeitosa; ou causar-lhe impedimentos de desfrute da vida.

De igual sorte, a imagem, a marca e o nome dão credibilidade ao empregador no mercado e junto aos clientes e consumidores, de tal sorte que tem representação inclusive econômica, o que impede o trabalhador de atentar contra esses direitos da personalidade empresarial, e muito menos pode revelar segredos empresariais capazes de causar prejuízos ao empregador perante a concorrência, ou desnudar ou revelar conteúdo de correspondência sigilosa.

O salário é a contraprestação pelo trabalho, cuja contratação e desenvolvimento devem dar-se em regime de plena liberdade (art. 7º, XIII, CF), razão pela qual o trabalho forçado é desumano e, portanto, indigno (art. 7º, III, CF).

Quando se diz que a prestação do trabalho deve dar-se em ambiente saudável, essa afirmação diz respeito não apenas ao meio ambiente capaz de evitar doenças, mas também ao meio ambiente respeitoso, sendo degradante também aquele em que o empregador constantemente desmerece a pessoa ou o trabalho do empregado, assediando-o moral ou sexualmente.

Se todos são iguais perante a lei, sem distinção de qualquer natureza (art. 5º, I), é injustificável e atenta contra a igualdade e a não discriminação o tratamento desigual no ambiente de trabalho, mormente quando fundado em preconceito ou estigma. Para serviço igual, salário igual deve ser garantido (arts. 5º e 461, da CLT). Daí dispor o art. 461, § 6º, da CLT, que:

> No caso de comprovada discriminação por motivo de sexo ou etnia, o juízo determinará, além do pagamento das diferenças salariais devidas, multa, em favor do empregado discriminado, no valor de 50% (cinquenta por cento) do limite máximo dos benefícios do Regime Geral de Previdência Social.

A empregada não pode sofrer revistas íntimas ou restrições injustificadas de acesso ao emprego (art. 373-A, CLT). Essa proteção, especificamente dirigida à trabalhadora, não significa que trabalhadores do sexo masculino possam sofrer revistas abusivas ou restrições de acesso ao mercado de trabalho.

Se o empregado alardeia que seus empregadores são ladrões, que a empresa sonega os impostos e explora os seus empregados, não há dúvida de que fere direito personalíssimo do empregador.

As ofensas aos direitos da personalidade geram danos morais, com as compensações correspondentes (retratação pública, indenização), sem prejuízo do rompimento culpável do contrato e de indenização pecuniária do prejuízo material reflexo.

## 5.2 Direitos difusos e coletivos da comunidade, grupos, classes e categorias de trabalhadores

Os bens jurídicos extrapatrimoniais de titularidade da sociedade ou de grupos sociais, são os direitos metaindividuais difusos e coletivos.

Direitos difusos são os transindividuais, de natureza indivisível, de que são titulares pessoas indeterminadas e ligadas por circunstâncias de fato.

Direitos coletivos são os transindividuais, igualmente de natureza indivisível de que são titulares grupos, categorias ou classes de pessoas ligadas entre si ou com a parte contrária por uma mesma relação jurídica base preexistente à ofensa ou ameaça de ofensa ao interesse coletivo.

O art. 81, parágrafo único, I e II da Lei nº 8.078/1990 (Código de Defesa do Consumidor) assim os define.

Nas relações de trabalho são direitos difusos aqueles que independem da preexistência de uma relação jurídica base, ou seja, do fato de o trabalhador estar associado ou incluído em categoria profissional, ao passo que são coletivos os direitos que resultam do fato de o trabalhador pertencer a uma associação ou categoria profissional.

O art. 81, parágrafo único, III, da Lei nº 8.078/1990 se refere ainda aos direitos individuais homogêneos, que não são essencialmente coletivos, mas que decorrem de uma origem comum, atingindo igualmente vários trabalhadores em relação a esse ponto comunitário. E para efeito de tutela de massa, é permitida a respectiva defesa, em substituição, pelo Ministério Público do Trabalho, por associação profissional constituída há mais de um ano, ou por sindicato.

Dessa exposição resulta que comunidade, grupos, classes ou categoria de trabalhadores possam ser ofendidos em seus direitos extrapatrimoniais difusos, coletivos ou individuais de origem comum.

Por exemplo, quando os trabalhadores negros são discriminados em promoções na empresa (direito difuso); quando trabalhadores de uma categoria profissional veem descumprida uma cláusula de convenção coletiva (direito coletivo); ou os engenheiros de uma empresa são atingidos por uma norma prejudicial de recálculo de seus salários (direito individual homogêneo).

Prevenção contra os riscos à saúde e segurança, igualdade de tratamento, trabalho livre ou quantitativamente limitado, respeito às férias e aos intervalos intra e entre jornadas e ambiente respeitoso de trabalho são apenas alguns direitos metaindividuais merecedores de proteção.

No plano coletivo, danos morais são as ofensas a valores da própria sociedade, suscetíveis de causar repulsa e indignação às comunidades ou grupos sociais por elas afetados, a exemplo da conduta empresária discriminatória racista contra os seus trabalhadores; do desmatamento predatório; da poluição do ar ou da água por uma indústria; da prática empresarial de trabalho análogo ao de escravo; da prática generalizada de uma empresa de não reconhecer vínculo empregatício.

### *5.2.1 Tutela dos direitos difusos, coletivos e individuais homogêneos*

No Brasil, os legitimados para as ações coletivas: o Ministério Público; a Defensoria Pública, a União, os Estados, o Distrito Federal e os Municípios; autarquia, empresa pública, fundação ou sociedade de economia mista; associação que, concomitantemente: esteja constituída há pelo menos 1 (um) ano e inclua, entre suas finalidades institucionais, a proteção ao patrimônio público e social, ao meio ambiente, ao consumidor, à ordem econômica, à livre concorrência, aos direitos de grupos raciais, étnicos ou religiosos ou ao patrimônio artístico, estético, histórico, turístico e paisagístico (Lei nº 7.347, de 24 de julho de 1985, art. 5º).

Quanto aos sindicatos, têm legitimidade própria, prevista no art. 8º, III, da CF, para a defesa dos direitos individuais e coletivos da categoria profissional.

As associações profissionais de trabalhadores constituídas há pelo menos 1 (um) ano têm legitimidade para a defesa do meio ambiente de trabalho, da ordem econômica e de grupos raciais, étnicos ou religiosos de trabalhadores.

São ações coletivas que podem ser movidas em sede trabalhista: Ação Civil Pública, ações de cumprimento de cláusula coletiva e de pagamento de adicionais de insalubridade e periculosidade, ações anulatórias de cláusulas de acordo ou convenção coletiva, ações anulatórias de regulamentos de empresa, dissídios de greve, dissídios de natureza jurídica sobre interpretação de cláusulas coletivas de trabalho e dissídios coletivos de natureza econômica, mandado de segurança coletivo, mandado de injunção coletivo e *habeas corpus* coletivo.

A natureza da legitimidade ativa *ad causam* é irrelevante para a natureza jurídica da ação coletiva *lato sensu*. O que importa é a extensão dos efeitos da coisa julgada, *erga omnes* ou *ultra partes*.

A diferença é que na substituição não se depende de autorização, enquanto na representação essa autorização é necessária.

No entanto, em se tratando de associações profissionais, a autorização individual é necessária.

O §3º do art. 103 do Código de Defesa do Consumidor, aplicável às ações coletivas em geral, autoriza o transporte *in utilibus* da coisa julgada resultante da sentença proferida em ação coletiva para as ações de indenização por danos individuais.

Esse dispositivo, por óbvio, é subsidiariamente aplicável às ações de cumprimento.

Para as ações coletivas sobre direitos difusos, a sentença fará coisa julgada *erga omnes*, atingindo toda a coletividade e para as ações visando a tutela de direito coletivos, fará coisa julgada ultra partes, ou seja, com limitação aos componentes do grupo, categoria ou classe.

Em relação a essas ações, se o pedido for julgado improcedente, a sentença fará coisa julgada *erga omnes* ou ultra partes, impedindo nova propositura com o mesmo objeto, mas se for julgada improcedente por insuficiência de provas, qualquer legitimado poderá intentar outra ação, com idêntico fundamento, valendo-se de nova prova.

Já em se tratando das ações coletivas sobre direitos individuais homogêneos, a sentença fará coisa julgada *erga omnes* apenas nos casos de procedência do pedido. E no caso de improcedência, não ficará o indivíduo impedido de ajuizar ação individual, desde que não tenha ingeressado no processo como litisconsorte ou assistente litisconsorcial.

# DANO EXTRAPATRIMONIAL: CONCEITO E CARACTERIZAÇÃO

Embora boa parte da doutrina trate bem e coisa como sinônimos, não apenas para a realidade da vida em sociedade como também para efeito doutrinário, um é continente e a outra é conteúdo. As coisas são bens, mas nem todo bem jurídico é uma coisa. Não há como chamar a honra ou a intimidade de coisa, embora sejam bens jurídicos.

Bens são as coisas, prestações e valores suscetíveis de apropriação jurídica, ou seja, que podem ser objeto de uma relação jurídica.

Coisas são os bens jurídicos exteriores à pessoa, com existência física revelada pelos sentidos: automóveis, joias, animais, prédios, gás, energia elétrica, pelo que é incorreto falar-se em coisa incorpórea. O bem, como gênero, pode sê-lo, mas não as coisas.

Prestações são os comportamentos de dar, restituir, fazer ou não fazer: entregar numerário correspondente a uma aquisição; devolver o automóvel alugado ou emprestado; executar um serviço contratado; não construir acima de determinado gabarito.

Valores são os bens jurídicos interiores que integram os direitos da personalidade ou da sociedade: integridade física, honra, intimidade, preservação da natureza.

O bem é corpóreo quando tem existência material ou física, e incorpóreo quando é abstrato ou sem existência física, mas perceptível pelo sentimento ou pela convenção coletiva, com força normativa, como no caso do crédito, da liberdade, da intimidade e da honra.

Os bens, não importa se corpóreos ou incorpóreos, podem ou não ter natureza econômica. Os direitos autorais são incorpóreos, mas têm representação econômica e compõem o patrimônio do titular.

Bens extrapatrimoniais são os bens sem representação econômica, que integram os direitos da personalidade dos quais a pessoa física necessita para existir e viver uma vida digna, e a pessoa jurídica para cumprir a finalidade da sua criação. Entre eles, conforme se trate de pessoa física ou jurídica, estão os bens ditos morais, os existenciais e os estéticos.

A pessoa necessita da efetividade dos direitos indispensáveis à existência segura e saudável e a uma convivência social fundada na igualdade, liberdade e solidariedade. Ou seja, para uma existência qualitativa.

Se um dos fundamentos do Estado Democrático de Direito é a dignidade da pessoa humana (art. 1º, III, da CRFB) e ela consiste no respeito aos atributos necessários a garantir-lhe um tratamento livre, igualitário e fraterno, que lhe permita, na atuação individual e em comunhão com os demais componentes da sociedade, desenvolver a sua autonomia espiritual como ser integral, concretizar os ideais e ter acesso aos bens da vida, mecanismos devem ser buscados, no plano infraconstitucional, para a compensação dos padecimentos sentimentais e existenciais causados aos seus direitos extrapatrimoniais, derivados dos direitos da personalidade.

Afinal, se a ordem jurídica tem preocupação com a reparação dos prejuízos patrimoniais, deve igualmente procurar compensar os danos sentimentais, como revolta, frustrações, mágoas, indignações, complexos decorrentes de humilhações, constrangimentos, injustiças, desrespeito, desonra, vexame, redução ou supressão da capacidade laborativa, bem como os danos existenciais provenientes dos impedimentos ou privações de vida pessoal e de relações. Enfim, com as ofensas aos atributos físicos, valorativos e psíquicos ou intelectuais da pessoa humana.

Por outro lado, também no plano coletivo, é possível a verificação de dano extrapatrimonial quando a lesão é dirigida aos valores sociais de uma comunidade ou grupo social.

Com efeito, ofende os bens jurídicos extrapatrimoniais difusos ou coletivos da sociedade como um todo e das comunidades que as compõe as violações a atributos metaindividuais que correspondem aos valores sociais que a caracterizam ou dão qualidade de vida aos seus componentes. Como exemplos, os danos causados a uma comunidade em decorrência da poluição do ar ou da água por uma indústria e os decorrentes de trabalho forçado ou análogo ao de escravo, de utilização de trabalho infantil, de descumprimento generalizado das obrigações trabalhistas e de falta de preparação do ambiente de trabalho para riscos à saúde e segurança dos trabalhadores.

Os danos estéticos têm natureza híbrida porque são corpóreos (defeitos físicos na aparência ou locomoção), mas são extrapatrimoniais.

As ofensas aos bens morais e estéticos causam dor sentimental, e aos existenciais causam impedimentos de vida plena pessoal e de relações familiares e sociais. Ambas geram o dever de indenizar o dano extrapatrimonial causado.

Além de outros, são bens jurídicos extrapatrimoniais da pessoa física: vida, saúde, integridade física, subsistência, segurança, intimidade, vida privada, honra, imagem, sexualidade, nacionalidade, etnia, trabalho, existência, tratamento humano igualitário e respeitoso; liberdades de locomoção e circulação, de crença, de expressão, política e filosófica.

Nas relações de trabalho, o artigo 223-C, da CLT não se refere a todos eles, entendendo-se, portanto, até por força da Constituição e dos direitos naturais que o rol lá inserido não é exaustivo. O legislador limita-se ao aponte da honra, imagem, intimidade, liberdade de ação, autoestima, sexualidade, saúde, lazer e integridade física como bens juridicamente tutelados, inerentes à pessoa física, o que enseja interpretação lógica, sistemática e extensiva.

Evidentemente, por interpretações lógica e extensiva e compatibilização com a Constituição Federal, o rol fornecido pelo legislador deve ser tido como exemplificativo, a ele acrescentando-se bens como a vida, identidade, vida privada, igualdade de tratamento, liberdade de convicção ideológica, filosófica e política, liberdade de expressão etc.

A imagem, a marca, o nome, o segredo empresarial e o sigilo da correspondência são alguns dos bens extrapatrimoniais que compõem a personalidade da pessoas jurídica. Nas relações de trabalho estão previstos no art. 223-D, da CLT.

Ofende os bens extrapatrimoniais, morais ou existenciais (e estéticos, se for o caso), as condutas ilícitas, causadoras de dano.

Danos morais são espécie de danos extrapatrimoniais. *São, especificamente, os prejuízos sentimentais* causados pelas ofensas aos atributos físicos, valorativos e psíquicos, intelectuais ou espirituais da pessoa. Decorrem de ofensas caracterizadas por comportamentos provocadores de abalos sentimentais insuportáveis ao homem médio pela violação daqueles atributos, a exemplo de revolta, frustrações, mágoas, indignações e complexos derivados de humilhações, constrangimentos, injustiças, desrespeito, desonra, vexame, redução ou supressão da capacidade laborativa que a vítima vem a experimentar em virtude do comportamento lesivo do ofensor.

Observa Maria Helena Diniz que, para distinguir dano moral (leia-se dano extrapatrimonial) de dano patrimonial, o critério utilizado não poderá ater-se à natureza do direito, mas sim ao interesse que pressupõe esse direito ou ao caráter de sua repercussão sobre o lesado, eis que do prejuízo causado a bem jurídico econômico pode resultar perda de ordem moral, e da ofensa a bem jurídico extrapatrimonial pode advir dano moral, podendo até ocorrer a concomitância de lesões de ordem moral e patrimonial, por exemplo, se a injúria feita a alguém importar em queda de sua fonte de renda, além do dano causado ao amor-próprio, de ordem moral, surgirá dano patrimonial indireto.[53]

Embora geralmente ligado ao aspecto emocional, nem todo sofrimento decorre de ofensa moral ressarcível, eis que os "aborrecimentos normais, próprios da vida em coletividade"[54], como será visto por ocasião do exame do dano bagatela. Da mesma

---

[53] DINIZ, cit., p. 81.

[54] GONÇALVES, Carlos Roberto. *Responsabilidade Civil*. 6. ed. São Paulo: Saraiva, 1995, p. 58 e ss.

forma, a frustração do empregado decorrente de uma despedida sem justa causa.

Outrossim, se determinada pessoa presencia o atropelamento fatal de outra, o violento abalo emocional que venha a acometê-la não é ressarcível, por se cuidar de pessoa estranha à vítima ou de pessoa que em relação a ela não tem especial afeição como um parente próximo, cônjuge ou conivente.[55]

Dano existencial, como espécie de dano extrapatrimonial, é o prejuízo imaterial causado pelos impedimentos ou frustrações da possibilidade de realização do projeto de vida e da vida de relações do trabalhador. Decorre da conduta do ofensor, de privar o ofendido de suas aspirações de realização pessoal e profissional.

Exemplificativamente, essa privação pode dar-se em razão da imposição de volume excessivo de trabalho ou de carga horária extrema, impeditivas da vida de relações (regular convívio social e familiar); de acidente do trabalho, capaz de frustrar, pelas lesões, o projeto de vida futura do trabalhador.

Enquanto o dano moral é caracterizado por um sentimento, o dano existencial é caracterizado por um impedimento (privação de alcance).

Dano estético, também como espécie de dano extrapatrimonial, é o causado pela alteração deformadora do aspecto físico ou funcional aparente do indivíduo, por ação ou omissão de outrem. Resulta em direito autônomo aos danos morais, existenciais e patrimoniais. Como dito antes, é material (defeito físico aparente), embora extrapatrimonial.

---

[55] CASTRO, Guilherme Couto de. *A Responsabilidade Civil Objetiva no Direito Brasileiro*. 2. ed. Rio de Janeiro: Forense, 1997.

Um acidente do trabalho pode, cumulativamente, provocar um dano estético (aleijamento, com incapacidade total para o trabalho), um dano moral (revolta, complexos, humilhações) e um dano existencial (abortar projetos de vida profissional). Ou seja, pode atingir direitos distintos da personalidade e ensejar composição específica para os danos, sob cada projeção. E ainda ensejar reparação de dano patrimonial (despesas com hospital, remédios, prótese, cuidador e supressão de salário).

## 6.1 A identificação de categorias de dano extrapatrimonial: moral, físico ou biológico, psíquico ou espiritual e existencial. O dano estético como categoria extrapatrimonial autônoma

Nem todo dano extrapatrimonial trabalhista pode ser denominado dano moral. Além dele, podem ser apontados os danos existenciais, os danos estéticos e os danos sociais.

São danos morais trabalhistas as ofensas individuais aos atributos físicos, valorativos e psíquicos ou intelectuais decorrentes da relação de trabalho, *suscetíveis de gerar padecimentos sentimentais* a pessoas naturais, bem como as ofensas coletivas causadas aos valores socioculturais da sociedade ou grupos sociais.

Na verdade, a expressão dano moral seria apropriada e aplicável apenas aos danos valorativos da personalidade, como os perpetrados à honra, à imagem, ao decoro.

Contudo, essa denominação tornou-se regra para todos os danos sentimentais, não importando a natureza do direito da personalidade ofendido.

Nas ofensas a comunidades ou grupos sociais, parte-se da ideia de que a agressão a valores socioculturais de comunidades ou grupos sociais provoca sentimentos coletivos como indignação, revolta, repulsa, humilhação.

De igual sorte, a ofensa a atributos valorativos sociais ou de mercado da personalidade e a atributos de privacidade empresarial da pessoa jurídica ofende o que se convencionou chamar de honra objetiva.

### *6.1.1 Classificação dos danos extrapatrimoniais trabalhistas*

<table>
<tr><td rowspan="4">Danos extrapatrimoniais</td><td>Danos morais</td><td>1) Abalos sentimentais por ofensas a atributos valorativos, físicos e psíquicos ou espirituais da personalidade da pessoa natural<br>2) A atributos valorativos sociais ou de mercado da personalidade e a atributos de privacidade empresarial da pessoa jurídica<br>3) A valores fundamentais de comunidades, grupos, classes ou categorias</td></tr>
<tr><td>Danos estéticos</td><td>À aparência ou mobilidade física do ofendido</td></tr>
<tr><td>Danos existenciais</td><td>Impedimentos de vida pessoal, familiar e de relações sociais</td></tr>
<tr><td>Danos sociais</td><td>Condutas socialmente reprováveis, que colocam em risco a segurança ou a qualidade de vida da comunidade</td></tr>
</table>

| | | |
|---|---|---|
| Danos morais à pessoa física por ofensas: | A atributos valorativos da personalidade (à integridade moral ou valorações sociais) | Abalos sentimentais à honra ou reputação, à imagem, ao decoro (decência e pudor) ou tratamento respeitoso, à identidade e às criações intelectuais |
| | A atributos físicos da personalidade da pessoa física (à integridade física) | Abalos sentimentais por atentados à vida, saúde, integridade física, subsistência, liberdade física de locomoção e circulação, ao trabalho livre e quantitativamente limitado, à desconexão e aos direitos de solidariedade – greve, reunião e associação profissional |
| | A atributos psíquicos ou existenciais da personalidade (integridade espiritual ou existencial) | Abalos sentimentais por violações à intimidade, sigilo, recato ou vida privada; à vida pessoal, familiar e de relações; ao tratamento humano e respeitoso; à igualdade e à indiscriminação; ao direito de ação; às liberdades de pensamento, convicção, crença e expressão e de sexualidade; ao sigilo da correspondência e das comunicações telegráficas, de dados, notadamente os pessoais sensíveis e das comunicações telefônicas; ao lazer e à chance |

| | | |
|---|---|---|
| Danos morais à pessoa jurídica por ofensas: | A atributos valorativos sociais ou de mercado da personalidade da pessoa juridica | Por violações ao nome, imagem, marca |
| | A atributos de privacidade empresarial | Por violações ao segredo empresarial, sigilo da correspondência e das comunicações de dados e telefônicas |

| Dano moral coletivo por ofensas: | A valores fundamentais de comunidades, grupos, classes ou categorias (à integridade extrapatrimonial coletiva) | Por violações ao meio ambiente saudável e seguro, à igualdade de tratamento e outros bens de repercussão coletiva, ainda que derivados de interesses individuais homogêneos |
|---|---|---|

| Dano estético por ofensas: | À aparência ou mobilidade física<br>À vida pessoal<br>À vida familiar<br>À vida de relações sociais |
|---|---|

### *6.1.2 Natureza jurídica da responsabilidade por dano extrapatrimonial trabalhista*

A responsabilidade por dano extrapatrimonial trabalhista é, geralmente, de natureza subjetiva, posto que fundada na culpa.

Todavia, provada a ofensa, caracterizado estará, objetivamente, o dano, independentemente de comprovação do abalo, que é presumido *iure et de iure*, como no caso da ofensa à vida ou à honra (*in re ipsa*).

Como observa Sergio Cavalieri Filho, exigir que uma mãe prove o sofrimento ou o grau de sofrimento pela perda de um filho seria absolutamente desarrazoado[56].

Quanto à prova da ofensa em si, essa sim necessária e bastante, o estabelecimento de presunções faz-se necessário.

Assim é que se o trabalhador comprova que informações incorretas foram prestadas a seu respeito e que não obteve novo emprego junto à pessoa a quem foram dirigidas, presume-se que a

---

[56] CAVALIERI FILHO, Sérgio. *Programa de Responsabilidade Civil*. 6. ed. São Paulo: Malheiros, 2005, p. 108.

não obtenção tenha como causa as informações prestadas, cabendo assim ao ex-empregador o ônus da prova de que outro foi o motivo que ensejou a falta de colocação do ex-empregado.

De igual sorte, se determinada doença profissional costuma ocorrer em razão do exercício de certa atividade, é do empregador o ônus de comprovar a inexistência de nexo causal.

Contudo, ao contrário do dano patrimonial, que admite correspondência com a ofensa e sua fungibilidade pecuniária, fatores como a subjetividade da lesão, a diferença de padrão ético e sentimental entre as pessoas, a dificuldade de mensuração da dor, a impossibilidade de restabelecimento do *status quo ante* dificultam a sua aferição.

Logo, embora a prova do abalo seja desnecessária, é indispensável quanto a outros aspectos, que são atinentes à fixação da indenização: maior ou menor grau de culpa, maior ou menor repercussão, diminuição da clientela no dano patrimonial reflexo, maior ou menor capacidade econômica do ofensor etc.

Além do dano extrapatrimonial fundado na culpa, há fatos não imputáveis ao comportamento ilícito do empregador, a exemplo de sequelas ou traumas psíquicos, que podem ensejar a reparação por responsabilidade objetiva nos casos em que o empregador promove atividade de risco ou o empregado é circunstancialmente colocado em situação de risco. Como exemplos, o sofrimento e a humilhação experimentados pelo bancário por ter servido de refém em assalto a banco do empregador; o abalo decorrente da contaminação em usina nuclear; a síndrome do pânico adquirida após anos de exercício na função de vigilante de carro-forte; a perda de membro em virtude de carga elétrica em trabalho desenvolvido com energia elétrica; a sequela física decorrente de trabalho com explosivos.

A composição em dinheiro tem por fim confortar a vítima, amenizar os efeitos da dor ou, no dizer de Maria Helena Diniz, neutralizar os sentimentos negativos de dor, tristeza e angústia por lenitivo pecuniário que permita o alcance de prazeres destinados a minimizar a dor íntima do ofendido.[57]

Embora não estejam descartadas medidas *in natura*, como a imposição de retratação de ofensas à honra ou à imagem por meio de jornais ou outros meios de comunicação, de grande circulação, o artigo 223-G, da CLT, determina a composição em pecúnia.

## 6.2 O dano da morte ou tanatológico e sua repercussão em ricochete

Tanatologia é o estudo do processo de morte.

Juridicamente, a morte implica a extinção da personalidade iniciada com o nascimento com vida e determina a abertura da sucessão universal dos bens.

Contudo, nem sempre a morte é natural, e a morte provocada produz efeitos jurídicos específicos.

A tanatologia forense é um dos ramos da Medicina Legal. Diz respeito aos aspectos científicos ligados à morte e sua natureza, fornecendo os elementos necessários às suas implicações jurídicas. Isso é realizado por meio da Tanatognose, contida na Tanatologia, que se dedica ao estudo do diagnóstico da realidade da morte, com o objetivo de estabelecer a sua causa jurídica (homicídio, suicídio ou acidental).

Logo, especificamente nos casos de homicídio nas relações de trabalho, as questões a serem discutidas são: a) a identificação do

---

[57] CAVALIEIRI FILHO, cit., p. 91.

ofensor; b) se os sucessores têm direito próprio à reparação pelos danos causados por terceiro ou se herdam a ação reparatória a que teria direito o falecido; e c) na primeira hipótese, que leva aos danos em ricochete, a identificação dos componentes do núcleo familiar, com legitimidade para o exercício de direito autônomo à reparação.

No direito italiano, essa questão é tratada como dano tanatológico (dano da perda da vida).

Lá, o que se discute é se a lesão à integridade pessoal da vítima, quando leva à perda da vida, configurando um dano consistente no sofrimento que acompanha a morte, é passível de ser transmitida aos herdeiros. A jurisprudência italiana considera os danos decorrentes de ilícitos passíveis de ressarcimento *iure hereditaris*, desde que a vítima tenha permanecido viva, ainda que por pouco tempo. Com a extinção da personalidade pela morte imediata, não vê possibilidade de o falecido adquirir o direito ao dano da perda da vida para poder transmiti-los aos seus sucessores. Em outras palavras, os herdeiros podem postular iure hereditatis a indenização dos danos extrapatrimoniais sofridos pelo falecido em vida e também *iure proprium*, indenização pela perda da relação parental sofrida por eles mesmos.[58]

No direito português, os itens 1 a 3 do artigo 496, do Código civil ensejam a reparação nas esferas patrimonial e extrapatrimonial ao reconhecerem a separação entre o dano morte, como dano autônomo, e os danos morais próprios dos familiares.

Compõe esse núcleo familiar um número restrito de pessoas em caso de morte da vítima: cônjuge ou companheiro, filhos, e na

---

[58] Suprema Corte di Cassazione, Sezioni Unite Civili, 22 luglio 2015, n. 15350, sentenza sul ricorso 12282/2008.

falta deles, os ascendentes, vindo por último os irmãos e sobrinhos que os representem. Assim também no direito alemão.

No direito brasileiro, o artigo 948, *caput* e inciso I, do Código civil, expressamente dispõe sobre o ressarcimento das despesas com o tratamento da vítima, seu funeral e o luto da família, igualmente reconhecendo o dano morte em si mesmo ao fazer referência à possibilidade do reconhecimento de outras reparações, além das referidas nos incisos do aludido dispositivo legal.

Considerando o que estatui o parágrafo único do 20, do mesmo diploma legal, que ao dispor sobre os direitos da personalidade, estabelece que *"Em se tratando de morto ou de ausente, são partes legítimas para requerer essa proteção o cônjuge, os ascendentes ou os descendentes."*, não há dúvida de que os componentes do núcleo familiar do falecido têm direito próprio à reparação sentimental tanatológica restando, assim, estabelecer apenas quem efetivamente compõe este núcleo. No que se refere a dano patrimonial, legitimados à reparação dos danos emergentes estão os componentes familiares que os custeou e em ricochete, a título de lucros cessantes, as pessoas a quem o morto os devia (art. 948, I e II, do CC).

Já no tocante aos danos extrapatrimonais em ricochete, considerando o disposto no parágrafo único do art. 12 do CC, ao estabelecer que *"Em se tratando de morto, terá legitimação para requerer a medida prevista neste artigo o cônjuge sobrevivente, ou qualquer parente em linha reta, ou colateral até o quarto grau."*, temos aí o norte para a resolução do problema.

A indagação que se faz é se a titularidade da relação familiar é suficiente para justificar a pretensão de ressarcimento ou se é preciso comprovar a intensidade da relação afetiva entre a vítima direta e a indireta. E ainda, se essa intensidade alcança pessoas que não têm relação de parentesco com a vítima.

A jurisprudência brasileira não concede o dano da perda da vida ou tanatológico ao falecido para efeito de transmissão. Ou seja, não é reconhecida compensação à vítima direta pelo evento danoso que resultar em sua morte imediata, para efeito de transmissão aos sucessores.

Não obstante, concede compensação pelo sofrimento experimentado até a morte, transmissível ao cônjuge, companheiro ou qualquer parente em linha reta, ou colateral até o quarto grau, superada que se encontra pela jurisprudência a orientação, válida no passado, sobre a intransmissibilidade das ações estritamente pessoais.

Verifique-se:

**Recurso Especial Nº 1.734.536 - RS (2014/0315038-6)**[59]

| Relator | Ministro Luis Felipe Salomão |
|---|---|
| Recorrente | Januario Fontoura do Amaral |
| Recorrente | Claidi Rocha da Fontoura do Amaral |
| Recorrente | Antonio Augusto Pacheco do Amaral |
| Advogados | Luiz Alberto Froner da Silveira - RS026066<br>André Oliveira dos Reis - RS035201<br>Igor Alves de Souza - RS070790<br>Diogenes Rafael Giacomolli Batista e Outro(s) - RS070531 |
| Recorrido | Eder Antunes de Oliveira |
| Recorrido | Olinda Maria Rigotti |
| Recorrido | Hugo Rigotti |
| Recorrido | Vitor Antunes de Oliveira |

---

[59] BRASIL, STJ, 4ª Turma, j. 06/08/2019, publicado no DJe 24/09/2019, Relator Ministro Luis Felipe Salomão.

| | |
|---|---|
| Recorrido | Bianca Rigotti de Oliveira de Sousa |
| Recorrido | Pedro Antunes de Oliveira |
| Recorrido | Mari Lucia Rigotti Antunes DE Oliveira |
| Advogados | Antônio Antunes Cavalheiro - RS023503<br>Bárbara Lazzari Cavalheiro - RS084625<br>Artur Lazzari Cavalheiro - RS094308 |

**Relatório**

**O Senhor Ministro Luis Felipe Salomão:**

1. Eder Antunes de Oliveira e Outros ajuizaram ação contra Januário da Fontoura do Amaral e Outros visando indenização por danos material e moral em razão de acidente de trânsito do qual um dos autores foi vítima. Informam que, em janeiro de 2012, Eder estava no veículo conduzido por Januário, ora recorrido, que, em velocidade excessiva, perdeu o controle da direção, resultando em acidente que acarretou a Eder lesões graves, como a tetraplegia por trauma raquimedular. Esclareceram que o veículo objeto do capotamento estava registrado em nome de Claidi Rocha, também ré, mãe do condutor. Asseveraram, ademais, que Januário, na ocasião, era financeiramente dependente de seus genitores, Claidi Rocha e Antonio Augusto do Amaral, também réu. Em análise da inicial, o juízo monocrático declarou a ilegitimidade ativa dos parentes da vítima do acidente (pais, imãos *e avós maternos), por entender que o dano moral é direito personalíssimo dela, pois sobreviveu ao acidente. Acerca da legitimidade passiva, excluiu da lide o pai do réu condutor do veículo, por considerar não existir mais o dever de vigilância e guarda do genitor em relação ao filho, que era maior de idade à época dos acontecimentos. Asseverou, em*

*conclusão, que o fato do filho depender economicamente do pai não gera, necessariamente, o dever de arcar com a indenização requerida.*

Em face da decisão interlocutória que acolheu as preliminares mencionadas, foi interposto agravo de instrumento pelos autores, ao qual se deu provimento, monocraticamente, para se reconhecer a legitimidade ativa dos parentes da vítima, assim como a legitimidade passiva do pai do réu, condutor do veículo.

Os agravados interpuseram agravo interno (fls. 519-538), ao qual se negou provimento, mantendo-se íntegra a decisão monocrática, nos termos da seguinte ementa (fl. 543):

Agravo. Direito Processual Civil. Decisão Monocrática Fundada em Precedentes Desta Corte. Possibilidade. Pressupostos (Art. 557, § 1º-A do CPC). Prequestionamento.

1. Os irmãos e avós de vítima de acidente são parte ativa legítima no pedido de indenização pelo dano moral decorrente da lesão grave causadora de tetraplegia.

2. O genitor do demandado é parte legítima a figurar no polo passivo, não demonstrada, neste momento processual, a idoneidade financeira e sustento próprio do demandado que conduzia o veículo em que tripulava juntamente com a vítima.

3. Não *se verifica malferimento às normas jurídicas invocadas pelos agravantes.*

Agravo Desprovido.

O recurso especial tem fundamento nas alíneas *a* e *c* e alegação de violação aos arts. 5º, 11, 12, 927, 932, I, 948 e 1.829 do Código Civil e 6º, 267, VI e 557, § 1º, do Código de Processo Civil.

Insurgem-se contra a manutenção dos familiares da vítima do acidente automobilístico no polo ativo da ação indenizatória. Defendem que o dano moral é direito personalíssimo de seu detentor, porque a lesão é unicamente vivenciada pelo ofendido, não estando legitimados a propor ação indenizatória os familiares da vítima, quando esta sobrevive.
Argumentam que, por tratar-se de direito personalíssimo, somente pode ser exercitado por quem sofreu o dano, cabendo aos demais legitimados pleitear a reparação somente na eventualidade de morte do titular. No caso dos autos, a vítima também integra o polo ativo da lide, sendo um dos recorridos deste recurso.
Aduzem que, na remota hipótese de admitir-se a postulação do dano moral pelos familiares, deve ser observada a ordem da sucessão legítima estabelecida pelo art. 1829 do Código Civil.
Alegam divergência jurisprudencial em relação ao que ficou decidido nos REsps n. 302.029/RJ, 1.054.443/MT e 1.076.160/AM, que, segundo afirmam, o direito à reparação do dano moral foi caracterizado como personalíssimo, tendo sido limitado aquele direito aos parentes mais próximos em prejuízo dos mais distantes.
Defendem também a ilegitimidade passiva do genitor do condutor do veículo, ora recorrente, por não ser responsável pelos atos do filho e que os efeitos de um processo somente podem ultrapassar a pessoa do causador da lesão nas hipóteses legalmente admitidas, quais sejam, na força do inventário e nos casos estabelecidos pela responsabilidade de atos de terceiro ou da coisa.
Asseveram que, no caso, não se aplica a responsabilização por fato de terceiro, por não se configurar nenhuma das situações do rol taxativo do art. 932 do CC, nem sequer por responsabilização pela coisa dos arts. 936 e 937 do CC.

Contrarrazões apresentadas às fls. 643-662.

*É o relatório.*

Recurso Especial. Responsabilidade Civil. Dano Moral Reflexo ou por Ricochete. Morte da Vítima. Prescindibilidade para a Configuração do Dano. Legitimidade Ativa para Ação de Indenização. Núcleo Familiar. Irmãos. Avós. Ilegitimidade Passiva dos Genitores de Filhos Maiores de Idade.

1. O dano moral por ricochete é aquele sofrido por um terceiro (vítima indireta) em consequência de um dano inicial sofrido por outrem (vítima direta), podendo ser de natureza patrimonial ou extrapatrimonial. Trata-se de relação triangular em que o agente prejudica uma vítima direta que, em sua esfera jurídica própria, sofre um prejuízo que resultará em um segundo dano, próprio e independente, observado na esfera jurídica da vítima reflexa.

2. São características do dano moral por ricochete a pessoalidade e a autonomia em relação ao dano sofrido pela vítima direta do evento danoso, assim como a independência quanto à natureza do incidente, conferindo, desse modo, aos sujeitos prejudicados reflexamente o direito à indenização por terem sido atingidos em um de seus direitos fundamentais.

3. O evento morte não é exclusivamente o que dá ensejo ao dano por ricochete. Tendo em vista a existência da cláusula geral de responsabilidade civil, todo aquele que tem seu direito violado por dano causado por outrem, de forma direta ou reflexa, ainda que exclusivamente moral, titulariza interesse juridicamente tutelado (art. 186, CC/2002).

4. O dano moral reflexo pode se caracterizar ainda que a vítima direta do evento danoso sobreviva. É que o dano moral em ricochete não significa o pagamento da indenização aos indiretamente lesados por não ser mais possível, devido ao falecimento, indenizar a vítima direta. É indenização autônoma, por isso devida independentemente do falecimento da vítima direta.
5. À vista de uma leitura sistemática dos diversos dispositivos de lei que se assemelham com a questão da legitimidade para propositura de ação indenizatória em razão de morte, penso que o espírito do ordenamento jurídico rechaça a legitimação daqueles que não fazem parte da "família" direta da vítima (REsp 1076160/AM, Rel. Ministro Luis Felipe Salomão, Quarta Turma, DJe 21/06/2012).
6. A jurisprudência desta Casa, quanto à legitimidade dos irmãos da vítima direta, já decidiu que o liame existente entre os envolvidos é presumidamente estreito no tocante ao afeto que os legitima à propositura de ação objetivando a indenização pelo dano sofrido. Interposta a ação, caberá ao julgador, por meio da instrução, com análise cautelosa do dano, o arbitramento da indenização devida a cada um dos titulares.
7. A legitimidade dos avós para a propositura da ação indenizatória se justifica pela alta probabilidade de existência do vínculo afetivo, que será confirmado após instrução probatória, com consequente arbitramento do valor adequado da indenização.
8. A responsabilidade dos pais só ocorre em consequência de ato ilícito de filho menor. O pai não responde, a esse título, por nenhuma obrigação do filho maior, ainda que viva em sua companhia, nos termos do inciso I do art. 932 do Código Civil.
9. Recurso especial parcialmente provido.

Na Justiça do Trabalho brasileira a questão do dano tanatológico ou dano da perda da vida ainda não foi enfrentada. Mas a jurisprudência concede, por ricochete, em direito próprio, a compensação do dano sentimental pela morte do ente querido (dano causado pela perda da relação parental) aos que integram o grupo familiar formal referido na lei (art.12, Código Civil), ou estão na ordem sucessória, no entanto abrindo caminho aos que não constam desse rol, mas dependiam do falecido, desde que comprovada a existência de relação afetiva com o de cujus, ex-vi da inteligência do art. 948, II, do CC, verbis:

> No caso de homicídio, a indenização consiste, sem excluir outras reparações:
>
> I - ..............................
>
> II - na prestação de alimentos às pessoas a quem o morto os devia, levando-se em conta a duração provável da vida da vítima.

Note-se que o dispositivo é direcionado a lucros cessantes, portanto, com efeitos patrimoniais, alcançando inclusive a situação em que o falecido pagava pensão por dano causado a essa pessoa mas abre as portas à situação em que o falecido, por laços afetivos, mantinha financeiramente pessoa que não compunha o núcleo familiar.

No Processo Nº TST-ARR-11559-20.2017.5.03.0140, em acórdão unânime da Terceira Turma do TST, em julgamento datado 07/04/2021, publicado no DEJT de 09/04/2021, o Relator Ministro Alexandre Agra Belmonte[60], a ementa infra resume a decisão a respeito da legitimação

---

[60] BRASIL, Tribunal Superior do Trabalho, Processo Nº TST-ARR-11559-20.2017.5.03.0140, acórdão unânime da Terceira Turma do TST, j. 07/04/2021, publicado no DEJT de 09/04/2021, Relator Ministro Alexandre Agra Belmonte.

dos sucessores para pleitearem em nome próprio indenização pela morte do ente querido:

> Ação de Indenização por Danos Morais Sofridos por Sobrinhos de Trabalhador Soterrado pelos Rejeitos de Minério de Ferro da Barragem de Fundão-Mariana/MG.
> Acórdão de Recurso Ordinário Publicado Após a Vigência da Lei nº 13.467/2017.
> Presença de Transcendência Econômica. A causa foi fixada em R$ 1.499.200,00, montante que autoriza o trânsito dos recursos de revista pela via de admissibilidade do artigo 896-A, §1º, I, da CLT.
> I – Matéria Preliminar Suscitada no Agravo de Instrumento em Recurso de Revista da Reclamada V.S. Incompetência do Primeiro Juízo de Admissibilidade para o Exame de Mérito do Recurso de Revista. O primeiro juízo decisório do recurso de revista encontra-se previsto no artigo 896, §1º, da CLT, dispositivo que não restringe a atuação da Presidência do TRT ao exame de seus pressupostos extrínsecos ou intrínsecos de admissibilidade. Dessa forma, não há que se falar em usurpação de competência funcional do TST quando a decisão denegatória é fundamentada no exame do mérito da decisão recorrida. Precedentes de todas as turmas desta Corte. Preliminar rejeitada.
> II - Agravos de Instrumento em Recursos de Revista das Reclamadas S.M.S. E B.B.B.L. (Matérias Comuns).
> Responsabilidade Civil – Danos Morais "Indiretos ou em Ricochete" – Legitimidade Ativa ad causam dos Sobrinhos do Trabalhador Falecido no Acidente do Trabalho Típico. A jurisprudência do Tribunal Superior do Trabalho é a de que os familiares, os herdeiros e os sucessores do empregado vítima de acidente do trabalho são partes legítimas

para pleitear em juízo a indenização pelos prejuízos extrapatrimoniais por eles sofridos em virtude do falecimento do ente querido. Trata-se do direito de postular reparação que a doutrina convencionou denominar de "danos morais indiretos ou em ricochete". Ocorre que os presentes autos demandam uma análise pormenorizada da matéria, porque a controvérsia gravita em torno da legitimação dos sobrinhos para perseguir, em nome próprio, a indenização pelos prejuízos extrapatrimoniais decorrentes do infortúnio que ceifou a vida do seu tio. As reclamadas S.M.S. e B.B.B.L. alegam que o simples laço de parentesco não seria suficiente para autorizar o prosseguimento da ação reparatória, sob pena de banalização do dano moral e de alargamento demasiado da reparação. Argumentam que os beneficiários da indenização deveriam ser apenas os membros do núcleo familiar mais próximo, formado pelo cônjuge ou companheiro e pelos pais e filhos. Sendo assim, a hipótese concreta traz à baila o limite que deve ser objetivamente adotado na cadeia de legitimados para a ação indenizatória, mormente porque os autores se encontram posicionados na linha colateral de herdeiros do falecido. Há que se ter em mente que nem todo aquele que sofre pela perda de outrem deve encontrar a proteção do direito para perseguir uma compensação pela via judicial. Isso porque correr-se-ia o risco de que uma infinidade de indivíduos obtivessem a chancela do Poder Judiciário para, por exemplo, pleitear danos morais em razão do falecimento de uma pessoa famosa ou de alguém cuja tragédia tenha causado um sentimento geral de comoção. Portanto, quando o que se pretende em juízo é a compensação moral pela morte de alguém, a oportunidade de demonstrar o prejuízo íntimo deve ocorrer somente após a comprovação da existência de uma relação de natureza objetiva (notadamente familiar, de parentesco, de dependência econômica) entre o sujeito que pretende demandar e o falecido, mesmo porque a legitimidade ativa caminha pari passu com o próprio interesse de agir, sendo ambos pressupostos processuais, posicionados como requisitos de admissibilidade da demanda. Ao contrário do que acontece no direito português, em que o artigo 496º, "2", do CCP é expresso ao conferir legitimação ao cônjuge, aos descendentes, aos ascendentes, aos irmãos e aos sobrinhos, o direito brasileiro não contém uma norma legal específica, que discipline a titularidade do direito à indenização pelos danos morais sofridos pelos parentes do morto, cabendo à doutrina traçar as diretrizes teóricas da matéria, bem como à jurisprudência proceder à integração do ordenamento jurídico. Vale reiterar que já não existem maiores controvérsias a respeito da legitimidade do cônjuge e dos parentes em linha reta para perseguir os danos morais "indiretos ou em ricochete", perseverando uma certa inquietação doutrinária e jurisprudencial sobre a legitimação dos colaterais e o limite a ser adotado na cadeia sucessória destes. Clóvis Beviláqua, citado por Luis Felipe Salomão, assevera que o sentimento de unidade da família e o vínculo de simpatia entre os parentes desaparece apenas após o quarto grau da linha de parentesco colateral (SALOMÃO, Luis Felipe. Direito Privado. Teoria e Prática. 3. ed., Saraiva. p. 423). Esse entendimento encontra-se em sintonia com o pensamento de outros autores, como, por exemplo, Carlos Alberto Bittar e o próprio Salomão, que ***traçam um paralelo entre os artigos 1.829 e 1.839 CCB*** – que limitam a linha sucessória colateral ao quarto grau – e os legitimados para perseguir os danos morais indiretos. Ancorar o rol de legitimados para propor ação de reparação moral pela morte de uma pessoa querida nos dispositivos que tratam da ordem e dos limites da vocação hereditária parece bastante razoável, sobretudo porque os valores jurídicos que subjazem o pleito reparatório confundem-se com aqueles que orientam as linhas sucessórias, cujo norte axiológico reside justamente nas relações de afeto presumidamente existentes entre quem se foi e os que ficaram. É importante ressaltar que os debates travados durante a V Jornada de Direito Civil, realizada pelo Conselho da Justiça Federal entre os dias 9 e 11/11/2011, contribuíram decisivamente para a elucidação do tema. A conclusão a que chegaram os doutrinadores e que resultou na edição do Enunciado nº 400 do CJF, foi a de que o artigo 12, parágrafo único, do CCB assegura aos parentes colaterais até o quarto grau não apenas a legitimidade para proteger a imagem do morto (ou preservar o resquício da personalidade daquele que partiu), mas, também, a prerrogativa de ingressar em juízo por direito próprio, a fim de perseguir a compensação pelos danos morais reflexos decorrentes do passamento do ente querido. Conclui-se, portanto, que os artigos 12, 1.829 e 1.839 do CCB garantem aos sobrinhos, posicionados no terceiro grau da linha sucessória colateral do de cujus, o direito de se socorrer do Poder Judiciário para perseguir, em nome próprio, a indenização pelos prejuízos extrapatrimoniais decorrentes do infortúnio que ceifou a vida do seu tio. Precedentes do Superior Tribunal de Justiça. Agravos de instrumento conhecidos e desprovidos.

Pressupostos do Dever de Indenizar. Discute-se os pressupostos da responsabilidade civil das rés pelos danos morais sofridos pelos sobrinhos em razão do acidente do trabalho que ceifou a vida de seu tio. É incontroverso nos autos que o de cujus foi soterrado pelo rejeito de minério enquanto dirigia caminhão pipa à jusante da barragem de Fundão, em Mariana-MG. As reclamadas S.M.S. e B.B.B.L. alegam que os autores não comprovaram a existência de laços afetivos com o falecido e que o Tribunal Regional não poderia presumir o dano extrapatrimonial pela mera circunstância de os reclamantes residirem no mesmo município de seu tio. Argumentam que o artigo 7º, XXVIII, da CF veda a aplicação da responsabilidade civil objetiva do empregador em caso de acidente do trabalho, que o infortúnio ocorreu em razão de caso fortuito e que todas as normas de segurança foram estritamente observadas. Diferentemente do que acontece no direito das sucessões, em que os parentes mais próximos normalmente excluem os mais remotos, os danos morais decorrentes do falecimento de uma pessoa querida não seguem um padrão lógico de incidência ou de gradação. "Se no direito sucessório os parentes excluem-se gradativamente, o mesmo não ocorre no caso da ação indenizatória" (PEREIRA, Caio Mário da Silva. Responsabilidade Civil. 9. ed., Forense. p. 329). Evidentemente, presume-se que os membros do núcleo familiar íntimo (normalmente integrado pelo cônjuge, pelos filhos e pelos pais) sejam os que sofram as repercussões personalíssimas causadas pelo infortúnio e que este sofrimento se apresente de forma mais intensa que em outros parentes. Não por outro motivo, J. M. Carvalho Santos diz que a ordem natural das afeições familiares obedece a um padrão em que "o amor primeiro desce, depois sobe, e em seguida dilata-se" (CARVALHO SANTOS, J. M. Código Civil Brasileiro Interpretado. Vol. XXII. 13. ed., Freitas Bastos. p. 247). Porém, isto não significa que estes ou mesmo outros indivíduos que sequer tenham relação de parentesco com aquele que se foi não possam padecer das mesmas dores ou até mesmo de aflições mais intensas que as suportadas pelos familiares. A complexidade das relações e dos sentimentos humanos não permite que se chegue a uma conclusão estanque nesse sentido, embora a estreita via da legitimação ad causam restrinja sobremaneira o universo das pessoas com respaldo jurídico para provocar o Poder

Judiciário a fim de fazer valer o seu direito à compensação pela ofensa moral em ricochete. Conforme ressaltado alhures, apenas os parentes em linha reta e os que figuram até o quarto grau colateral possuem essa prerrogativa, salvo em situações muito particulares. A partir do momento em que é demonstrado o vínculo objetivo de parentesco, a atenção do juiz deve voltar-se para o problema da prova do dano que a parte alega padecer. A presunção de que a morte possui a capacidade de desencadear sentimentos de profunda tristeza, de angústia e de sofrimento, é natural para os membros do núcleo familiar e para os parentes mais próximos. Porém, essa presunção hominis ou facti dissipa-se à medida em que o vínculo de parentesco se afasta da família em sentido estrito. Assim, os danos morais decorrentes do falecimento de um ente querido podem ser considerados *in re ipsa* apenas para os parentes posicionados até o terceiro grau nas linhas reta e colateral; a partir daí, o direito à reparação depende de que a parte demonstre uma relação de intimidade, de proximidade, de apadrinhamento ou de dependência econômica frustrada pelo perecimento. Depreende-se do acórdão recorrido que o de cujus desfrutava de uma convivência familiar com os autores, conclusão extraída pelo Tribunal Regional a partir do que ordinariamente acontece em cidades de interior. É de todo pertinente buscar amparo no artigo 375 do CPC para aplicar as regras da experiência comum no caso concreto, notadamente porque os depoimentos transcritos no corpo da decisão demonstram que os demandantes residem ou residiram na mesma localidade em que morava o trabalhador falecido: Morro da Água Quente, distrito do pequeno município de Catas Altas, cuja população total estimada pelo IBGE para o ano de 2020 era de apenas 5.421 habitantes (https://cidades.ibge.gov.br/brasil/mg/catas-altas/panorama). Ultrapassada a controvérsia relativa à existência do dano, vale recordar que o artigo 7º, XXVIII, da CF, que consagra a responsabilidade subjetiva do empregador pelos danos decorrentes de acidentes do trabalho, é incapaz de, por si só, afastar a aplicação da teoria do risco positivada no artigo 927, parágrafo único, do CCB. Destarte, sempre que a atividade econômica implicar, por sua própria natureza, perigo de dano aos trabalhadores em patamar superior a outras atividades normalmente desenvolvidas no mercado, haverá a obrigação de reparação dos prejuízos decorrentes daquela espécie de infortúnio, independentemente da existência de culpa do empresário. Essa é exatamente a hipóteses dos autos, tendo em vista que as atividades de suporte à mineração em barragens são de altíssimo risco. Os rompimentos em Mariana e em Brumadinho são exemplos dolorosos e bem ilustrativos desta compreensão. Ademais, pelo princípio do poluidor-pagador, as pessoas físicas ou jurídicas exploradoras de atividades nocivas ao meio ambiente – onde se insere o meio ambiente de trabalho – devem responder de forma objetiva e solidária pelos custos e prejuízos sociais diretos ou indiretos provenientes da degradação. Essa é a exegese que se extrai dos artigos 3º, IV, e 14, §1º, primeira parte, da Lei nº 6.938/1981, ao assentarem que o poluidor é aquele "responsável, direta ou indiretamente, por atividade causadora de degradação ambiental", sendo este "obrigado, independentemente da existência de culpa, a indenizar ou reparar os danos causados ao meio ambiente e a terceiros, afetados por sua atividade". Acrescente-se que não se constata nos autos qualquer excludente de nexo de causalidade, notadamente caso fortuito ou força maior, tendo o Tribunal Regional salientado expressamente que o sinistro não decorreu de fato alheio ao controle das rés, mas de sua culpa grave pela falha estrutural da barragem. O Colegiado observou uma sucessão de eventos irregulares que comprometeram a segurança do ambiente de trabalho, bem como a insuficiência de medidas adequadas para a mitigação dos seus efeitos danosos, circunstâncias que atraem, também, a responsabilidade subjetiva prevista nos artigos 186 e 927, caput, do CCB. Desta feita, quer pela natureza da atividade econômica, quer pelo risco do empreendimento explorado, quer pela conduta antijurídica na administração dos riscos inerentes ao ambiente de trabalho, deve ser mantida a responsabilidade das rés pelos danos morais sofridos pelos sobrinhos do trabalhador falecido. Agravos de instrumento conhecidos e desprovidos.

Valor da Condenação. O Tribunal Regional manteve a sentença, que arbitrou em R$ 30.000,00 os danos morais sofridos por cada um dos oito sobrinhos do trabalhador falecido. Por outro lado, depreende-se do acórdão recorrido que os irmãos do de cujus – pais dos autores – homologaram acordo nesta Justiça Especializada, por meio do qual a empresa S.M.S. comprometeu-se a pagar a cada um deles a quantia de R$ 75.000,00, a título de reparação pelos danos extrapatrimoniais decorrentes do passamento do ente querido. A monetização dos prejuízos causados à esfera íntima de qualquer indivíduo certamente consubstancia-se em uma das tarefas mais tormentosas impostas ao magistrado. Isso porque, se já é difícil ao próprio ofendido quantificar a exata extensão daquilo que o aflige, que dirá ao juiz, possuidor de experiências de vida e entendimento de mundo evidentemente diversos. É certo que existem alguns critérios objetivos, comumente observados pela doutrina e pela jurisprudência, para a fixação econômica da responsabilidade civil do dano moral. A capacidade financeira dos envolvidos, a extensão da culpa de cada uma das partes e o caráter pedagógico e punitivo da medida auxiliam na formação de um entendimento sobre a questão, mas nenhum desses parâmetros deve atuar de forma isolada ou em desalinho com a efetiva repercussão do evento danoso no território privado e impenetrável que é a personalidade da vítima. Tendo em vista ser extremamente difícil à instância extraordinária construir juízo valorativo a respeito de uma realidade que lhe é distante, notadamente quando a análise envolve a difícil tarefa de quantificar a dor interna do indivíduo, foi pacificado o entendimento de que as quantias arbitradas a título de reparações por danos extrapatrimoniais devem ser modificadas no TST apenas nas hipóteses em que as instâncias ordinárias fixarem valores teratológicos, ou seja, desprovidos de qualquer sentido de razoabilidade e proporcionalidade, para mais ou para menos. No caso dos autos, o Tribunal levou em consideração a vultosa capacidade econômica das rés (capital social de até R$ 75.000.000.000,00 – setenta e cinco bilhões de reais), o caráter punitivo e pedagógico da medida, a gravidade e a grande extensão do prejuízo perpetrado pela conduta ilícita e a impossibilidade de que a reparação propicie o enriquecimento sem causa dos autores. Considerando os parâmetros observados pela Turma a quo, principalmente a notória opulência financeira das reclamadas e os devastadores reflexos do infortúnio na vida dos sobrinhos, integrantes de uma pequena comunidade interiorana, conclui-se que a importância chancelada se encontra em desarmonia com os princípios da ponderação e equilíbrio que devem nortear a atividade jurisdicional, no entanto, mantem-se a decisão regional neste particular, em observância ao princípio da non reformatio in pejus. Acrescente-se, por fim, que os fatos que instruem o presente processo são anteriores à denominada "reforma trabalhista", razão pela qual não incide a tarifação dos danos morais incluída na CLT pela Lei nº 13.467/2017. Agravos de instrumento conhecidos e desprovidos. Hipoteca Judiciária. A matéria em epígrafe não foi renovada nas razões dos agravos de instrumento das reclamadas S.M.S. e B.B.B.L., restando preclusa.

III – Recursos de Revista das Reclamadas S.M.S. E W.M.L. E agravos de instrumento em recursos de revista das reclamadas V.S. E B.B.B.L. (Matéria Comum). Responsabilidade Solidária – Grupo Econômico. Corresponsabilidade. Danos Extrapatrimoniais. Depreende-se do inteiro teor do acórdão recorrido que as empresas V.S., S.M.S., W.M.L. e B.B.B.L. formavam conglomerado que reunia esforços para execução de um objetivo comum. As recorrentes defendem a inexistência de grupo econômico e que não interferiram nas atividades profissionais do de cujus. Independentemente da configuração ou não de grupo econômico, da existência de subordinação ou coordenação de interesses, a obrigação de indenizar as repercussões danosas de acidentes do trabalho não pode ser afastada pela mera vontade das partes, atingindo, de forma solidária, todas as empresas envolvidas no evento, nos termos do artigo 942 do CCB, não havendo sequer que se cogitar de subsidiariedade ou qualquer outro benefício de ordem entre as devedoras. Trata-se de corresponsabilidade por responsabilidade civil, no caso, por danos extrapatrimoniais. Corrobora tal entendimento o art. 223-E da CLT, inserido pela Lei nº 13.467/2017, que embora não seja aplicável aos fatos ocorridos nestes autos, por serem anteriores à vigência da lei, dispõe que "São responsáveis pelo dano extrapatrimonial todos os que tenham colaborado para a ofensa ao bem jurídico tutelado, na proporção da ação ou da omissão", vindo ao encontro da jurisprudência que já admitia a aplicação das normas de direito civil para a responsabilidade civil do empregador. De mais a mais, mesmo que algumas empresas integrantes do conglomerado econômico não tenham atuado diretamente para o rompimento da barragem, todas devem responder pelos danos decorrentes da atividade nociva, pelo simples fato de que se beneficiavam, mesmo que indiretamente, da deterioração ambiental. Aliás, é importante reiterar que, conforme o princípio do poluidor-pagador insculpido nos artigos 3º, IV, e 14, §1º, primeira parte, da Lei nº 6.938/1981, as pessoas físicas ou jurídicas exploradoras de atividades nocivas ao meio ambiente devem responder de forma objetiva e solidária pelos custos e prejuízos sociais diretos ou indiretos provenientes da degradação. Recursos de revista das reclamadas S.M.S. e W.M.L. não conhecidos e agravos de instrumento das reclamadas V.S. e B.B.B.L. conhecidos e desprovidos.

IV – Recursos de Revista das Reclamadas S.M.S. E W.M.L. (Matérias Comuns).

Responsabilidade Civil – Danos Morais "Indiretos OU EM Ricochete" – Legitimidade Ativa ad causam dos Sobrinhos do Trabalhador Falecido no Acidente do Trabalho Típico / Pressupostos do Dever de Indenizar / Valor da Condenação / Hipoteca Judiciária. A Presidência do TRT, no juízo de admissibilidade de que cuida o artigo 896, §1º, da CLT, não admitiu os recursos de revista das reclamadas S.M.S. e W.M.L. nos tópicos em epígrafe. Considerando que as recorrentes não interpuseram agravos de instrumento, encontram-se preclusas tais insurgências. Inteligência do artigo 1º da IN/TST nº 40/2016. Recursos de revista não conhecidos.

Conclusão: agravos de instrumento conhecidos e desprovidos e recursos de revista não conhecidos.

### 6.3 Natureza jurídica do dano pelo risco à saúde e segurança previsto no art. 7º, XXII, da Constituição Federal: responsabilidade preventiva

Enquanto a responsabilidade subjetiva tem fundamento no ato ilícito, a responsabilidade objetiva é fundada no fato do risco da atividade ou na verificação de situação jurídica prevista em lei, e não no comportamento do ofensor.

Como o dano previsto expressamente em lei ou derivado do risco da atividade pode decorrer de culpa ou dolo do ofensor, a mistura de elementos de responsabilidade objetiva e subjetiva pode influir no valor da indenização por danos extrapatrimoniais, em que o grau de reprovabilidade da conduta ofensiva é considerado.

No entanto, além das responsabilidades subjetiva, objetiva e mista, dispõe o art. 7º, XXII, da Constituição Federal brasileira:

> Art. 7º São direitos dos trabalhadores urbanos e rurais, além de outros que visem à melhoria de sua condição social:
>
> ........................
>
> XXII - redução dos riscos inerentes ao trabalho, por meio de normas de saúde, higiene e segurança;

A ideia de reparar ou compensar unicamente o dano concreto, faz parte do passado na sociedade contemporânea, em que os riscos são latentes e cotidianos.

Escritórios de advocacia podem causar danos a clientes por perda de prazo, e a responsabilização pode impactar terrivelmente as finanças; acidentes em jogos ou em viagens com atletas profissionais podem abortar a possibilidade de ganhos futuros do profissional, com reflexos no patrimônio das entidades desportivas; acidentes do trabalho, do qual seja responsável o empresário, podem resultar em morte do trabalhador ou redução ou supressão de sua capacidade laborativa, e em indenizações que se refletem em passivo empresarial.

De fatos como esse surge a necessidade de prevenção contra riscos, a ensejar o estudo da responsabilidade preventiva, como prevista no dispositivo constitucional supra transcrito.

Como não se pode partir da ideia de que o legislador gasta inutilmente a sua lábia, é preciso retirar efeitos jurídicos de suas palavras, pelo que se a Constituição dispõe que é direito dos trabalhadores a redução dos riscos inerentes ao trabalho, por meio de normas de saúde, higiene e segurança, tem-se que o risco de dano, independentemente da verificação de sinistro, enseja tutela jurídica e jurisdicional nos planos individual e coletivo.

Partindo desse pressuposto e com base no art. 7º, XXII da CF, se um banco submete um bancário a transportar numerário de uma agência a outra, o risco à segurança, pela possibilidade de assalto e dano à integridade física e psicológica de um trabalhador que não está capacitado para a realização dessa tarefa, própria de serviço especializado, caracteriza dano moral, como reiteradamente tem decidido a jurisprudência. E se o fundamento é o risco a que é submetido o trabalhador nessas condições, tem-se hipótese de responsabilidade preventiva.

Confira-se:

> Recurso de Revista. 1) Aplicação de Multa por Descumprimento de Obrigação de Não Fazer: Abster-se de Utilizar Empregado do Setor Administrativo ou Burocrático para Transporte de Valores. Valor Fixado com Razoabilidade. Não foram demonstrados quaisquer dos

pressupostos do art. 896 da CLT, quanto aos temas, consoante os fundamentos expostos pelo primeiro juízo de admissibilidade da revista, que são adotados como razões de decidir para deixar de conhecer do apelo. Recurso de revista não conhecido no particular. 2) Ação Civil Pública. Caracterização de Dano Moral Coletivo. Transporte de Valores por Empregados Não Capacitados para a Atividade. A ação civil pública, prevista na Lei nº 7.347/1985, é instrumento de defesa de direitos e interesses metaindividuais. O próprio Código de Defesa do Consumidor (art. 81, inciso III) prevê o cabimento de ações coletivas para salvaguardar direitos ou interesses individuais homogêneos, que são, segundo o STF, subespécie de direitos coletivos e decorrem de uma origem comum. Será cabível a ação civil pública na esfera trabalhista quando se verificar lesão ou ameaça a direito difuso, coletivo ou individual homogêneo decorrente da relação de trabalho, consubstanciando tal ação coletiva um mecanismo de proteção dos direitos sociais constitucionalmente garantidos. No caso concreto, os interesses defendidos pelo Parquet ultrapassam a esfera individual, sendo coletivos e mesmo difusos (art. 83, III, LC 75/1993; art. 81, I e II, CDC), já que se relacionam à alegada prática empresarial consistente na ilegalidade de incumbir a empregados burocráticos o transporte de valores, função para a qual não foram preparados nem habilitados, sendo própria dos vigilantes. Nesse contexto, a prática da Reclamada contrapõe-se aos princípios basilares da nova ordem constitucional, mormente àqueles que dizem respeito à proteção da dignidade humana e da valorização do trabalho humano (art. 1º, III e IV, da CR/1988) e à isonomia de tratamento (art. 5º, *caput*, da CR/1988), sendo forçoso restabelecer a sentença, mediante a qual o Réu foi condenado ao pagamento de indenização por dano moral coletivo... (RR - 37400-

38.2010.5.23.0000, relator Ministro: Mauricio Godinho Delgado, j.: 29/05/2013, 3ª Turma, Data de Publicação: 7/06/2013).

De igual sorte, se um empregador submete trabalhador a laborar em andaime, no vigésimo andar de um prédio, sem cinto de segurança e outros equipamentos preventivos, mesmo que não ocorra infortúnio, expõe o trabalhador a risco moralmente indenizável. Assim também quando o empregador submete o empregado a trabalhar continuadamente com amianto (arbesto). Pode não contrair câncer, mas a exposição ao risco atenta no plano moral contra a saúde do trabalhador.

A infringência do disposto no art. 7º, XXII, da Constituição da República Federativa do Brasil[61], pode importar no fechamento, provisório ou definitivo, do estabelecimento, por falta de preparo das condições ambientais. Não pelo dano, mas pelo risco de dano.

Outro exemplo encontramos no art. 45, da Lei nº 9.615/1998[62]: *"As entidades de prática desportiva são obrigadas a contratar seguro de vida e de acidentes pessoais, vinculado à atividade desportiva, para os atletas profissionais, com o objetivo de cobrir os riscos a que eles estão sujeitos."*

Tais dispositivos ameaçam a concepção de que somente a partir do efetivo resultado estará configurada a responsabilidade. A simples exposição ao risco, independentemente do resultado, ou a falta de

---

[61] BRASIL, Constituição da República Federativa do Brasil. Disponível em: http://www.planalto.gov.br/ccivil_03/constituicao/constituicao.htm. Acesso em: 10 jan. 2022.

[62] BRASIL, Lei nº 9.615, de 24 de março de 1998. Disponível em: http://www.planalto.gov.br/ccivil_03/leis/l9615consol.htm. Acesso em: 10 jan. 2022.

ações preventivas, quando exigidas por lei, configuram por si só o dano e, assim, a reponsabilidade.

A violação do disposto no art. 45 da Lei nº 9.615/1998, pode importar em indenização por dano moral, pelo risco a que a entidade desportiva, ao não contratar o seguro, submete o atleta.

Responsabilidade civil preventiva é a relação jurídica consistente na atribuição do dever garantido por lei ou decorrente do contrato, de compensar o risco de dano, quando, sem prevenção, o ofensor submete pessoa ou bem do respectivo patrimônio a situação de perigo.

Note-se que até mesmo em caso de força maior, a imprevidência do empregador a descaracteriza, fazendo incidir a sua responsabilidade (parágrafo único do art. 501 da CLT).

## 6.4 O dano bagatela e o princípio da insignificância jurídica para efeitos indenizatórios

Embora geralmente ligado ao aspecto emocional, nem todo sofrimento causado por outrem caracteriza uma ofensa moral ressarcível. Os aborrecimentos normais do cotidiano caracterizam o chamado dano bagatela, que não tem repercussão jurídica, diante do princípio da insignificância.

A respeito, Carlos Roberto Gonçalves observa que, se um casal de namorados rompe o relacionamento e um deles entra em depressão, a angústia experimentada não é ressarcível, o que não ocorre se perante os convidados em cerimônia de casamento, um dos noivos resolve dizer "não", deixando o outro em situação humilhante[63].

Outrossim, se determinada pessoa presencia o atropelamento fatal de outra, o violento abalo emocional que venha a acometê-la

---

[63] GONÇALVES, Carlos Roberto. *Responsabilidade Civil*. 6. ed. São Paulo: Saraiva, 1995, p. 58 e ss.

não é ressarcível, por se cuidar de pessoa estranha à vítima ou de pessoa que em relação a ela não tem especial afeição como um parente próximo, cônjuge ou conivente.[64]

No caso do dano em ricochete decorrente de falecimento, há necessidade de se estabelecer um limite de legitimados por afeição, porque, do contrário, correr-se-ia o risco de uma infinidade de fãs pleitearem danos morais em razão do homicídio de uma pessoa famosa causado por erro médico.

A frustração do trabalhador, decorrente de uma despedida sem justa causa, não é ressarcível. Cuida-se de um direito do empregador, uma vez atendidas as condições previstas em lei, ainda que possa causar sofrimento. Certamente chegará em casa deprimido, se sentirá humilhado ao dizer à família que foi despedido, mas se é um fato normal da vida, cuida-se de dano bagatela por ser juridicamente indiferente.

Todavia, se esse trabalhador é despedido de forma retaliativa por ter ajuizado uma ação trabalhista; por ter manifestado a sua crença ou orientação sexual; ou por ter sido convidado pela sindicato da categoria a concorrer a uma eleição a dirigente sindical; ou ainda por ter sido injustamente acusado de furto pelo empregador, tais situações extrapolam os limites do normal aborrecimento anormal, porque causam um sofrimento insuportável de injustiça por ofensa ao direito de ação, à igualdade de tratamento ou à honra, de difícil ou impossível superação, não se confundindo, portanto, com o dano bagatela.

---

[64] CASTRO, Guilherme Couto de. *A Responsabilidade Civil Objetiva no Direito Brasileiro*. 2. ed. Rio de Janeiro: Forense, 1997.

## 6.5 O dano extrapatrimonial e a questão da indenizabilidade na dimensão contratual

A responsabilidade civil pode ser contratual ou extracontratual ou aquiliana. Serve para reparar ou compensar o dano proveniente da infringência de obrigação ou de situação em que as partes não mantinham vínculo obrigacional quando da ocorrência do evento.

A Constituição brasileira de 1988 admite expressamente a indenizabilidade do dano moral puro, pelo que são compensáveis os dissabores decorrentes de cobrança indevida de contas de gás ou luz; erro profissional de médico ou advogado; e tantas outras situações contratuais.

Por consequência, a responsabilidade por danos sentimentais tanto pode estar relacionada a formação, desenvolvimento ou extinção de um contrato, como decorrer de situação jurídica estranha a vínculo contratual, a exemplo de um acidente de trânsito.

No entanto, em se tratando de mora, cumprimento imperfeito da obrigação ou inadimplemento, no direito comum a jurisprudência do Superior Tribunal de Justiça é vacilante, exigindo ou não comprovação do dissabor experimentado.

Confira-se:

> Civil. Agravo Regimental no Recurso Especial. Ação de Obrigação c/c Indenização por Danos Morais. Atraso na Entrega de Imóvel. Aborrecimento e Dissador. Exame das Premissas Fáticas do Acórdão Recorrido. Enunciado n. 7 da Súmula do STJ. Não Incidência. 1. O simples descumprimento contratual, por si, não é capaz de gerar danos morais, sendo necessária a existência de uma consequência fática capaz de acarretar dor e sofrimento indenizável pela sua gravidade. 2.

A Corte local, para reformar a sentença e julgar procedente o pedido de indenização por danos morais, concluiu que o atraso na entrega do imóvel, de aproximadamente 9 (nove) meses, por si, frustrou a expectativa do casal de ter um lar, causando, consequentemente, transtornos por não ter domicílio próprio. Com efeito, o Tribunal de origem apenas superestimou o desconforto, o aborrecimento e a frustração da autora, sem apontar, concretamente, situação excepcional específica, desvinculada dos normais aborrecimentos do contratante que não recebe o imóvel no prazo contratual. 3. A orientação adotada na decisão agravada não esbarra no óbice contido no enunciado n. 7 da Súmula do STJ, tendo em vista que foram consideradas, apenas, as premissas fáticas descritas no acórdão recorrido. 4. Agravo regimental desprovido. (AgRg no REsp 1408540 / MA; Agravo Regimental no Recurso Especial 2013/0329836-0; Relator(a) Ministro Antonio Carlos Ferreira; Quarta Turma; DJe 19/02/2015).

Administrativo e Processual Civil. Agravo Regimental. Análise de Resolução. Regramento que Não SE Subsume ao Conceito de Lei Federal. Não Ocorrência de Violação ao Art. 535 do CPC. Interrupção do Fornecimento de Energia Elétrica. Cobrança Indevida. Dano Moral *in re ipsa*. Reexame de Matéria Fático-Probatória. Impossibilidade. Súmula 7/STJ. Juros DE Mora. Termo Inicial. 1. Não é possível, em recurso especial, a análise de resolução de agência reguladora, visto que o referido ato normativo não se enquadra no conceito de "tratado ou lei federal" de que cuida o art. 105, III, a, da CF. 2. Não se vislumbra a alegada violação ao disposto no art. 535 do CPC, porquanto o Tribunal de origem dirimiu, de forma clara e fundamentada, as questões que lhe foram submetidas, apreciando integralmente a controvérsia. 3. O Tribunal a quo, amparado no acervo fático-probatório dos autos, asseverou que a interrupção no fornecimento de energia elétrica se deu por culpa da concessionária, o que não pode ser revisado na estreita via do recurso especial, em observância à Súmula 7/STJ. 4. No tocante à comprovação dos danos, a jurisprudência desta Corte tem asseverado que o dano moral decorrente de falha na prestação de serviço público essencial prescinde de prova, configurando-se *in re ipsa*, visto que é presumido e decorre da própria ilicitude do fato. 5.Conforme a jurisprudência do STJ, o termo inicial da fluência dos juros de mora, em casos de responsabilidade contratual, é a data da citação. 6. Agravo regimental a que se nega provimento. (AgRg no AREsp 518470 / RS; Agravo Regimental no Agravo em Recurso Especial 2014/0118322-0; Relator(a) Ministro Sérgio Kukina; Primeira Turma; DJe 20/08/2014). Civil e Processual Civil. Recurso Especial. Recurso Manejado sob a Égide do NCPC. Ação Indenizatória. Transporte Aéreo Internacional. Direito do Consumidor. Extravio de Bagagem. Pedido de Reparação por Danos Materiais e Morais. Normas e Tratados Internacionais. Convenção de Montreal. Limitação da Responsabilidade Civil da Transportadora Apenas Quanto aos Danos Materiais. Aplicação do Código de Defesa do Consumidor em Relação aos Danos Morais. Recurso Especial Não Provido. 1. Aplica-se o NCPC a este recurso ante os termos do Enunciado Administrativo nº 3, aprovado pelo Plenário do STJ na sessão de 9/3/2016: Aos recursos interpostos com fundamento no CPC/2015 (relativos a decisões publicadas a partir de 18 de março de 2016) serão exigidos os requisitos de admissibilidade recursal na forma do novo CPC. 2. O STF, no julgamento do RE nº 636.331/RJ, com repercussão geral reconhecida, fixou a seguinte tese jurídica: Nos termos do artigo 178 da Constituição da República, as normas e os tratados internacionais limitadores da responsabilidade das transportadoras aéreas de passageiros, especialmente as Convenções de Varsóvia e Montreal, têm prevalência em relação ao Código de Defesa do Consumidor. 3. Referido entendimento tem aplicação apenas aos pedidos de reparação por danos materiais. 4. As indenizações por danos morais decorrentes de extravio de bagagem e de atraso de voo não estão submetidas à tarifação prevista na Convenção de Montreal, devendo-se observar, nesses casos, a efetiva reparação do consumidor preceituada pelo CDC. 5. Recurso especial não provido (Terceira Turma do STJ, acórdão unânime, Recurso Especial nº 1.842.066 - RS (2019/0299804-4), Relator Ministro Moura Ribeiro, 09 de junho de 2020 (j.).

No item seguinte verificaremos como a jurisprudência tem enfrentado a questão do dano moral decorente do inadimplemento da obrigação.

### *6.5.1 A questão da indenizabilidade do dano não patrimonial na dimensão justrabalhista. O inadimplemento de obrigação e a jurisprudência do Tribunal Superior do Trabalho*

A formação do contrato de trabalho, bem como a sua execução e o respectivo término podem ensejar ofensas aos direitos da personalidade.

Essas ofensas têm sido apreciadas *in re ipsa* pela jurisprudência, bastando o fato danoso para presumir *iure et de iure* o sofrimento experimentado. São inúmeras e pacíficas as decisões nesse sentido envolvendo mutilações decorrentes de acidentes do trabalho, bem como ofensas à honra e à imagem.

Quanto ao assédio sexual, ainda é notável alguma discussão relacionada à indenizabilidade, nos casos em que a vítima, sem alternativa diante do risco de perda do emprego ou da promoção, aceita satisfazer os desejos do ofensor.

Todavia, no que concerne à mora, cumprimento imperfeito da obrigação ou inadimplemento, a jurisprudência trabalhista brasileira é vacilante. Em casos como os transcritos a seguir, contenta-se com o fato da ofensa:

> **Recurso de Revista. Ação Civil Pública... Dano Moral Coletivo. Dano – in re ipsa –.** ... Demonstrada a conduta ilegal da instituição bancária, ao não emitir a CAT em caso de diagnóstico de DORT/LER ou mera suspeita, bem como, ao dispensar empregados acometidos ou com suspeita da doença laboral, o dano moral coletivo ocorre *– in re ipsa –*, ou seja, decorre da própria conduta lesiva do empregador ao descumprir normas de proteção à saúde de seus empregados. Trata-se de circunstância em que não se cogita de prova do prejuízo para a coletividade de empregados do estabelecimento bancário, considerando que o dano se evidencia da ocorrência do próprio fato em si, passível de comprovação. Violação dos arts. 186 e 927 do Código Civil, que não se configura... (RR-9890500-89.2004.5.09.0007, relator Ministro: Walmir Oliveira da Costa, j.: 9/10/2013, 1ª Turma, Data de Publicação: 18/10/2013).
>
> **Recurso de Revista. 1. Dano Moral Coletivo. Descumprimento de Obrigações Trabalhistas. Normas Relacionadas à Saúde e Segurança do Trabalho. ...** está comprovado que a ora recorrente incorreu em conduta prejudicial aos seus empregados, ao descumprir as normas referentes à segurança e à medicina do trabalho, porquanto não observou o limite máximo de jornada de trabalho em turnos ininterruptos de revezamento, bem como não concedeu regularmente os intervalos

> intrajornada e interjornada e o descanso semanal remunerado, e ainda adotou regime de compensação de jornada sem observar os requisitos legais. Ora, aquele que por ato ilícito causar dano, ainda que exclusivamente moral, fica obrigado a repará-lo. Assim, demonstrado que a recorrente cometeu ato ilícito, causando prejuízos a um certo grupo de trabalhadores e à própria ordem jurídica, não merece reparos a decisão proferida pela instância ordinária que a condenou a indenizar os danos morais coletivos. Recurso de revista conhecido e não provido... (RR - 922-28.2011.5.23.0022, relatora Ministra: Dora Maria da Costa, j.: 9/10/2013, 8ª Turma, Data de Publicação: 11/10/2013).

Contudo, assim como admite indenização por dano moral *in re ipsa* por atraso reiterado ou inadimplemento salarial, exige comprovação dos prejuízos materiais causados ao trabalhador pelo atraso ou inadimplemento das parcelas rescisórias do contrato de trabalho.

> I - Agravo Interno em Embargos. Vigência da Lei nº 13.015/2014. Atraso Reiterado no Pagamento de Salários. Dano Moral. Ao não considerar a situação como mora salarial reiterada e exigir demonstração de prejuízo, o acórdão embargado diverge do aresto paradigma. Agravo interno a que se dá provimento. II - Embargos. Atraso Reiterado no Pagamento de Salários. Dano Moral. A mora reiterada no pagamento de salários gera dano moral, classificado como "in re ipsa", pois presumida a lesão a direito da personalidade do trabalhador, consistente na aptidão de honrar compromissos assumidos e de prover o sustento próprio e da família. No caso, a reclamante experimentou atrasos no pagamento de três salários e das verbas rescisórias. Embargos de que se conhece e a

que se dá provimento" (E-ED-RR-77200-52.2008.5.02.0251, Subseção I Especializada em Dissídios Individuais, Relator Ministro Marcio Eurico Vitral Amaro, DEJT 14/06/2019).

"Recurso de Embargos Interposto sob a Égide da Lei nº 13.015/2014. Indenização por Danos Morais. Ausência ou Atraso na Quitação das Verbas Rescisórias. 1. Consoante jurisprudência desta Corte superior, a ausência ou o atraso no pagamento das verbas rescisórias não configura, por si só, dano moral, gerando apenas a incidência da multa prevista no artigo 477, § 8º, da Consolidação das Leis do Trabalho. 2. O dano moral fica caracterizado apenas quando evidenciada a violação dos direitos da personalidade do reclamante, mediante a demonstração de consequências concretas, danosas à imagem e à honra do empregado, decorrentes do atraso. Precedentes. 3. Recurso de embargos a que se nega provimento (E-RR-571-13.2012.5.01.0061, Subseção I Especializada em Dissídios Individuais, Relator Ministro Lelio Bentes Correa, DEJT 29/04/2016).

Agravo de Instrumento em Recurso de Revista. 1. Nulidade da Sentença por Cerceamento de Defesa. O acórdão recorrido consignou que " a prova testemunhal foi desconsiderada ", pois já existiam nos autos elementos suficientes para formação do convencimento do juízo. Diante de tal evidência fática, não há falar em violação do art. 5º, LV, da CF, devidamente observado. Arestos inservíveis ao confronto, nos termos da Súmula nº 296 do TST. 2. Indenização por Dano Moral. Os artigos 1º, III e IV, 3º, IV, 7º e seus incisos, 8º, 170, *caput*, e 193 da CF; 3º da CLT; e 11 e 932, III, do CC/2002 não tratam especificamente de indenização por danos morais. Ademais, a jurisprudência deste Tribunal Superior firmou o entendimento de que apenas o atraso reiterado no pagamento dos salários autoriza o reconhecimento da presunção de ofensa ao patrimônio imaterial do empregado, não ocorrendo isso em relação ao inadimplemento de parcelas salariais ou de atraso do pagamento das verbas rescisórias, situações que requerem a efetiva comprovação de prejuízo, o que não ocorreu no caso em apreço. Nesse contexto e considerando não se tratar de hipótese de atraso reiterado no pagamento de salários, não há falar em reconhecimento de dano moral e, consequentemente, no dever de indenizar. Incidência da Súmula nº 333 do TST. Agravo de instrumento conhecido e não provido" (AIRR-11479-12.2015.5.01.0551, 8ª Turma, Relatora Ministra Dora Maria da Costa, DEJT 07/02/2022).

Recurso de Revista Regido pela 13.467/2017. Indenização por Danos Morais. Atraso no Pagamento das Verbas Rescisórias. Indenização Indevida. Transcendência Política Caracterizada. 1. No caso presente, o Tribunal Regional reformou a sentença para condenar os Reclamados ao pagamento de indenização por danos morais, em razão do atraso no pagamento das verbas rescisórias, por entender que essa situação acarreta enormes dissabores à vida da parte empregada, causando-lhe angústia e aflição diante da incerteza de possuir recursos para adimplir os compromissos financeiros assumidos, assim como para prover a sua subsistência e a de sua família, diante da inequívoca natureza alimentar da parcela.?. 2. A jurisprudência desta Corte, no entanto, é no sentido de que o atraso no pagamento das verbas rescisórias não gera indenização por dano moral, salvo quando comprovada, por meio de demonstração objetiva dessas dificuldades e constrangimentos sofridos, a existência de lesão aos direitos de personalidade (artigo 5º, V e X, da Constituição Federal). Do mesmo modo, o atraso no pagamento de salários a justificar a indenização postulada é aquele reiterado, contumaz, o que não se verifica na hipótese. 3. Nesse cenário,

> o Tribunal Regional, ao condenar os Reclamados ao pagamento de indenização por dano moral em razão do atraso no pagamento das verbas rescisórias, proferiu decisão contrária à atual, interativa e notória jurisprudência desta Corte Superior restando, consequentemente, divisada a transcendência política do debate proposto. Recurso de revista conhecido por violação do artigo 5º, X, da CF. Recurso de revista conhecido e provido. (RR-0020641-31.2019.5.04.0026, 5ª Turma, Relator Ministro Douglas Alencar Rodrigues, DEJT 04/02/2022).

Essa compreensão remete à fase limitativa da indenizabilidade do dano moral, vigente durante o Código Civil brasileiro de 1916, em que se exigia a comprovação da repercussão patrimonial concreta para viabilizar a indenização do sofrimento experimentado. No caso da mora ou inadimplemento das parcelas rescisórias decorrentes do despedimento, a justificativa é a de que o legislador já prevê penalidade para a insatisfação.

Todavia, em se tratando de atrasos reiterados ou falta de pagamento do salário, a compensação de natureza moral é concedida pela jurisprudência.

Na prática, são duas situações análogas com efeitos distintos. Sem salário, o trabalhador não adquire os bens da vida e não paga as suas contas. E sem indenização pela perda do emprego, também fica impossibilitado de adquirir os bens da vida e de pagar as suas contas. E nas duas situações o sofrimento também é igual: frustração, humilhação, risco de convulsão familiar e até de perda de bens materiais, diante da impossibilidade, muitas vezes, de satisfazer prestações, entre outras, de colégio de filhos, aluguel ou aquisição de casa própria. Sem falar na necessidade de aquisição de produtos básicos de sustento.

Além da Constituição não exigir a comprovação de prejuízo material em inadimplemento na dimensão contratual, o dano moral tem avaliação *in re ipsa*, ou seja, pelo fato objetivo da ofensa, sendo presumível *iure et de iure* o sofrimento ou dissabor intoleráveis. E ainda que assim não fosse, no mínimo caberia a inversão do ônus da prova, para que o ofensor comprovasse que a vítima não experimentou prejuízo concreto.

# O DANO *IN RE IPSA* E A PERTINÊNCIA DO GRAU DE CULPABILIDADE PARA EFEITOS INDENIZATÓRIOS NA PERSPECTIVA TRABALHISTA

A reparação do dano patrimonial está condicionada à comprovação do prejuízo experimentado pela vítima.

No entanto, a prova do dissabor experimentado pelo ofendido em sua esfera moral se revela absolutamente desnecessária: provado o fato, caracterizado está, objetivamente, o dano, independentemente de comprovação do abalo que é presumido, como no caso da ofensa à honra (*in re ipsa*).

Em outras palavras, o dano sentimental é presumido *iure et de iure*. Basta a prova do fato da ofensa extrapatrimonial ao direito da personalidade.

Como observa Sergio Cavalieri Filho, exigir que uma mãe prove o sofrimento ou o grau de sofrimento pela perda de um filho seria absolutamente desarrazoado[65].

Assim ocorre nas relações comuns, a exemplo do acórdão infra, do STJ:

> Recurso Especial: Resp 718618 RS 2005/0011060-0, Terceira Turma, Relator Ministro Marco Antônio de Pádua Ribeiro, publicado no DJ 20/06/2005, p.285 - Responsabilidade Civil. Dano Moral. Registro no Cadastro de Devedores do Serasa. Existência de Outros Registros. Indenização. Possibilidade. A existência de registros de outros débitos do recorrente em órgãos de restrição de crédito não afasta a presunção de existência do dano moral, que decorre *in re ipsa*, vale dizer, do próprio registro de fato inexistente. Precedente. Hipótese em que o próprio recorrido reconheceu o erro em negativar o nome do recorrente. Recurso a que se dá provimento.

A jurisprudência trabalhista é em igual direção, tanto no plano individual, como no coletivo. Confira-se:

> I - Agravo interno em embargos. Vigência da Lei nº 13.015/2014. Atraso reiterado NO pagamento de salários. Dano moral. Ao não considerar a situação como mora salarial reiterada e exigir demonstração de prejuízo, o acórdão embargado diverge do aresto paradigma. Agravo interno a que se dá provimento. II - Embargos. Atraso reiterado no pagamento de salários. Dano moral. A mora reiterada no pagamento de salários gera dano moral, classificado como "in re ipsa", pois presumida a lesão

---

[65] CASTRO, cit., p. 108.

a direito da personalidade do trabalhador, consistente na aptidão de honrar compromissos assumidos e de prover o sustento próprio e da família. No caso, a reclamante experimentou atrasos no pagamento de três salários e das verbas rescisórias. Embargos de que se conhece e a que se dá provimento (E-ED-RR-77200-52.2008.5.02.0251, Subseção I Especializada em Dissídios Individuais, Relator Ministro Marcio Eurico Vitral Amaro, DEJT 14/06/2019).

**Recurso de Revista. Ação Civil Pública... Dano Moral Coletivo. Dano – in re ipsa –. ...** Demonstrada a conduta ilegal da instituição bancária, ao não emitir a CAT em caso de diagnóstico de DORT/LER ou mera suspeita, bem como, ao dispensar empregados acometidos ou com suspeita da doença laboral, o dano moral coletivo ocorre – *in re ipsa* –, ou seja, decorre da própria conduta lesiva do empregador ao descumprir normas de proteção à saúde de seus empregados. Trata-se de circunstância em que não se cogita de prova do prejuízo para a coletividade de empregados do estabelecimento bancário, considerando que o dano se evidencia da ocorrência do próprio fato em si, passível de comprovação. Violação dos arts. 186 e 927 do Código Civil, que não se configura... (RR-9890500-89.2004.5.09.0007, relator Ministro: Walmir Oliveira da Costa, j.: 9/10/2013, 1ª Turma, Data de Publicação: 18/10/2013).

No entanto, essa presunção não afasta de todo a necessidade de prova por parte da vítima.

Com efeito, quando o dano moral decorre de questão patrimonial, a jurisprudência trabalhista exige a prova concreta do prejuízo sentimental. Confira-se:

Recurso de Embargos Interposto Sob a Égide da Lei nº 13.015/2014. Indenização por Danos Morais. Ausência ou Atraso na Quitação das Verbas Rescisórias. 1. Consoante jurisprudência desta Corte superior, a ausência ou o atraso no pagamento das verbas rescisórias não configura, por si só, dano moral, gerando apenas a incidência da multa prevista no artigo 477, § 8º, da Consolidação das Leis do Trabalho. 2. O dano moral fica caracterizado apenas quando evidenciada a violação dos direitos da personalidade do reclamante, mediante a demonstração de consequências concretas, danosas à imagem e à honra do empregado, decorrentes do atraso. Precedentes. 3. Recurso de embargos a que se nega provimento (E-RR-571-13.2012.5.01.0061, Subseção I Especializada em Dissídios Individuais, Relator Ministro Lelio Bentes Correa, DEJT 29/04/2016).

Recurso de Revista Regido pela 13.467/2017. Indenização por Danos Morais. Atraso no Pagamento das Verbas Rescisórias. Indenização Indevida. Transcendência Política Caracterizada. 1. No caso presente, o Tribunal Regional reformou a sentença para condenar os Reclamados ao pagamento de indenização por danos morais, em razão do atraso no pagamento das verbas rescisórias, por entender que essa situação acarreta enormes dissabores à vida da parte empregada, causando-lhe angústia e aflição diante da incerteza de possuir recursos para adimplir os compromissos financeiros assumidos, assim como para prover a sua subsistência e a de sua família, diante da inequívoca natureza alimentar da parcela. 2. A jurisprudência desta Corte, no entanto, é no sentido de que o atraso no pagamento das verbas rescisórias não gera indenização por dano moral, salvo quando comprovada, por meio de demonstração objetiva dessas dificuldades e constrangimentos sofridos, a existência de lesão aos direitos de personalidade (artigo 5º, V e X, da

> Constituição Federal). Do mesmo modo, o atraso no pagamento de salários a justificar a indenização postulada é aquele reiterado, contumaz, o que não se verifica na hipótese. 3. Nesse cenário, o Tribunal Regional, ao condenar os Reclamados ao pagamento de indenização por dano moral em razão do atraso no pagamento das verbas rescisórias, proferiu decisão contrária à atual, interativa e notória jurisprudência desta Corte Superior restando, consequentemente, divisada a transcendência política do debate proposto. Recurso de revista conhecido por violação do artigo 5º, X, da CF. Recurso de revista conhecido e provido (RR-0020641-31.2019.5.04.0026, 5ª Turma, Relator Ministro Douglas Alencar Rodrigues, DEJT 04/02/2022).

Independentemente desse aspecto, relacionado ao dano moral como desdobramento de dano material, na fixação da indenização por danos morais fatos como o maior ou menor grau de culpa; circunstâncias em que ocorreu a ofensa; maior ou menor repercussão da ofensa, se cabível o questionamento; diminuição da clientela no dano patrimonial indireto; maior ou menor capacidade econômica do ofensor para pagamento da indenização etc. são elementos que influem na avaliação da indenização compensatória a ser fixada.

A responsabilidade no acidente de trabalho decorrente de atividade de risco é de natureza objetiva. A culpa do empregador torna-se nesse caso irrelevante para a caracterização da responsabilidade. Mas isso não elimina a possibilidade de o empregador ter agido de forma negligente para a configuração do dano, ou para o agravamento dos efeitos.

Quanto à prova da ofensa em si, essa sim necessária e bastante, o estabelecimento de presunções faz-se necessário.

Assim é que se o trabalhador comprova que informações incorretas foram prestadas a seu respeito e que não obteve novo emprego junto à pessoa a quem foram dirigidas, presume-se que a não obtenção tenha como causa as informações prestadas, cabendo assim ao ex-empregador o ônus da prova de que outro foi o motivo que ensejou a falta de colocação do ex-empregado.

De igual sorte, se determinada doença profissional costuma ocorrer em razão do exercício de certa atividade, é do empregador o ônus de comprovar que inexistência de nexo causal.

# A LIQUIDAÇÃO TARIFÁRIA DO DANO NÃO PATRIMONIAL NA LEGISLAÇÃO TRABALHISTA BRASILEIRA

## 8.1 Da avaliação e composição do dano extrapatrimonial

O sistema brasileiro atual não exige a necessidade de repercussão econômica para a indenizabilidade pecuniária do dano moral, podendo então servir para compensação, única e exclusiva, da ofensa a direitos da personalidade pu a direitos fundamentais comunitários.

Com efeito, a Constituição Federal brasileira prevê indenização por dano moral puro, ou seja, desvinculado de prejuízo patrimonial, pelo simples fato da violação aos direitos da personalidade, *verbis*:

> Art. 5o Todos são iguais perante a lei, sem distinção de qualquer natureza, garantindo-se aos brasileiros e aos estrangeiros residentes no País a

> inviolabilidade do direito à vida, à liberdade, à igualdade, à segurança e à propriedade, nos termos seguintes:
>
> ..........................
>
> V - é assegurado o direito de resposta, proporcional ao agravo, além da indenização por dano material, moral ou à imagem;
>
> ..........................
>
> X - são invioláveis a intimidade, a vida privada, a honra e a imagem das pessoas, assegurado o direito a indenização pelo dano material ou moral decorrente de sua violação;

Regulamentando a Constituição Federal, o art. 186 do Código Civil dispõe que comete ato ilícito quem, por ação ou omissão voluntária, negligência ou imprudência, violar direito e causar dano a outrem, ainda que exclusivamente moral.

O art. 944 do mesmo diploma estabelece o direito à reparação do dano, quer proveniente de ato ilícito (cabeça do artigo), quer proveniente, objetivamente, dos casos especificados em lei ou do risco da atividade (parágrafo único).

O art. 223-B, da Consolidação das Leis do Trabalho - CLT, estatui que causa dano de natureza extrapatrimonial a ação ou omissão que ofenda a esfera moral ou existencial da pessoa física ou jurídica, e o art.223-F, determina que a reparação por danos extrapatrimoniais pode ser pedida cumulativamente com a indenização por danos materiais decorrentes do mesmo ato lesivo.

No plano coletivo, a Lei nº 7.347, de 24 de julho de 1985 dispõe sobre a ação civil pública, quanto à apuração da responsabilidade por danos morais e patrimoniais metaindividuais, e a Lei nº 8.078, de 11 de setembro de 1990, sobre as ações coletivas de interesses transindividuais, sendo que o sindicato, por força do art. 8º, III, tem legitimidade para a defesa dos direitos individuais e coletivos da categoria. Apurada e definida a responsabilidade pelo dano extrapatrimonial, torna-se necessária a fixação da indenização devida ao ofendido (*aestimatio damni*), o que é feito por meio da liquidação do dano, procedimento necessário para estabelecer o valor pecuniário destinado a compensar o prejuízo imaterial moral e/ou existencial causado ao ofendido, independentemente de outras medidas, de caráter *in natura*, que se fizerem necessárias, a exemplo de publicações de retratação de ofensas à honra ou imagem da vítima.

A respeito, o art. 12 do Código Civil, subsidiariamente aplicável à CLT por força do art. 8º, §1º, estatui que o ofendido pode exigir que cesse a ameaça, ou a lesão, a direito da personalidade, e reclamar perdas e danos, sem prejuízo de outras sanções previstas em lei.

A liquidação pode dar-se de forma legal, convencional e judicial, conforme estabelecida pela própria lei, por consenso das partes ou judicialmente os critérios para a apuração do valor da indenização, esta apurável por cálculos, arbitramento ou artigos.

Não optando as partes pelo consenso, dois podem ser os sistemas jurídicos de avaliação pecuniária: aberto ou de compensação por arbitramento judicial e fechado ou de compensação tarifada ou legal.

O arbitramento judicial deixa ao prudente arbítrio do juiz a fixação da indenização, limitando-se a fornecer os parâmetros que devem orientar o magistrado. No tarifário, a própria lei fixa ou estabelece limite máximo para a fixação do valor compensatório devido pela ofensa.

Como o prejuízo patrimonial pode cumulativamente ocorrer como desdobramento da ofensa aos direitos da personalidade, também ele é merecedor de reparação pelos critérios normais de fixação da indenização (art. 5º, X, da Constituição Federal e 223-F, da CLT). É o caso do dano reflexo, como desdobramento do dano sentimental, quando se verifica também um prejuízo patrimonial resultante da ofensa: *"Art. 223-F. A reparação por danos extrapatrimoniais pode ser pedida cumulativamente com a indenização por danos materiais decorrentes do mesmo ato lesivo."*

> Os arts. 948 e 949, do Código Civil brasileiro, subsidiariamente aplicáveis à CLT por força do art. 8º, §1º, estabelecem a indenizabilidade do dano patrimonial nos casos de homicídio e de ofensa à saúde, ressalvando a possibilidade de obtenção de dano compensatório da dor íntima.
> Art. 948. No caso de homicídio, a indenização consiste, sem excluir outras reparações:
> I - no pagamento das despesas com o tratamento da vítima, seu funeral e o luto da família;
> II - na prestação de alimentos às pessoas a quem o morto os devia, levando-se em conta a duração provável da vida da vítima.
> Art. 949. No caso de lesão ou outra ofensa à saúde, o ofensor indenizará o ofendido das despesas do tratamento e dos lucros cessantes até ao fim da convalescença, além de algum outro prejuízo que o ofendido prove haver sofrido.

E o art. 950, do mesmo diploma, manda indenizar, em caso de redução da capacidade laborativa, as despesas de tratamento, os lucros cessantes e ainda permite a fixação de pensão reparatória da inabilitação:

> Art. 950. Se da ofensa resultar defeito pelo qual o ofendido não possa exercer o seu ofício ou profissão, ou se lhe diminua a capacidade de

> trabalho, a indenização, além das despesas do tratamento e lucros cessantes até ao fim da convalescença, incluirá pensão correspondente à importância do trabalho para que se inabilitou, ou da depreciação que ele sofreu.
> Parágrafo único. O prejudicado, se preferir, poderá exigir que a indenização seja arbitrada e paga de uma só vez.

O Código Civil optou pelo sistema aberto de indenização, limitando-se a fornecer cláusulas gerais para a fixação do dano moral em pecúnia.

Com efeito, dispõe o art. 953, do CC, que a indenização por injúria, difamação ou calúnia consistirá na reparação do dano que delas resulte ao ofendido. E, nos termos do parágrafo único, se o ofendido não puder provar prejuízo material, caberá ao juiz fixar, equitativamente, o valor da indenização, na conformidade das circunstâncias do caso.

Por sua vez, o Art. 954, do CC estabelece que a indenização por ofensa à liberdade pessoal consistirá no pagamento das perdas e danos que sobrevierem ao ofendido, e se este não puder provar prejuízo, tem aplicação o disposto no parágrafo único do artigo antecedente. E o parágrafo único esclarece, em rol exemplificativo, que são consideram-se ofensivos da liberdade pessoal o cárcere privado, a prisão por queixa ou denúncia falsa e de má-fé e a prisão ilegal.

Finalmente, o Código estatui no art. 944, *caput* e parágrafo único, que a indenização deve ser avaliada segundo os critérios da extensão do dano, da gravidade da culpa em relação ao dano e da redução equitativa da indenização se houver desproporção.

Quanto à gravidade da culpa em relação ao dano, o art. 945 determina que se a vítima tiver concorrido culposamente para o evento danoso, a indenização será fixada proporcionalmente à gravidade de sua culpa em confronto com a do autor do dano.

Logo, verifica-se que o Código Civil, ao não fixar valores ou fazer limitações, optou pelo sistema aberto de indenização, restringindo-se a fornecer cláusulas gerais orientadoras da fixação do dano moral em pecúnia.

Nas relações de trabalho, a partir da Lei nº 13.467/2017 (reforma trabalhista), a CLT se afastou do sistema adotado pelo legislador civil e adotou o de tarifamento da indenização (vide art. 223-G, da CLT), questão atualmente submetida à verificação de sua constitucionalidade pelo Supremo Tribunal Federal - STF.

A tendência é que o STF considere como sugestivo o tarifamento, hipótese em que os critérios legais serviriam para mera parametrização.

Todavia, e neste ponto com inegável constitucionalidade e segurança para as partes, fornece no art. 223-G, como sugerimos em obra[66] que antecedeu a reforma trabalhista no Brasil, os critérios objetivos que precisarão ser discricionariamente avaliados pelo juiz, como diretriz da indenização a ser fixada, a fim de, em atendimento ao art. 93, IX, da Constituição, permitir a demonstração da natureza, intensidade e efeitos do dano, da proporcionalidade da culpa em relação ao dano e das circunstâncias particulares, agravantes ou atenuantes, da razoável indenização a ser fixada.

## 8.2 Princípios informativos gerais do Código Civil, orientadores da fixação dos danos extrapatrimoniais

O art. 223-A, da CLT, dispõe que *"Aplicam-se à reparação de danos de natureza extrapatrimonial decorrentes da relação de trabalho*

---

[66] BELMONTE, Alexandre Agra. *Tutela da Composição dos Danos Morais nas Relações de Trabalho*: identificação das ofensas morais e critérios objetivos para quantificação. São Paulo: LTr, 2014, 260 p.

*apenas os dispositivos deste Título"*, mas, ao mesmo tempo, o § 1º do art. 8º, da CLT dispõe que o direito comum será fonte subsidiária do direito do trabalho em caso de omissão e compatibilidade.

O fato é que o Código Civil brasileiro estabelece importantes princípios que podem sobremaneira auxiliar o manejo dos parâmetros contidos no art.223-G, da Consolidação das Leis do Trabalho, para efeito de parametrização da indenização por danos extrapatrimoniais.

Com efeito, o art. 944, *caput* e parágrafo único, do Código Civil estabelece que a indenização deve ser avaliada segundo os critérios da extensão do dano, da proporcionalidade da culpa em relação ao dano e da razoabilidade. E esses critérios gerais, importantíssimos, não constam dos dispositivos celetários, merecendo assim integração, com base na Teoria do Diálogo das Fontes.

Essa teoria orienta a interpretação e aplicação das normas trabalhistas, *verbis*:

> Art. 8º - As autoridades administrativas e a Justiça do Trabalho, na falta de disposições legais ou contratuais, decidirão, conforme o caso, pela jurisprudência, por analogia, por eqüidade e outros princípios e normas gerais de direito, principalmente do direito do trabalho, e, ainda, de acordo com os usos e costumes, o direito comparado, mas sempre de maneira que nenhum interesse de classe ou particular prevaleça sobre o interesse público.
>
> § 1º O direito comum será fonte subsidiária do direito do trabalho.

A extensão do dano, prevista no art. 944 do Código Civil, diz respeito à *restitutio in integrum*, para avaliação e composição do dano em toda a sua dimensão.

A proporcionalidade da compensação proporcional ao ato ofensivo, consta, por exemplo, do art. 5º, V, da Constituição Federal brasileira: *"V - é assegurado o direito de resposta, proporcional ao agravo, além da indenização por dano material, moral ou à imagem;"*

A extensão do dano, para efeito de restituição integral de natureza material ou compensação proporcional à ofensa extrapatrimonial, abrange a categorização, entre os bens extrapatrimoniais, do bem jurídico ofendido, além da intensidade da ofensa e dos efeitos dela resultantes.

O critério de avaliação da extensão do dano é objetivo: diz respeito à identificação do bem jurídico atingido para classificação conjunta com o fato da intensidade da ofensa e dos efeitos por ela produzidos.

Já em relação à proporcionalidade da culpa em relação ao dano produzido, as condições de sua ocorrência e a mensuração equitativa, a avaliação a ser feita é de natureza subjetiva.

A proporcionalidade da culpa em relação ao dano diz respeito ao poder ofensivo do comportamento nas circunstâncias em que ocorreu o fato lesivo, para avaliação do grau de culpa em relação ao dano produzido; se exclusiva ou concorrente; e se fatores agregados ou estranhos à relação jurídica influíram na caracterização ou no resultado produzido.

A mensuração equitativa, por sua vez, tem por fim impedir uma indenização desproporcional em relação a circunstâncias peculiares, agravantes ou atenuantes, para ajuste da indenização à realidade situação jurídica concreta, o que inclui o poder econômico do ofensor, posto que o que está em jogo não é a reparação do prejuízo patrimonial, mas sim a sua proporcional capacidade de indenizar o dano como forma de conscientização da ofensa produzida e de cumulativamente compensar a vítima.

Tudo considerado, é preciso ter por resultado dessa avaliação uma indenização condizente com a ofensa, significativa para as partes e razoável diante dos aspectos peculiares da situação jurídica, de forma a consistir em *montante capaz de dar uma resposta social à ofensa, para servir de lenitivo para o ofendido, de exemplo social e de desestímulo a novas investidas do ofensor.*

Note-se que a indenização a ser arbitrada não tem caráter retributivo ou reparatório e sim compensatório. Como é impossível eliminar os efeitos do agravo ou sofrimento causado ao ofendido, a fixação em dinheiro, dada a importância econômica que ele representa, funciona como lenitivo sentimental, compensando assim, de alguma forma, o dano causado.

Pensamos, portanto, que devem informar a fixação dos danos morais:

- o princípio da integralidade (a indenização mede-se pela extensão do dano – art. 944, caput, CC);
- o princípio da proporcionalidade (a indenização deve considerar, nas circunstâncias do fato ofensivo, a proporcionalidade da culpa em relação ao dano – art. 944, parágrafo único, 1ª parte, CC);
- o princípio da razoabilidade (a indenização deve ser delimitada equitativamente peculiaridades do caso concreto – art. 944, *in fine*, CC).
- o princípio da tripla função do caráter da indenização: compensatório, dissuasório e exemplar.

Observa Clayton Reis,

> ...é da maior importância que o ato de conhecer conduza o julgador a dimensionar, com a precisão possível, o dano que se operou no espírito do lesionado, ou seja, identificar situações como a repercussão do dano na sua intimidade física e psíquica; as consequências advindas na sua vida de relação; os fatores que concorreram para o seu desagravo; a perda da sua auto-estima; a duração da sua dor íntima; procurar o julgador estabelecer a medida exata do preço da dor...[67]

Prossegue dizendo que, atento ao comando do art. 5º, da LINDB – Lei de Introdução às Normas do Direito Brasileiro (Decreto-lei nº 4.657, de 4 de setembro de 1942), possui o magistrado nessa fixação uma relevante função, *"que dependerá essencialmente da sua capacidade sensitiva de captar o verdadeiro sentido contido na pretensão indenizatória"*.[68]

O referido dispositivo legal dispõe que *"Na aplicação da lei, o juiz atenderá aos fins sociais a que ela se dirige e às exigências do bem comum."*

Conclui o jurista que *"o estabelecimento de valores que sejam incompatíveis com a dimensão de todas essas lesões vivenciadas pela vítima, não possui o desejado efeito indenizatório"*.[69]

## 8.3 Parâmetros para a fixação pecuniária da indenização por danos extrapatrimoniais

De forma dedutiva, extraem-se do art. 944, *caput* e parágrafo do Código Civil brasileiro os princípios e diretrizes orientadores da indenização por danos extrapatrimoniais, constantes do art. 944, mas

---

[67] REIS, Clayton. *Os Novos Rumos da Indenização do Dano Moral*. São Paulo: Forense, 2002, p. 225.

[68] REIS, Cit., p. 226-227.

[69] REIS, cit., p. 229.

ele não fornece os critérios que devem ser considerados na avaliação da extensão do dano; os que devem ser considerados para mensurar a proporcionalidade da culpa em relação ao dano; e os que devem ser considerado para efeito de mensuração equitativa ou razoável. E isso o art. 223-G, da Consolidação das Lei do Trabalho - CLT, fornece.

No entanto, é preciso estabelecer um roteiro para utilização dos critérios apresentados pela CLT, para o que o intérprete deve buscar socorro no Código Civil.

Vilumbramos, nesse procediemento, a necessidade de seguir três etapas. Deve-se, inicialmente, partir do princípio da integralidade, contido no art. 944, *caput*, CC, no sentido de que a indenização mede-se pela extensão do dano. Nessa etapa de apuração do dano, entendemos que o juiz deve avaliar a posição de relevância que o bem ofendido ocupa entre os demais bens extrapatrimoniais, a intensidade da ofensa diante das circunstâncias e dimensionar os seus efeitos.

Frente à CLT, serão considerados nessa categoria de exame, sob a ótica da integralidade e de forma objetiva, a natureza do bem jurídico tutelado, a intensidade do sofrimento ou da humilhação, a possibilidade de superação física ou psicológica, os reflexos pessoais e sociais da ação ou da omissão e a extensão e a duração dos efeitos da ofensa. Tais parâmetros constam do artigo 223, I, II, III, IV e V, da CLT. Esse procedimento permitirá classificar a ofensa como gravíssima, grave, média ou leve.

As demais etapas a serem seguidas, de natureza subjetiva na avaliação, permitirão fixar, dentra da classe escolhida, o valor maior ou menor da indenização (até 3, 10, 20 ou 50, conforme a classe).

Na segunda etapa, deverá o magistrado medir a proporcionalidade da culpa em relação ao dano produzido (parágrafo único, 1ª parte, do art. 944, CC). Nessa avaliação, deverá considerar as condições ou circunstâncias em que ocorreu a ofensa ou o prejuízo moral, o grau de dolo ou culpa, a eventual concorrência de culpas e eventuais fatores estranhos à conduta das partes, que possam influir na caracterização do dano ou no seu resultado (como explicitado no art. 223-G, VI e VII, do CC, art. 945, do CC, incluindo a possibilidade de ocorrência de concausa).

Finalmente, na terceira etapa, deve, equitativamente, ajustar a indenização a um valor compatível com os aspectos peculiares da situação jurídica (parágrafo único, *in fine*, do art. 944). Para isso deve levar em consideração a situação social e econômica do ofensor e do ofendido, o grau de publicidade da ofensa, a originalidade ou reincidência da conduta e, em havendo e se for pertinente, a ocorrência de retratação espontânea, o esforço efetivo para minimizar a ofensa e eventual existência e eficácia de perdão, tácito ou expresso (como explicitado no art. 223-G, VIII a XII da CLT).

Quando se diz que a indenização fixada deve ter caráter compensatório, dissuasório e exemplar, é no sentido de que deve ser adequada a montante que a viabilize como compensação (resposta compensatória e punitiva à ofensa), como medida pedagógica (dissuasória) no contexto da situação jurídica apreciada e como medida exemplar em relação à sociedade, para inibir situações do gênero.

Passemos à rápida operacionalização desses princípios e critérios.

### *8.3.1 Integralidade e critérios celetários incidentes*

Primeiramente, o princípio da integralidade (art. 944, *caput*, CC), com os critérios incidentes (art. 223-G, I a V, da CLT), que corresponde à primeira etapa da avaliação do dano, a ser promovida pelo magistrado.

O grau de relevância do bem jurídico ofendido, comparativamente aos demais de natureza extrapatrimonial, deve ser primeiramente apreciado (art. 223-G, I, CLT): a morte, em confronto com uma despedida retaliativa, deve, em princípio, figurar em nível mais elevado de importância, o que já o posiciona na ofensa gravíssima.

A perda de um membro em decorrência de acidente de trabalho por culpa do empregador, em confronto com a fratura de uma perna também por acidente de trabalho culposo, posiciona aquele bem jurídico em ofensa gravíssima ou grave, dependendo do tipo de perda e influência na funcionalidade e aparência, ensejando, portanto, indenização mais significativa do que a dor íntima da fratura. Mas o membro atingido pela fratura, o tipo de fratura e os efeitos dela decorrentes, podem posicionar a ofensa em classificação leve, média ou grave. E dentro da classe em que for posicionada a ofensa, ensejar uma indenização maior ou menor.

Independentemente de sua natureza em relação aos demais bens jurídicos extrapatrimoniais, uma queimadura corporal aparente de terceiro grau em 50% do corpo, revela a relevância da ofensa, a sua intensidade e a duração permanente dos efeitos (art. 223-G, II, CLT).

Outrossim, a possibilidade ou impossibilidade de superação física ou psicológica da ofensa (art. 223-G, III, CLT), os reflexos pessoais e sociais da ação ou da omissão (art. 223-G, IV) e a extensão e duração da ofensa (art. 223-G, V), demonstram a extensão provocada pelo dano, ou seja, o dano produzido em sua integralidade ou, em outras palavras, o tamanho do poder ofensivo da conduta em si mesma.

Se o abalo é superável, como ocorre com um xingamento ou exposição de uma baixa avaliação do trabalhador no desempenho do serviço, a ofensa é de menor intensidade e salvo em caso de efeitos extraordinários, o posicionamento deve dar-se na classe de ofensa leve, pelo que a indenização respectiva deve ser menor do que a decorrente de abalo insuperável ou permanente, como a perda de um membro. O sofrimento presumivelmente mais intenso ou mais duradouro, deve sofrer maior gravame do que o sofrimento menos intenso.

Dependendo dos meios e instrumentos utilizados, ou do ambiente em que se dá a ofensa, o dano pode ter maior ou menor repercussão, como ocorre se utilizados meios de comunicação como jornais, televisão e internet. A divulgação do fato, no ambiente de trabalho, por meio de correspondência aos funcionários ou a disseminação pública de uma imputação infundada tem o condão de dar a publicidade capaz de agravar a ofensa e influir no valor da indenização a ser fixada.

Portanto, essa apreciação inicial tem por fim avaliar o bem jurídico extrapatrimonial ofendido, a intensidade dessa ofensa e a extensão de seus efeitos, para o fim de posicionamento da ofensa num dos graus ou classe (leve, médio, grave e gravíssimo) estabelecidos no §1º do art. 223-G, da CLT.

Um xingamento é, em princípio, uma ofensa de natureza leve; a colocação de alguém em risco, sem ocorrência de infortúnio, é ofensa de natureza média; despedir alguém de forma humilhante ou retaliativa, é ofensa de natureza grave; a morte, a amputação de uma perna e a queimadura no rosto do trabalhador, com efeitos permanentes, provocada pelo empregador, são ofensas de natureza gravíssima, e assim cada um dos respectivos danos, avaliados em conjunto com a intensidade e efeitos, devem ser posicionados em suas respectivas colocações.

Uma cicatriz no rosto de quem vive da imagem, decorrente de acidente do trabalho, como é o caso de uma modelo, por certo atinge a vítima de forma mais intensa, devendo ser posicionada em uma das classes superiores de ofensa, ensejando indenização mais significativa.

### *8.3.2 Proporcionalidade e critérios celetários incidentes*

Passemos então à etapa seguinte, a segunda, na avaliação dos critérios, ou seja, das condições em que ocorreu a ofensa, envolvendo o exame do grau de culpa ou dolo ou do risco a que submetida a vítima, eventual culpa concorrente da vítima (art. 223-G, VI e VII, do CC e art. 945, do CC c/c 223-E, da CLT) ou concausa, contidos no princípio da proporcionalidade (art. 944, par. único, 1ª parte, CC).

Em se tratando de danos patrimoniais, o grau de culpa é desimportante: basta verificar o montante do dano emergente e dos lucros cessantes para ser encontrado o valor da justa reparação. Mas, no tocante aos danos morais, estéticos e existenciais, a intensidade da culpa em relação ao dano e/ou do risco da atividade devem ser levados em consideração.

Ora, a morte é ofensa de natureza gravíssima, não importa se causada por culpa ou por dolo. No entanto, a indenização a ser fixada deve levar em consideração a proporção entre a gravidade da culpa e a morte, ou seja, se o infortúnio foi decorrente de negligência ou propositalmente provocado, bem como as condições que, somadas, levaram à produção do resultado. Por essa razão, o legislador estabelece que a ofensa de natureza gravíssima enseja indenização até 50 vezes o salário contratual do ofendido. Sendo gravíssima, caso da amputação de uma perna, a indenização, maior ou menor, vai variar conforme a proporcionalidade da culpa em relação ao dano (art. 223-G, VII, CLT). Ou seja, da atuação do critério de proporcionalidade. Indenização em montante maior se decorrente de dolo; menor se decorrente de culpa; proporcional se houver culpa concorrente da vítima.

As condições em que ocorreu o dano (art. 223-G, VI, da CLT), também devem ser avaliadas nessa etapa, porque influem no comportamento ou poder ofensivo.

Independentemente do risco da atividade, fato, por si só perigoso para quem nela atua, se a extensão do dano decorre de falta de fornecimento de equipamentos de proteção individual ou fornece equipamentos desgastados, que contribuem para o resultado, deve responder por culpa mais intensa do que quem fornece e não fiscaliza o uso.

A culpa concorrente da vítima também atua no exame da proporcionalidade da culpa em relação ao dano, atuando como fator redutor da indenização (arts. 945, do CC c/c 223-E, da CLT).

Finalmente, a concausa também se revela de suma importância, por, exemplo, quando o trabalho exercido, somado a condições degenerativas da vítima, levam ao resultado danoso, não sendo assim o empregador o único responsável, o que influi, em proporção, no valor da indenização.

### *8.3.3 Razoabilidade e critérios celetários incidentes*

Finalmente, é possível passar para a última etapa, destinada ao ajuste final da indenização frente aos aspectos peculiares que envolvem os componentes da relação jurídica. Aqui atua o princípio da razoabilidade (art. 944, par.único, *in fine*, CC), para conformação da indenização aos critérios previstos no art. 944-G, VIII a XII, da CLT).

Se na ocorrência de um acidente do trabalho sem morte o empregador toma imediatamente todas as providências para, significativamente, minimizar os efeitos (art. 223-G, IX, CLT), dando e custeando pronto atendimento, bem como suporte ao vitimado e à família, a indenização por dano extrapatrimonial poderá, conforme o caso, ser atenuada, o que não ocorrerá se o ofensor agir de forma negligente inclusive no socorro e encaminhamento do acidentado ao hospital.

De igual sorte, uma vez constatada síndrome do túnel do carpo, inabilitando parcialmente a capacidade laborativa do empregado em função do trabalho executado, se o empregador espontaneamente altera a função do trabalhador, passando a dar-lhe outras tarefas que permitam a sua recuperação ou que se ajustem à eventual inabilitação permanente verificada, até por estímulo deve ter essa conduta ser levada em consideração no valor arbitrado a título de danos morais.

As condições econômicas dos envolvidos é outro fator que importa no aumento ou diminuição do valor da indenização (art. 223-G, XI), porque deve ser ela significativa para quem paga e compensatória para quem recebe (caráter pedagógico). Uma indenização de alto valor para uma microempresa ou empresa de pequeno porte pode inviabilizar a continuidade da atividade, enquanto uma indenização de valor ínfimo para uma empresa de grande porte não irá econômica e pedagogicamente sensibilizá-la a alterar a sua estrutura organizacional ou seus procedimentos para que danos do gênero não mais ocorram.

Uma indenização de pequena monta como forma de coibir revistas íntimas numa grande empresa, por exemplo, pode se revelar inútil e ela até preferir assumir o risco, porque em tese sairia mais barato do que os danos materiais causados por eventuais furtos. A reparação precisa, então, ser significativa para cobrir os três aspectos apontados: lenitivo, dissuasório e exemplar. A indenização deve ser fixada de forma proporcional à certeza de que o ato ofensivo não fique impune segundo as possibilidades econômicas do ofensor, e que assim lhe sirva de desestímulo a práticas que possam retirar do trabalhador a sua dignidade.

As condições sociais do ofendido também podem influir no valor da indenização (art. 223-G, XI). Com efeito, fatores como popularidade ou posição ocupada pelo ofendido (por exemplo, um diretor em uma empresa ou um artista de televisão) diante da repercussão de uma agressão à honra ou imagem, causam danos com mais intensidade, o que deve ser considerado na avaliação do valor arbitrado.

Retratação espontânea (art. 223-G, VIII) e o perdão, tácito ou expresso (art. 223-G, X, CLT), podem servir como elementos atenuantes da indenização, se cabíveis no caso concreto. Não terão serventia em casos como morte ou amputação de membro por acidente do trabalho, mas a retratação pública será eficaz para minimizar os efeitos do dano em hipóteses como ofensas à honra e imagem e reintegração espontânea de empregado despedido por gerente em virtude de doença estigmatizante.

O perdão do trabalhador, tácito ou expresso em relação a uma conduta moral ofensiva, pode até compensar o dano causado.

Finalmente, deve ser considerada, no exame particular do caso concreto, a originalidade ou reincidência da conduta. Conduta reincidente deve ser tida como circunstância agravante. É constatação de que os danos morais anteriormente fixados pelo mesmo fato não serviram para coibir novas investidas. Daí o §3º do art. 223-G, da CLT, estabelecer que na reincidência entre partes idênticas, o juízo poderá elevar ao dobro o valor da indenização.

Em caso de homicídio, os danos morais decorrentes de acidente do trabalho deverão ser pagos aos beneficiários, porque visam amenizar a dor causada pela perda do ente querido e desestimular novas investidas. Terão direito próprio as pessoas correspondentes ao núcleo familiar diretamente afetadas. Já nas hipóteses de acidente do trabalho sem óbito, os danos morais e estéticos deverão ser pagos à vítima de uma só vez, eis que não têm caráter alimentar e visam a amenização imediata do sofrimento, limitações e complexos causados pelo afeiamento ou invalidez permanente, total ou parcial, ou então das sequelas da incapacidade temporária, com ou sem afastamento do trabalho. Nesta hipótese, a própria vítima sobrevivente é a parte legítima para postular a indenização.

Finalmente, vale observar que a fixação de indenização por danos morais e existenciais não inibe a cumulação com indenização pelos danos patrimoniais experimentados, como costuma ocorrer nos acidentes de trabalho (art. 223-F, da CLT).

O mesmo roteiro deve ser seguido em se tratando de danos extrapatrimoniais causados pelo trabalhador ao empregador (arts. 223-D e 223-G, §2º, da CLT).

### *8.3.4 O princípio constitucional da motivação das decisões judiciais*

Nos termos do art. 93, IX, da Constituição Federal, as decisões judiciais precisam ser fundamentadas. No caso da indenização por danos extrapatrimoniais, essa fundamentação destina-se a explicar às partes e ficar registrado para efeito de reexame via recurso, à luz dos fatos e provas existentes nos autos frente ao direito vigente, os motivos que levaram à solução adotada e os critérios utilizados.

Os princípios estabelecidos nos arts. 944, *caput*, e parágrafo único e 94, do Código Civil, subsidiariamente utilizados no manejo dos critérios previstos no art. 223-G, da CLT, precisam ser demonstrados na fixação do valor indenizatório dos danos extrapatrimoniais. Motivações genéricas, alusivas apenas aos princípios da integralidade, proporcionalidade e razoabilidade, ou que genericamente consideram de forma global os critérios do art. 223-G, da CLT, não demonstram uma efetiva avaliação, tornando letra morta o disposto no art. 93, IX, da Constituição Federal e sonegam ao jurisdicionado e às instâncias superiores as necessárias informações destinadas ao exame ou reexame das circunstâncias fáticas ensejadoras do provimento.

Logo, a determinação legal de observância de critérios objetivos para a fixação do valor da indenização destina-se a motivar a decisão a ser proferida, para segurança da sociedade e do jurisdicionado.

Passemos, então, à tabela operacional que sugerimos para auxiliar o magistrado na fixação da indenização.

## 8.4 Operacionalização dos princípios e critérios de fixação do valor da indenização dos danos extrapatrimoniais individuais. Proposta de método trifásico de avaliação

Dispõe o *caput* do art. 944, do Código Civil, que a indenização mede-se pela extensão do dano (princípio da integralidade) e, nos termos do parágrafo único, que se houver excessiva desproporção entre a gravidade da culpa e o dano (o que impõe a observância do princípio da proporcionalidade), poderá o juiz reduzir, equitativamente, a indenização (princípio da razoabilidade).

Quanto aos critérios, conforme art. 223-G, da CLT,

> Ao apreciar o pedido, o juízo considerará:
>
> I - a natureza do bem jurídico tutelado;
>
> II - a intensidade do sofrimento ou da humilhação;
>
> III - a possibilidade de superação física ou psicológica;
>
> IV - os reflexos pessoais e sociais da ação ou da omissão;
>
> V - a extensão e a duração dos efeitos da ofensa;
>
> VI - as condições em que ocorreu a ofensa ou o prejuízo moral;
>
> VII - o grau de dolo ou culpa;
>
> VIII - a ocorrência de retratação espontânea;
>
> IX - o esforço efetivo para minimizar a ofensa;

X - o perdão, tácito ou expresso;

XI - a situação social e econômica das partes envolvidas;

XII - o grau de publicidade da ofensa.

§ 1º Se julgar procedente o pedido, o juízo fixará a indenização a ser paga, a cada um dos ofendidos, em um dos seguintes parâmetros, vedada a acumulação:

I - ofensa de natureza leve, até três vezes o último salário contratual do ofendido;

II - ofensa de natureza média, até cinco vezes o último salário contratual do ofendido;

III - ofensa de natureza grave, até vinte vezes o último salário contratual do ofendido;

IV - ofensa de natureza gravíssima, até cinquenta vezes o último salário contratual do ofendido.

§ 3º Na reincidência entre partes idênticas, o juízo poderá elevar ao dobro o valor da indenização.

Complementa o art. 223-E, da CLT, *"São responsáveis pelo dano extrapatrimonial todos os que tenham colaborado para a ofensa ao bem jurídico tutelado, na proporção da ação ou da omissão."*

O art. 223-G, da CLT, tem como ponto de partida para a fixação da indenização por danos extrapatrimoniais o ganho do trabalhador.

No entanto, essa diferenciação é justificável apenas quando se trata de dano patrimonial, mas nunca no dano extrapatrimonial.

Com efeito, num acidente de trabalho com redução ou supressão da capacidade laborativa, o ganho do trabalhador influi nos lucros cessantes e o valor a ser considerado deve realmente ser o salário auferido, mas tomar como ponto de partida o salário do trabalhador para efeito de avaliação da indenização pela dor sentimental gera discriminação, vedada pela Constituição Federal. O tamanho do sofrimento pessoal ou da família do trabalhador que aufere salário menor é, em princípio, o mesmo do trabalhador que aufere salário maior.

Logo, o critério apresentado pela Medida Provisória nº 808/2017, que caducou, é o melhor: um valor neutro como ponto de partida (como propúnhamos em obra anterior à reforma trabalhista, na qual sugeríamos o salário médio do trabalhador brasileiro, medido pelo IBGE)[70]. De acordo com a MP referida, o valor-base proposto era correspondente ao maior valor de benefícios da previdência social, o que correspondia a um critério neutro.

O art. 223-G também apresenta limitação quanto ao valor da indenização, o que nos parece injustificável perante a Constituição Federal.

Com efeito, a Lei Maior estabelece indenização por dano extrapatrimonial proporcional ao agravo sofrido (art. 5º, V e X), sem qualquer limitação. E assim sempre interpretou o STF, nas oportunidades em que se manifestou sobre o tema, afastando as limitações previstas na revogada Lei de Imprensa.

Outrossim, interpreta a Súmula 281, do STJ, de 13/05/2004:

> Responsabilidade civil. Dano moral. Imprensa. Tarifação prevista na lei de imprensa. Inaplicabilidade. Lei 5.250/1967, art. 49, Lei 5.250/1967, art. 51 e Lei 5.250/1967, art. 52. CF/88, art. 5º, V e X. CCB/1916, art. 159. *A indenização por dano moral não está sujeita à tarifação prevista na Lei de Imprensa.*

---

[70] BELMONTE, Alexandre Agra. *Tutela da Composição dos Danos Morais nas Relações de Trabalho*: identificação das ofensas morais e critérios objetivos para quantificação. São Paulo: LTr, 2014, 260 p.

As ADIs nºs 6.050, 6.069 e 6.082 (Ações Diretas de Inconstitucionalidade) questionam no STF a constitucionalidade do dispositivo legal.

A referida Medida Provisória nº 808/2017, que caducou, excluía da limitação a morte. Mas além da morte, danos como amputações de membros, deformidades decorrentes de queimaduras e paralisações do corpo humano, entre outros infortúnios, sem falar no dano decorrente de trabalho análogo ao de escravo, também imporiam a exclusão tarifária.

Disso resulta, em nossa compreensão, que o tarifamento constante da lei deve ser compreendido como meramente persuasivo e somente superado por fundamentação que demonstre a necessidade de fixação em valor maior em relação ao limite legal sugerido.

Entendemos, portanto, que o dispositivo legal, ao fixar como ponto de partida o salário contratual, é inconstitucional, porque discrimina a dor sentimental ou o impedimento existencial conforme o valor do salário. O valor do limite máximo dos benefícios do Regime Geral de Previdência Social, como propunha a Medida Provisória nº 808/2017, deve ser o parâmetro a ser adotado como base de cálculo para o ponto de partida.

Outrossim, que os limites estabelecidos no §1º como ponto de chegada não devem prevalecer, salvo como critério meramente persuasivo, superado por fundamentação que demonstre a necessidade de fixação em valor maior em relação ao limite legal sugerido.

Em julgamento das referidas ADIs nºs 6.050, 6.069 e 6.082, em trâmite no STF e ainda nao concluído, o Relator Gilmar Mendes decidiu:

> 1. as redações conferidas aos arts. 223-A e 223-B da CLT não excluem o direito à reparação por dano moral indireto ou dano em ricochete

no âmbito das relações de trabalho, a ser apreciada nos termos da legislação civil.

2. os critérios de quantificação de reparação por dano extrapatrimonial previstos no art. 223-G, *caput* e §1º, da CLT deverão ser observados pelo julgador como critérios orientativos de fundamentação da decisão judicial.

... é constitucional, porém, o arbitramento judicial do dano em valores superiores aos limites máximos dispostos nos incisos I a IV do §1º do art. 223-G, quando consideradas as circunstâncias do caso concreto e dos princípios da razoabilidade, proporcionalidade e a igualdade.

Os parâmetros estabelecidos por lei partem, necessária e aprioristicamente, da natureza do bem ofendido (inciso I do art. 223-G), intensidade do sofrimento ou da humilhação (inciso II), possibilidade de superação física ou psicológica (inciso III) e reflexos pessoais e sociais da ação ou da omissão (inciso IV) e a extensão e a duração dos efeitos da ofensa (inciso V). A finalidade é, para atendimento ao princípio da integralidade ou extensão do dano, possibilitar a inserção apriorística da ofensa em uma das categorias (leve, média, grave e gravíssima), para então, nas etapas seguintes, tornar possível avaliar os demais critérios, que influirão, como agravantes ou atenuantes, no valor da indenização.

Tomemos como exemplo um acidente do trabalho em que um trabalhador, que recebia instruções sistemáticas para utilização do cinto de segurança, resolveu, como de costume, porque não era fiscalizado quanto ao uso, retirá-lo para ter maior mobilidade na execução da tarefa, vindo a cair por ação de uma ventania e ficar paraplégico.

A perícia apura que o acidente teria sido evitado caso o trabalhador o estivesse usando e que a empresa, embora instruísse os trabalhadores quanto ao uso do cinto, não fiscalizava a observância da regra.

<table>
<tr><th colspan="3">1) Exame de extensão: natureza, intensidade e efeitos da ofensa</th></tr>
<tr><th colspan="3">Trabalhador de empresa de pequeno porte que não usava cinto de segurança (mas não era fiscalizado), ficando paraplégico por queda de elevada altura de um andaime</th></tr>
<tr><td>Natureza do bem ofendido</td><td colspan="2">Relevante</td></tr>
<tr><td>Intensidade do sofrimento ou humilhação</td><td colspan="2">Alta</td></tr>
<tr><td>Possibilidade de superação física ou psicológica</td><td colspan="2">Nenhuma</td></tr>
<tr><td>Reflexos pessoais e sociais da ação ou da omissão</td><td colspan="2">Devastadores</td></tr>
<tr><td>Duração dos efeitos da ofensa</td><td colspan="2">Permanente</td></tr>
<tr><td>Classificação da ofensa (ofensas leve, média, grave e gravíssima)</td><td>Gravíssima</td><td>Dosagem: maior que 20 e até 50 X SC ou VLMBPS*</td></tr>
</table>

* O critério legal é em salários contratuais. Sugerimos a adoção de valor-base neutro (limite máximo dos benefícios do Regime Geral de Previdência Social). Quer pela natureza da ofensa (paraplegia), quer pela intensidade do sofrimento imposto, in re ipsa, quer pela impossibilidade de superação da ofensa, quer pelos reflexos, a ofensa deve ser desde logo classificada como gravíssima. No entanto, quanto ao valor a ser fixado dentro da classe gravíssima da ofensa, será preciso avaliar os demais critérios.[71]

Para isso, devemos passar à etapa seguinte, avaliando as condições em que ocorreu a ofensa, o grau de culpa ou dolo, eventual culpa concorrente da vítima (art. 223-G, VI e VII, do CC e art. 945, do

---

[71] Valor persuasivo maior do que 20 (vinte) e até 50 (cinquenta) vezes o valor do limite máximo de benefícios da previdência social, ou se vier a ser considerada constitucional a fixação em salários contratuais, até 50 (cinquenta) vezes esse valor.

CC c/c 223-E, da CLT), e ou verificação de concausa interna ou externa (arts. 223-E, CLT e 21, I e §2º, da Lei nº 8.213/1991) para dosagem das condições da ofensa e proporcionalidade, intensidade e eficiência da culpa em relação ao dano.

| 2) Exame de Ponderação: Avaliação das condições da ofensa e proporção, intensidade e eficiência da culpa | |
|---|---|
| Trabalhador de empresa de pequeno porte que não usava cinto de segurança (mas não era fiscalizado), ficando paraplégico em queda de elevada altura de um andaime | |
| Salário contratual (ou valor do limite máximo dos benefícios do Regime Geral de Previdência Social) | R$ 2.500,00 (SC) ou 6.433,57 (VLMBPS) |
| Circunstâncias da ofensa | Por parte do empregador, fornecimento de equipamento defeituoso e falta de de fiscalização para a execução da tarefa<br>Por parte do empregado, imprudência ao retirar o cinto e desobediência à determinação do uso do equipamento de proteção |
| Grau de culpa ou dolo | Negligência do empregador e imprudência do trabalhador |
| Culpa concorrente da vítima | Verificada. As condutas culposas, somadas, levaram ao acidente |
| Dosagem da culpabilidade e condições da ofensa | Dosagem: 25 X R$2.500,00 = R$62.500,00 (SC) ou 160.839,25 (LMBPS) |

Inobstante tratar-se de atividade de risco, empregador e empregado agiram conjuntamente para a produção do resultado. O empregador, ao não fiscalizar o uso, e o empregado pela imprudência em desobedecer à determinação do uso do equipamento de proteção. Caso típico de culpa concorrente que justifica a apuração em proporção (art. 945, do Código Civil c/c 223-E, da CLT). Passemos, então, em seguida, à última etapa, destinada a avaliar a razoabilidade da indenização inicialmente apurada frente aos aspectos peculiares da situação jurídica, para ajuste da indenização com base nos critérios previstos no art. 223, VIII a XII, da CLT.

| 3) Exame de adequação: Razoabilidade da indenização consideradas situação social e econômica, publicidade, meios de atenuação e originalidade ou reincidência | |
|---|---|
| Trabalhador de empresa de pequeno porte que não usava cinto de segurança (mas não era fiscalizado), ficando paraplégico em queda de elevada altura de um andaime | |
| Indenização apurada | R$ 62.500,00 (SC) ou 160.839,25 (LMBPS) |
| Porte da empresa | Pequeno |
| Esforço para minimizar ofensa | Nenhum |
| Perdão tácito ou expresso | Impertinente |
| Retratação espontânea | Impertinente |
| Reincidência (x 2) | Não |
| Avaliação Final | Redução sugerida de 30% = R$43.750,00 (SC) ou R$112.587,47 (VLMBPS) |

Em que pese entendermos que os limites estabelecidos na lei são meramente persuasivos, mormente em se tratando de morte, amputações de membros, deformidades decorrentes de queimaduras e paralisações do corpo humano, entre outros infortúnios, além do dano decorrente de trabalho análogo ao de escravo, no caso, por se tratar de empresa de pequeno porte, em que o valor da indenização pode impactar na sua continuidade e geração de empregos e tributos, há de prevalecer a redução e não a ampliação do valor, mas de forma que seja significativa como compensação para a vítima e persuasiva para que o ofensor, no futuro, se adapte às normas de segurança, de forma a prevenir a ocorrência de situações como a verificada.

## 8.5 Fixação do valor da indenização dos danos morais coletivos

É erro imaginar que os danos morais coletivos resultam de somatório de danos individuais.

Exceto em se tratando de danos individuais homogêneos, cuja tutela conjunta é admitida por lei para efeito de racionalização, os danos morais coletivos não apenas são autônomos em relação aos danos individuais como podem não se verificar no plano individual, a exemplo do empregador que não cumpre a legislação trabalhista em relação ao pagamento das parcelas rescisórias a empregado, salvo se comprovar, como tem entendido a jurisprudência, a verificação de dano sentimental concreto, como desdobramento do inadimplemento contratual.

Todavia, o descumprimento da legislação trabalhista pelo empregador em relação aos empregados de uma empresa, a exemplo da empresa que tem por prática não pagar direitos rescisórios dos seus empregados, na visão da jurisprudência fere, no plano coletivo, interesses metaindividuais extrapatrimoniais da categoria, de forma a ensejar medidas coercitivas para implemento das obrigações e compensação pelas ofensas morais que atingem os trabalhadores, coletivamente considerados.

Assim, no dano coletivo os trabalhadores não devem ser considerados pelo somatório e sim enquanto coletividade, *porque o comportamento causador da ofensa, atinge a comunidade em seus direitos metaindividuais como um todo*. Consequentemente, o cálculo dano moral coletivo não resulta da soma de danos extrapatrimoniais individuais que, como visto, podem até, individualmente, não incidir.

Outrossim, o somatório dos salários individuais para efeito de indenização, dependendo do tamanho do grupo, classe ou categoria, tanto pode resultar em quantia absurda, desestabilizando ou inviabilizando a continuidade de qualquer negócio ou atividade, como também em quantia ínfima, finalidade que não é a do ordenamento jurídico. Ele quer que as reparações, compensações e admoestamentos sirvam, racionalmente, na medida do cumprimento do Direito Objetivo.

Não bastasse, o valor da indenização por danos extrapatrimoniais coletivos não reverte para o trabalhador, sequer servindo para a composição individual dos direitos ofendidos. O provimento é destinado a compelir o ofensor a, imediatamente, fazer cessar o dano imposto à comunidade e compensá-la como resposta social, com direcionamento do valor a entidades que possam utilizar o dinheiro em prol da sociedade ou dos trabalhadores em geral.

Logo, se o trabalhador não fica impedido de, individualmente, postular danos morais que coincidentemente ofendam ao mesmo tempo a comunidade e a ele próprio, fica claro que os danos morais coletivos não correspondem a um somatório de danos individuais. Se correspondessem, ele não poderia postular, em ação própria, compensação de dano que o atingisse individualmente.

As astreintes já servem para compelir o ofensor a, imediatamente, fazer cessar o dano imposto e não repeti-lo.

Enfim, o critério de avaliação da ofensa à categoria não é sentimental, no sentido sunjetivo da palavra. É objetivo, decorrente do fato da ofensa em si mesma. Bastam, portanto, no nosso entender, a verificação da natureza do bem ofendido e a razoabilidade na avaliação de indenização compensatória à comunidade, para efeito de avaliação do dano, com descarte das agravantes e atenuantes que correspondem a aspectos subjetivos inerentes aos direitos individuais.

Empresa que submete trabalhadores a condições análogas à de escravo leva à classificação gravíssima da ofensa.

Situações como assédio moral organizacional e inadimplemento organizacional das parcelas rescisórias do contrato de trabalho mereceriam classificação grave.

Banheiros de uma empresa destinados ao uso pelos trabalhadores em número insuficiente e em situação precária mereceriam classificação média.

Outras violações de menos intensidade ofensiva, mereceriam classificação leve.

Evidentemente, circunstâncias especiais, acaso presentes no caso concreto, podem levar a outra classificação da ofensa.

A classificação feita pelo magistrado, que deve ser justificada diante das circunstâncias, pode ser objeto de impugnação e revisão por instâncias superiores de jurisdição, assim como o ajuste do valor ao porte da empresa e à natureza da violação.

Tomemos como exemplo uma empresa que submete gerentes bancários à tarefa de transporte de valores de uma agência para outra:

| Empresa que submete trabalhadores não capacitados à função de transporte de valores | |
|---|---|
| Natureza do bem ofendido: segurança | |
| Natureza da ofensa | Grave |

Daí resulta que a consideração do bem ofendido frente à capacidade econômica da empresa (capital social) é o critério que melhor se adapta para compensar a comunidade atingida, punir o empregador e sensibilizá-lo a fazer cessar a ofensa, mormente por meio de astreintes.

| Razoabilidade | |
|---|---|
| Empresa que submete trabalhadores não capacitados à função de transporte de valores | |
| Capacidade econômica da empresa (capital social) | R$3.000.000,00 |
| Percentagem sobre o capital social, conforme gravidade da ofensa | R$300.000,00 |

### 8.5.1 Destinatários da indenização por dano moral coletivo

No dano coletivo, a ofensa atinge a coletividade, pelo que a indenização por danos extrapatrimoniais deve reverter em proveito dela, posto que o direito violado não é o individual e sim o do grupo (vide art. 13 da Lei nº 7.347/1985).

Assim, no caso do dano moral coletivo, a indenização deve ser direcionada em benefício da comunidade atingida, por exemplo, ao Fundo de Amparo ao Trabalhador, e o provimento inibitório deve ser proferido mediante o pagamento de *astreintes*, para coibir a continuidade da prática ilícita.

Têm sido fixadas indenizações destinadas a entidades como Médicos Sem Fronteiras e diversas outras instituições beneficentes.

Ainda que a indenização fixada não sirva para compensar individualmente cada um dos trabalhadores atingidos, porque a coletividade é afetada pela prática ilícita e o dano individual poderia até não se caracterizar, e sim apenas o coletivo, que com aquele não se confunde, ainda assim é necessária reflexão a respeito da prática de arbitrar indenizações sociais, por mais altruístas que possam ser e por mais relevantes que possam se revelar os serviços prestados à sociedade por entidades beneficentes em geral.

Com efeito, se a indenização por danos coletivos decorrente de ofensas trabalhistas não for reversível à comunidade de trabalhadores, que é a classe atingida pelo ilícito, é inadequada a opção de direcionamento. Ainda que a indenização não seja direcionada ao Fundo de Amparo ao Trabalhador (FAT), deve ser dirigida especificamente a entidades de interesse dos trabalhadores em geral, que de alguma forma possam reverter em benefício específico para o grupo ou categoria diretamente atingidas. A compensação devida não é à sociedade, por mais carente que possa ser a instituição beneficiada, e sim a um determinado segmento da sociedade, o dos trabalhadores em geral. Direcionamento a entidades beneficentes de colocação de menores aprendizes e deficientes físicos no mercado de trabalho e outro organismos sociais diretamente ligados à preocupação com a concretização de direitos sociais dos trabalhadores são, aí sim, como exemplo, além do FAT instituições adequadas ao direcionamento de valores, como resposta social.

Alguns arestos podem servir para contextualizar a questão das ofensas a direitos metaindividuais dos trabalhadores e a compensação por meio de danos morais coletivos:

> **Recurso de Revista. Ação Civil Pública... Dano Moral Coletivo. Dano – in re ipsa –. ...** Demonstrada a conduta ilegal da instituição bancária, ao não emitir a CAT em caso de diagnóstico de DORT/LER ou mera suspeita, bem como, ao dispensar empregados acometidos ou com suspeita da doença laboral, o dano moral coletivo ocorre – *in re ipsa* –, ou seja, decorre da própria conduta lesiva do empregador ao descumprir normas de proteção à saúde de seus empregados. Trata-se de circunstância em que não se cogita de prova do prejuízo para a coletividade de empregados do estabelecimento bancário, considerando que o dano se evidencia da ocorrência do próprio fato em si, passível de comprovação. Violação dos arts. 186 e 927 do Código

Civil, que não se configura... (RR-9890500-89.2004.5.09.0007, relator Ministro: Walmir Oliveira da Costa, j.: 9/10/2013, 1ª Turma, Data de Publicação: 18/10/2013).

... **B) Recurso de Revista. 1. Dano Moral Coletivo. Descumprimento de Obrigações Trabalhistas. Normas Relacionadas à Saúde e Segurança do Trabalho. ...** está comprovado que a ora recorrente incorreu em conduta prejudicial aos seus empregados, ao descumprir as normas referentes à segurança e à medicina do trabalho, porquanto não observou o limite máximo de jornada de trabalho em turnos ininterruptos de revezamento, bem como não concedeu regularmente os intervalos intrajornada e interjornada e o descanso semanal remunerado, e ainda adotou regime de compensação de jornada sem observar os requisitos legais. Ora, aquele que por ato ilícito causar dano, ainda que exclusivamente moral, fica obrigado a repará-lo. Assim, demonstrado que a recorrente cometeu ato ilícito, causando prejuízos a um certo grupo de trabalhadores e à própria ordem jurídica, não merece reparos a decisão proferida pela instância ordinária que a condenou a indenizar os danos morais coletivos. Recurso de revista conhecido e não provido... (RR - 922-28.2011.5.23.0022, relatora Ministra: Dora Maria da Costa, j.: 9/10/2013, 8ª Turma, Data de Publicação: 11/10/2013).

... **C) Recurso de Revista do MPT. Ação Civil Pública. Terceirização Ilícita. Patamar Civilizatório Mínimo Instituído pela Ordem Jurídica Constitucional do Brasil (Arts. 1º, III e IV, 3º I, III e IV, e 170, Caput. da CF). Indenização por Dano Moral Coletivo. ...** Nessa moldura lógica e sistemática da Constituição, não cabem fórmulas de utilização do trabalho que esgarcem o patamar civilizatório mínimo instituído pela ordem jurídica constitucional e legal do país, reduzindo a valorização do trabalho e do emprego, exacerbando a desigualdade social entre os trabalhadores e entre este e os detentores da livre iniciativa, instituindo formas novas e incontroláveis de discriminação, frustrando o objetivo cardeal de busca do bem-estar e justiça sociais. Para a Constituição, em consequência, a terceirização sem peias, sem limites, não é compatível com a ordem jurídica brasileira. As fronteiras encontradas pela experiência jurisprudencial cuidadosa e equilibrada para a prática empresarial terceirizante, mantendo esse processo disruptivo dentro de situações manifestamente delimitadas, atende o piso intransponível do comando normativo constitucional. Nessa linha, posiciona-se a Súmula n. 331 do TST, não considerando válidas práticas terceirizantes fora de quatro hipóteses: trabalho temporário (Lei nº 6.010/1974); serviços de vigilância especializada (Lei nº 7.102/1983); serviços de conservação e limpeza (Súmula n. 331, III); serviços ligados à atividade-meio do tomador (Súmula n. 331, III) ... Portanto, a utilização da terceirização ilícita implica afronta aos princípios e regras essenciais que regem a utilização da força do trabalho no País. Nesse sentido, o fenômeno extrapola o universo dos trabalhadores diretamente contratados de forma irregular para produzir impacto no universo social mais amplo, atingindo uma gama expressiva de pessoas e comunidades circundantes à vida e espaço laborativos. A lesão extrapola os interesses dos trabalhadores irregularmente terceirizados pelo BDMG para alcançar os trabalhadores em caráter amplo, genérico e massivo. Nesse contexto, configura-se o dano moral coletivo. Recurso de revista conhecido e provido. (ARR - 521-29.2011.5.03.0105, relator Ministro: Mauricio Godinho Delgado, j: 28/08/2013, 3ª Turma, Data de Publicação: 30/08/2013).

**Recurso de Revista Interposto pelo Ministério Público do Trabalho da 3ª Região. Dano Moral Coletivo. Reparação. Possibilidade. Ação Civil Pública. Assinatura de Recibos Salariais em Branco.** Resta delineado nos autos que a postura da empresa, em exigir de seus empregados a assinatura de recibos salariais em branco, atenta contra a ordem jurídica trabalhista. A ação civil pública buscou reverter o comportamento da empresa, na prática de lides simuladas, com o fim de prevenir lesão a direitos sociais indisponíveis dos trabalhadores. Incontroverso o uso da justiça do trabalho como órgão homologador de acordos, verifica-se lesão à ordem jurídica, a possibilitar a aplicação de multa em razão do dano já causado à coletividade. Tal cominação não impede que o dano moral coletivo, infligido em face da prática lesiva, seja reparado, com multa a ser revertida ao Fundo de Amparo ao Trabalhador. Recurso de revista conhecido e provido. (RR - 1347-54.2011.5.03.0073, relator Ministro: Aloysio Corrêa da Veiga, j.: 28/08/2013, 6ª Turma, Data de Publicação: 30/08/2013).

**... II - Recurso de Revista. Terceirização Ilícita. Cooperativa. Fraude. Dano Moral Coletivo. Configuração.** 1.1. A terceirização ilícita por meio de falsas cooperativas gera lesão a direitos individuais homogêneos, coletivos e difusos. Suas consequências extrapolam a esfera individual dos envolvidos e repercutem nos interesses extrapatrimoniais da coletividade, fazendo exsurgir o dano moral coletivo. 1.2. O dano moral coletivo verifica-se a partir do próprio fato proibido (dano *in re ipsa*), sendo inexigível a sua comprovação. 1.3. A indenização do dano extrapatrimonial não se confunde com a multa coercitiva para o cumprimento de obrigação de não fazer. Os institutos possuem finalidades distintas e beneficiários diversos. Devem ser utilizados como mecanismos complementares, em especial, na hipótese em que a simples fixação de obrigação de não fazer revela-se como uma resposta de fraca força persuasiva do ordenamento jurídico, de forma a impedir que o custo econômico da violação se incorpore no sistema produtivo da empresa e permita a reiteração do ilícito. Recurso de revista conhecido e provido. (RR - 4800-66.2009.5.02.0231, relator

Ministro: Alberto Luiz Bresciani de Fontan Pereira, j.: 26/06/2013, 3ª Turma, Data de Publicação: 1º/07/2013).

**... 3. Dano Moral Coletivo. Instituição Bancária. Descumprimento de Lei Estadual. Instalação de Portas de Segurança. Responsabilidade Civil Objetiva Decorrente de Atividade de Risco.** 3.1. Nos termos do art. 186 do novo Código Civil, – aquele que, por ação ou omissão voluntária, negligência ou imprudência, violar direito e causar dano a outrem, ainda que exclusivamente moral, comete ato ilícito –. Por sua vez, o art. 927 do mesmo diploma legal disciplina que – aquele que, por ato ilícito, causar dano a outrem, é obrigado a repará-lo –, e, em seu parágrafo único preconiza que – haverá obrigação de reparar o dano, independentemente de culpa, nos casos especificados em lei, ou quando a atividade normalmente desenvolvida pelo autor do dano implicar, por sua natureza, risco para os direitos de outrem –. 3.2. À proporção em que assaltos se tornam ocorrências frequentes, adquirem *status* de previsibilidade para aquele que explora a atividade econômica, incorporando-se ao risco do negócio (fortuito interno), cujo encargo é do empregador (art. 2º da CLT). A realidade de violência que assola o Brasil atrai para a esfera trabalhista a responsabilidade civil objetiva da instituição bancária, em face da atividade de risco desempenhada pelos seus funcionários, quase que rotineiramente submetidos a atos violentos de terceiros. Incidência da cláusula geral de responsabilidade objetiva positivada no parágrafo único do art. 927 do Código Civil. Na linha da teoria do ***danum in re ipsa***, não se exige que o dano moral seja demonstrado: decorre, inexoravelmente, da gravidade do fato ofensivo que, no caso, restou materializado pelo descumprimento, por mais de quinze anos, da Lei nº 11.571/1996, que obriga a instalação de portas de segurança nas instituições bancária do Estado do Paraná, expondo os funcionários a ações criminosas e neles incutindo sentimento de insegurança, medo e aflição. Recurso de revista não conhecido. (RR - 1318-56.2011.5.09.0325, relator Ministro: Alberto Luiz Bresciani de Fontan Pereira, j.: 19/06/2013, 3ª Turma, Data de Publicação: 1º/07/2013).

**Recurso de Revista. Dano Moral Coletivo. Descumprimento de Obrigações Trabalhistas. Normas de Segurança do Trabalho.** Consoante registrou o Tribunal *a quo*, está comprovado que a ora recorrente incorreu em conduta prejudicial aos seus empregados, ao descumprir as normas referentes à segurança e à medicina do trabalho. Ora, aquele que por ato ilícito causar dano, ainda que exclusivamente moral, fica obrigado a repará-lo. Assim, demonstrado que a recorrente cometeu ato ilícito, causando prejuízos a um certo grupo de trabalhadores e à própria ordem jurídica, não merece reparos a decisão proferida pela instância ordinária que a condenou a indenizar os danos morais coletivos. Recurso de revista conhecido e não provido. (RR - 15500-56.2010.5.17.0132, relatora Ministra: Dora Maria da Costa, j.: 12/06/2013, 8ª Turma, Data de Publicação: 14/06/2013).

**Recurso de Revista.** 1) Aplicação de Multa por Descumprimento de Obrigação de Não Fazer: Abster-se de Utilizar Empregado do Setor Administrativo ou Burocrático para Transporte de Valores. Valor Fixado com Razoabilidade. Não foram demonstrados quaisquer dos pressupostos do art. 896 da CLT, quanto aos temas, consoante os fundamentos expostos pelo primeiro juízo de admissibilidade da revista, que são adotados como razões de decidir para deixar de conhecer do apelo. Recurso de revista não conhecido no particular. 2) Ação Civil Pública. Caracterização de Dano Moral Coletivo. Transporte de Valores por Empregados Não Capacitados para a Atividade. A ação civil pública, prevista na Lei nº 7.347/1985, é instrumento de defesa de direitos e interesses metaindividuais. O próprio Código de Defesa do Consumidor (art. 81, inciso III) prevê o cabimento de ações coletivas para salvaguardar direitos ou interesses individuais homogêneos, que são, segundo o STF, subespécie de direitos coletivos e decorrem de uma origem comum. Será cabível a ação civil pública na esfera trabalhista quando se verificar lesão ou ameaça a direito difuso, coletivo ou individual homogêneo decorrente da relação de trabalho, consubstanciando tal ação coletiva um mecanismo de proteção dos direitos sociais constitucionalmente garantidos. No caso concreto, os interesses defendidos pelo Parquet ultrapassam a esfera individual, sendo coletivos e mesmo difusos (art. 83, III, LC 75/1993; art. 81, I e II, CDC), já que se relacionam à alegada prática empresarial consistente na ilegalidade de incumbir a empregados burocráticos o transporte de valores, função para a qual não foram preparados nem habilitados, sendo própria dos vigilantes. Nesse contexto, a prática da Reclamada contrapõe-se aos princípios basilares da nova ordem constitucional, mormente àqueles que dizem respeito à proteção da dignidade humana e da valorização do trabalho humano (art. 1º, III e IV, da CR/88) e à isonomia de tratamento (art. 5º, *caput*, da CR/88), sendo forçoso restabelecer a sentença, mediante a qual o Réu foi condenado ao pagamento de indenização por dano moral coletivo... (RR - 37400-38.2010.5.23.0000, relator Ministro: Mauricio Godinho Delgado, j.: 29/05/2013, 3ª Turma, Data de Publicação: 7/06/2013).

# A QUESTÃO DA NÃO COMPENSAÇÃO ENTRE DANO EXTRAPATRIMONIAL E SEGUROS DE RESPONSABILIDADE CIVIL E BENEFÍCIO PREVIDENCIÁRIO CONTRA ACIDENTES NO TRABALHO E DOENÇAS PROFISSIONAIS

Cuida-se de questão ainda em aberto na jurisprudência trabalhista, que entende que o benefício previdenciário (seguro obrigatório) para efeito de acidentes do trabalho tem natureza distinta da indenização por responsabilidade civil e assim exclui a compensação de valores de danos materiais.

De igual sorte, veda essa compensação da indenizaão paga pelo empregador a título de responsabilização civil também com a indenização securitária privada pela morte e acidentes pessoais decorrentes do exercício do trabalho.

Independentemente da condição de segurado obrigatório para efeitos previdenciários por força do contrato de trabalho, deveria ser obrigação legal do empregador fazer seguro em benefício do trabalhador contra danos materiais e morais decorrentes do trabalho em valores proporcionais ao porte da empresa e tipo de trabalho executado.[72]

Esse tipo de obrigação consta, por exemplo, do art. 45 da Lei nº 9.615/1998 em relação aos atletas profissionais, *verbis*:

> As entidades de prática desportiva são obrigadas a contratar seguro de vida e de acidentes pessoais, vinculado à atividade desportiva, para os atletas profissionais, com o objetivo de cobrir os riscos a que eles estão sujeitos.

Uma vez estabelecido o seguro, com responsabilidade subdiária da empresa pelo pagamento do prêmio na ocorrência de sinistro, restaria devida apenas a complementação, nos casos em que a Justiça decidisse um valor maior para o dano experimentado.

Por um lado, as empresas se adequariam às exigências impostas pelas companhias de seguros quanto à estrutura organizacional da empresa ou elas cobrariam a título de seguro valores mais altos e certamente não compensatório para a maioria das empresas, pela assunção do risco.

Por outro, as ações judiciais e a jurisprudência teriam maior foco nas medidas administrativas de prevenção e sancionamento das irregularidades.

---

[72] Até mesma a cobertura securitária do pagamento dos direitos rescisórios deveria ser obrigação legal.

PARTE II – ITÁLIA

# O DANO EXTRAPATRIMONIAL NO SISTEMA JURÍDICO TRABALHISTA ITALIANO

Giuseppe Ludovico

# A EVOLUÇÃO HISTÓRICA GERAL DO DANO EXTRAPATRIMONIAL: DO DANO MORAL SUBJETIVO NO ART. 2.059 DO CÓDIGO CIVIL AO RECONHECIMENTO DO DANO BIOLÓGICO NO ART. 2.043 DO CÓDIGO CIVIL

No âmbito do direito do trabalho italiano, os danos extrapatrimoniais tiveram inicialmente um desenvolvimento muito limitado em contradição com a particularidade do contrato do trabalho que, em razão do envolvimento da pessoa do trabalhador no cumprimento da obrigação, deveria ser ao contrário um *"ponto de observação muito especial e privilegiado*”[73]. Em verdade, no começo do século passado o Lodovico Barassi já percebeu que entre as obrigações contratuais do empregador deveria ser incluída a de preservar o trabalhador contra os riscos ligados à atividade laboral garantindo “*um ambiente saudável inclusive moralmente*”[74].

A elaboração do dano não patrimonial no direito trabalhista em todo caso deve ser encaixada no contexto da mais geral evolução desta temática no âmbito da responsabilidade civil. Com efeito, sempre foi negada a configuração no âmbito trabalhista de danos ulteriores e diversos do que o direito civil, sendo assim necessário olhar na evolução do dano no sistema geral da responsabilidade civil para compreender a temática particular do dano não patrimonial no direito do trabalho.

Para compreender essa evolução é necessário começar a analisar o artigo fundamental do Código Civil italiano em tema de responsabilidade civil: o art. 2043.

Essa previsão dispõe que “*Qualquer ato doloso ou culposo que ocasione a outrem um prejuízo injusto obriga aquele que o praticou a indenizar o prejuízo*”.

Em coerência com a doutrina anterior que se desenvolveu na vigência do Código Civil de 1865[75], o artigo 2043 do Código Civil atual foi interpretado por muito tempo no sentido de que o critério da “injustiça” deveria ser o requisito fundamental do dano indenizável,

---

[73] Assim, MONTUSCHI, Luigi. Problemi del danno alla persona nel rapporto di lavoro. *Rivista Italiana di Diritto del Lavoro*, n. I, p. 322, 1994; MONTUSCHI, Luigi. Il risarcimento dei danni non patrimoniali: “personalizzare” si può. *Rivista Italiana di Diritto del Lavoro*, p. 901 ss, 2009.

[74] BARASSI, Lodovico. *Il contratto di Lavoro nel Diritto Positivo Italiano*, I. Milão: Società Editrice Libraria, 1915, p. 657.

[75] SFORZA, Widar Cesarini. Risarcimento e sanzione. In: Aa.Vv. *Scritti Giuridici in Onore di Santi Romano*. Padua: Cedam, 1940, pp. 149 ss.

identificando o conceito do dano com a antijuridicidade do fato lesivo[76]. Nessa perspectiva, o conceito da injustiça previsto pelo artigo 2043 não foi associado ao dano, mas ao fato lesivo mesmo[77], isso interpretado como um fato contrário à ordem jurídica[78].

O significado do dano foi assim identificado com os efeitos da violação dos direitos subjetivos patrimoniais dentro de uma visão que consagrava a centralidade do direito de propriedade[79].

Essa visão, em verdade, parecia ter sido confirmada pela impostação do Código Civil no qual o artigo 2043 se refere somente ao dano patrimonial, enquanto a indenização dos danos "morais" é limitada pelo artigo 2059 "*apenas nos casos previstos pela lei*" e isso foi interpretado como uma limitação da indenização aos casos de delito em razão da referência do artigo 2059 ao artigo 185 do Código Penal[80]), e nos limites do sofrimento provocado pelo crime[81].

---

[76] VISINTINI, Giovanna. Itinerario dottrinale sulla ingiustizia del danno. *Contratto e Impresa*, pp. 73 ss., 1987; CASTRONOVO, Carlo. *La Nuova Responsabilità Civile*. Milão: Giuffrè, 2006, pp. 24 ss.

[77] Cfr. D'ANTONIO, Virgilio. *Il danno ingiusto*. In: STANZIONE, Pasquale (coord.). *Trattato della Responsabilità Civile*. Padua: Cedam, 2012, pp. 88 ss.; NAVARRETTA, Emanuela. *Il Danno Ingiusto*. LIPARI, Nicolò; RESCIGNO, Pietro (coords.). *Diritto Civile. Attuazione e Tutela dei Diritti*. La responsabilità e il danno. Milano: Giuffrè, 2009, pp. 137 ss.; ASTONE, Maria. *Art. 2059. Danni non patrimoniali*. In: BUSNELLI, Francesco Donato (coord.). *Il Codice Civile Commentario*. Milano: Giuffrè, 2012, pp. 32 ss.

[78] SALVI, C. voce Responsabilità extracontrattuale (Diritto vigente). In: *Enciclopedia del Diritto*, XXIX. Milano: Giuffrè, 1988, pp. 1223 ss.

[79] SCHLESINGER, Piero. La "ingiustizia" del danno nell'illecito civile. *Jus*, pp. 338 ss., 1960; FRANZONI, Massimo. *Colpa Presunta e Responsabilità del Debitore*. Pádua: Cedam, 1988, pp. 54 ss.

[80] Patrizia Ziviz, *Il danno non patrimoniale. Evoluzione del sistema risarcitorio*, p. 22; Adriano De Cupis, *Il danno*. Milano: Giuffrè, 1979, pp. 217 ss.; Emanuela Navarretta, *Diritti inviolabili e risarcimento del danno*. Turim: Giappichelli, 1996, pp. 326 ss.

[81] Por uma reconstrução histórica ver BONILINI, Giovanni. *Il Danno non Patrimoniale*. Milão: Giuffrè, 1983, pp. 83 ss.; Maria Astone, op. cit., pp. 51 ss.

Por muito tempo, também, a indenização dos danos extrapatrimoniais no âmbito contratual foi excluída em razão de uma visão que limitava a indenizabilidade desse tipo de dano exclusivamente à da responsabilidade aquiliana[82]. Essa visão se baseava no mesmo artigo 2059 que se refere apenas à responsabilidade extracontratual[83], mas também no artigo 1174 do Código Civil, intitulado *"Caráter patrimonial da prestação"*, o qual prevê que o conteúdo da obrigação contratual deve ser passível de *"avaliação econômica"*, deixando entender que os interesses dos contraentes devam ter a mesma natureza, excluindo desta forma os interesses não patrimoniais[84]. No mesmo sentido, o artigo 1223 do Código Civil que limita a indenização do dano por inadimplemento à *"perda"* e ao *"lucro cessante"* do credor[85], confirmando, assim, a natureza somente patrimonial do dano indenizável.

Como dito anteriormente, foi somente a partir das décadas de 1950 e 1960, que, num período de profundas mudanças sociais e econômicas, a doutrina italiana começou a elaborar uma visão mais ampla do conceito de injustiça do artigo 2043[86]. Este resultado

---

[82] Para uma análise do debate geral ver: ZIVIZ, Patrizia. *I Danni non Patrimoniali*. Turim: Utet, 2012, p. 559 ss.; NAVARRETTA, Emanuela; POLETTI, Dianora. Il danno non patrimoniale e la responsabilità contrattuale. In: NAVARRETTA, Emanuela (coord.). Il Danno non Patrimoniale. Principi, regole e tabelle per la liquidazione. Milano: Giuffrè, 2010, p. 51 ss.; ZENO-ZENCOVICH, Vincenzo. Danni non patrimoniali e inadempimento. In: VISINTINI, Giovanni (coord.). Risarcimento del Danno Contrattuale ed Extracontrattuale. Milano: Giuffrè, 1984, p. 109 ss.

[83] Giovanni Bonilini, op. cit., p. 231.

[84] CUPIS, Adriano de. *Il Danno.* Teoria generale della responsabilità civile. Milano: Giuffrè, 1946, p. 129 ss.; RAVAZZONI, Alberto. *La Riparazione del Danno non Patrimoniale*. Milano: Giuffrè, 1962, p. 228 ss.

[85] Assim Corte de Cassação 5 de fevereiro de 2000, n. 1307, em *Orientamenti della Giurisprudenza del Lavoro,* 2000, p. 95 ss., com meu comentário.

[86] Em geral DOGLIOTTI, Massimo; FIGONE, Alberto. L'ingiustizia del danno: la prospettiva storica. In: CENDON, Paolo. (coord.). *La Responsabilità Civile*, Vol. VIII. Turim: Utet, 1998, pp. 3 ss.; CINELLI,

foi conseguido graças especialmente às releituras do artigo 2043 propostas por Busnelli, Scognamiglio e Rodotà[87], que chamaram atenção sobre as contradições da leitura tradicional com o objetivo de colocar o sistema da responsabilidade civil dentro da perspectiva constitucional de acordo com o artigo 32[88], que consagra a saúde como direito fundamental da pessoa[89].

Nessa perspectiva a distinção entre danos patrimoniais e não patrimoniais nos termos, respetivamente, dos artigos 2043 e 2059, passou por um processo de revisão crítica, que recusou esta divisão perante a definição ampla e indiferenciada de dano utilizada pelo artigo 2043[90]. Foi proposta, assim, uma distinção diferente entre o dano do artigo 2043 e o dano "moral" do artigo 2059, referindo o primeiro a qualquer prejuízo, patrimonial e não patrimonial, caraterizado pelo requisito da injustiça e o segundo como mero sofrimento indenizável apenas no caso de delito[91]. Esta tese foi direcionada claramente para a aplicação do artigo 2059 somente aos danos morais no sentido

---

Maurizio. Il danno non patrimoniale alla persona del lavoratore: un excursus su responsabilità e tutele. In: AA.VV. *Il Danno alla Salute del Lavoratore*. Milano: Giuffrè, pp. 2 ss.

[87] Cf., em particular, BUSNELLI, Francesco Donato. *La Lesione del Credito da Parte di Terzi*. Milão: Giuffrè, 1964; RODOTÀ, Stefano. *Il Problema della Responsabilità Civile*. Milão: Giuffrè, 1964; SCOGNAMIGLIO, Renato. Il danno morale (Contributo alla teoria del danno extracontrattuale). *Rivista di Diritto Civile*, I, pp. 292 ss., 1957; SCOGNAMIGLIO, Renato. Appunti sulla nozione di danno. *Rivista Trimestrale di Diritto e Procedura Civile*, pp. 468, 1969.

[88] "A República protege a saúde como um direito fundamental do indivíduo e do interesse da comunidade".

[89] Sobre o ponto em geral, POLI, Davide. O dano não patrimonial no Código Civil de 1942: O requisito da injustiça do dano ressarcível no art. 2043 c.c.. In: LUDOVICO, Giuseppe; BORSIO, Marcelo; MELO, Raimundo Simão de. (coord.). *Dano Extrapatrimonial no Direito do Trabalho e Previdenciário*. Uma comparação entre ordenamentos italiano e brasileiro. Belo Horizonte: RTM, 2019, pp. 43 ss.

[90] SCOGNAMIGLIO, Renato. Il Danno Morale (Contributo alla teoria del danno extracontratuale), cit., pp. 280 ss.

[91] RAVAZZONI, Alberto, op. cit., p. 94.

do mero sofrimento, excluindo a condição penal do delito para a indenização dos demais danos não patrimoniais[92].

Por conseguinte, a partir dos anos de 1970, a jurisprudência começou a aplicar as indicações da doutrina, revisando profundamente os critérios de avaliação dos danos à pessoa. Em particular, algumas sentenças do Tribunal de Génova começaram no âmbito dos acidentes causados pelo trânsito rodoviário a reconhecer às vítimas as indenizações para ressarcir o dano à integridade psicofísica da pessoa em si considerada, independentemente da capacidade de ganho[93]. Ao contrário do período anterior[94] o dano à integridade psicofísica começou a ser calculado em razão de critérios igualitários, sendo a saúde um direito que concerne da mesma forma a cada pessoa. Foi assim que começou a surgir pela primeira vez na Europa o conceito do "dano biológico"[95], entendido pela jurisprudência como uma nova categoria de dano "injusto" indenizável nos termos do artigo

---

[92] ASTONE, Maria, op. cit., p. 58-59.

[93] Foi o Tribunal de Génova que inaugurou com numerosas decisões entre 1974 e 1977 essa nova perspectiva. A primeira decisão nesse sentido foi Tribunal de Génova, 25 de maio de 1974, em Giurisprudenza italiana, 1975, I, p. 54 ss. Para uma análise dessa jurisprudência, ver ALPA, Guido. Il Danno Biologico. Padua: Cedam, 1993, p. 143 ss.

[94] Na prática estabelecida até meados dos anos de 1970, a compensação por dano pessoal era calculada usando principalmente as Tabelas do fundo nacional dos seguros sociais, aprovadas com R.D. de 9 de outubro de 1922, n. 1403; essas Tabelas, ao calcular a eventual renda vitalícia devida à pessoa lesada, levaram em conta a idade, a percentagem de invalidez e a renda no momento do acidente.

[95] Em geral sobre o dano biológico e sem pretensão de completude, ALPA, Guido. Danno "biológico" e diritto alla salute davanti alla Corte Costituzionale. Giurisprudenza Italiana, n. I, p. 9 ss., 1980; BESSONE, Mario; ROPPO, Vincenzo. Garanzia Costituzionale del diritto alla salute. Giurisprudenza di Merito, IV, p. 3 ss., 1975; BUSNELLI, Francesco Donato. Problemi di inquadramento sistematico del danno alla persona. Rivista Critica di Diritto Privato, p. 27 ss., 1987; BUSNELLI, Francesco Donato. La parabola della responsabilità civile. Rivista Critica di Diritto Privato, p. 643 ss., 1988; CASTRONOVO, Carlo. "Danno biologico" senza miti. Rivista Critica di Diritto Privato, p. 3 ss., 1988; CASTRONOVO, Carlo. Danno Biologico. Un itinerario giurisprudenziale. Milano: Giuffrè,1998; FRANZONI, M. Il Danno alla Persona. Milano: Giuffrè,1995; PONZANELLI, Giulio. Danno non patrimoniale e danno alla salute: due sentenze della Corte Costituzionale. Responsabilità Civile e Previdenza, p. 698 ss, 1979.

2043 do Código Civil, mas uma categoria diferente tanto do dano patrimonial correspondente aos danos emergentes e lucros cessantes, bem como do dano não patrimonial interpretado tradicionalmente como dano moral, ou seja, o simples sofrimento provocado pelo delito e indenizável nos termos do artigo 2059 do Código Civil.

Em poucas palavras, essas decisões dos anos de 1970 adotaram a mesma leitura elaborada pela doutrina na década de 1950[96] no sentido de que o artigo 2043 do Código Civil, reconhecendo a indenização do dano à pessoa provocado pelo fato doloso ou culposo, limita-se a definir "injusto" o dano indenizável, sem referência alguma à sua natureza patrimonial.

O dano biológico surgiu, portanto, ao mesmo tempo como critério de liquidação e como tipo de dano[97], superando a perspectiva tradicional do Código Civil focada na consideração privilegiada dos interesses econômicos da vítima.

Na perspectiva do dano biológico é o valor do homem em todas as suas partes, independentemente da sua capacidade de renda, que representa por si só o fundamento do mecanismo indenizatório, e isso em coerência com o artigo 32 da Constituição. Conforme a expressão utilizada pela doutrina, o dano biológico representou o resultado de um processo chamado de *"revolucionário"*[98], ou seja, *"uma espécie de "reforma passiva, sem a intervenção do legislador"*[99].

---

[96] SCOGNAMIGLIO, Renato. op. cit..

[97] Neste sentido, ALPA, Guido, *Il Danno Biologico*, cit., p. 3.

[98] Assim BUSNELLI, Francesco Donato. Problemi di Inquadramento Sistematico del Danno alla Persona, cit., p. 28.

[99] PEDRAZZOLI, Marcello. Lesione di beni della persona e risarcibilità del danno nei rapporti di lavoro. *Giornale di Diritto del Lavoro e Relazioni Industriali*, p. 271, 1995.

Essa revolução *"copernicana"*[100] foi possível por mérito de uma releitura em sentido não exclusivamente patrimonial do artigo 2043, mas sobretudo graças à teoria da *Drittwirkung* alemã[101], que, consagrando a eficácia imediata e direta dos direitos constitucionais nas relações contratuais, permitiu de interpretar o direito constitucional à saúde como um instrumento de integração da lei[102], impondo dessa forma a necessária adequação das regras da responsabilidade civil ao princípio fundamental consagrado pelo artigo 32 da Constituição[103].

Nessa perspectiva, o direito constitucional à saúde do artigo 32 coloca-se dentro de um projeto unitário em continuidade com o princípio da solidariedade consagrado pelo artigo 2 da Constituição[104] e com os limites impostos à atividade empresarial nos termos dos segundo e terceiro parágrafos do artigo 41 da Constituição[105]. Desta forma, o direito à saúde deixa de representar uma mera posição

---

[100] BUSNELLI, Francesco Donato op. cit., p. 28; MONTUSCHI, Luigi. *Problemi del Danno alla Persona nel Rapporto di Lavoro,* cit., pp. 317 ss.

[101] Assim, BARILE, Paolo. *La costituzione come norma giuridica.* Firenze: Barbera, 1951; PALADIN, Livio. Giurisprudenza costituzionale di rilievo privatistico. *Rivista Trimestrale di Diritto e Procedura Civile,* pp. 358 ss., 1958; RODOTÀ, Stefano. op. cit., pp. 102 ss.

[102] BARBERA, Augusto. *Commento all'art. 2, Cost.*. In: BRANCA, Giuseppe (coord.). *Commentario alla Costituzione.* Bologna-Roma: Zanichelli-Il Foro Italiano, 1975, p. 50 ss.; SMURAGLIA, Carlo. Il problema della salute e della integrità fisica dei lavoratori nella L. 20 maggio 1970, n. 300. *Rivista Giuridica del Lavoro*, p. 189 ss, 1971.

[103] FRANCO, Massimiliano. Diritto alla Salute e Responsabilità Civile del Datore di Lavoro. Milão: F. Angeli, 1985, p. 13.

[104] "A República reconhece e garante os direitos invioláveis do homem, tanto como indivíduo como em formações sociais onde sua personalidade se realiza, e exige o cumprimento dos deveres obrigatórios de solidariedade política, econômica e social".

[105] "[A atividade empresarial] não pode ser realizada em contraste com a utilidade social ou de forma a prejudicar a segurança, a liberdade e a dignidade humana. A lei determina os programas e controles apropriados para que a atividade econômica pública e privada possa ser dirigida e coordenada para fins sociais".

contra os órgãos do Estado, assumindo uma eficácia *erga omnes*[106] tanto em face aos poderes públicos quanto perante todos os cidadãos que têm de respeitar esse direito não somente na vida ordinária, mas também nas relações econômicas e contratuais[107].

A Corte de Cassação, com uma série de decisões tomadas na primeira metade dos anos de 1980, apoiou o caminho traçado pela jurisprudência genovesa, adotando a noção de dano biológico proposta pelos juízes genoveses e colocando expressamente esse tipo de dano no artigo 2043 do Código Civil[108].

O enquadramento do dano biológico no artigo 2043 do Código Civil foi depois consagrado pela Corte Constitucional com uma decisão famosa que representa uma etapa fundamental da história do dano extrapatrimonial.

Com a sentença de 14 de julho de 1986, nº 184[109], a Corte Constitucional reconheceu a nova figura do dano biológico como prejuízo à integridade física e mental da pessoa, independentemente da sua capacidade de trabalho, cujo fundamento é o direito fundamental à saúde consagrado no artigo 32 da Constituição[110]. Excluindo a ilegitimidade do artigo 2059, a Corte confirmou a interpretação

---

[106] Cf. MORTATI, Costantino. La tutela della salute nella Costituzione italiana. *Rivista degli Infortuni e delle Malattie Professionali*, I, p. 1 ss, 1961.

[107] Para uma análise geral do debate doutrinal, ver LATTANZIO, Filippo. A superação da perspectiva tradicional: a elaboração e afirmação do dano biológico no contexto do art. 2043 do Código Civil. In: LUDOVICO, Giuseppe; BORSIO, Marcelo; MELO, Raimundo Simão de (coord.), op. cit., p. 51 ss.

[108] *Ex plurimis* Corte de Cassação, 6 de junho de 1981, n. 3675, em *Foro Italiano*, I, c. 1884 ss., 1981; Corte de Cassação, 6 de abril de 1983, n. 2396, em *Giurisprudenza Italiana*, I, c. 537 ss., 1984; Corte de Cassação, 14 de abril de 1984, n. 2422, em *Responsabilità Civile e Previdenza*, p. 333 ss., 1984; Corte de Cassação, 20 de agosto de 1984, n. 4661; Corte de Cassação, 26 de novembro de 1984, n. 6134, em *Rivista Giuridica del Lavoro*, II, p. 689 ss., 1985; Corte de Cassação, 11 de fevereiro 1985, n. 1130; Corte de Cassação 16 de janeiro de 1985, n. 102.

[109] em *Foro Italiano*, I, c. 2053, 1986, com comentário de Giulio Ponzanelli.

[110] CASTRONOVO, Carlo. op. ult. cit., pp. 7 ss.

constitucionalmente orientada do artigo 2043 que, em conjugação com o artigo 32 da Constituição, se torna aplicável também aos danos à pessoa de natureza não patrimonial.

Pode ser interessante aprofundar brevemente o conteúdo dessa sentença. Partindo das premissas que o artigo 2059 do Código Civil deve ser limitado ao dano moral subjetivo, ou seja, ao sofrimento provocado pelo crime, e que o dano à saúde não pode sofrer limitações devido à sua natureza fundamental, a Corte Constitucional se perguntou se fosse possível encontrar alguma "norma adequada" a garantir a indenização da lesão à saúde nos casos em que não seja configurável um crime. Em caso contrário, segundo a Corte, surgiria um problema de constitucionalidade do mesmo artigo 2059 por violação do artigo 32 da Constituição.

A "norma idônea" foi encontrada no artigo 2043, que, não obstante finalizado a sancionar as consequências patrimoniais do fato ilícito, foi "adaptado" para a indenização do dano à saúde em conformidade com o artigo 32 da Constituição. Na visão da Corte Constitucional, o artigo 2043 seria uma espécie de "*norma em branco*", em que "*a ilicitude objetiva do fato, que condiciona o surgimento da obrigação indenizatória, é indicada unicamente pela ´injustiça´ do dano produzido por ilícito*".

Nesse sentido, a legitimidade constitucional do artigo 2059 foi confirmada e por meio de uma operação de "*refinada e complexa engenharia jurídica*"[111] foram consagradas a construção da categoria do dano biológico e a sua colocação no âmbito da responsabilidade por fato ilícito do artigo 2043 do Código Civil.

[111] Assim, MONTUSCHI, Luigi, op. cit., p. 320.

Ao êxito de seu processo de afirmação, portanto, o dano biológico foi configurado como um *tertium genus* de dano, distinto do dano patrimonial e do dano moral, e esta solução foi criticada por muito tempo por aqueles que não consideravam possível fugir do dualismo entre o dano patrimonial e não patrimonial[112].

Além disso, um dos trechos mais debatidos da sentença nº 184 de 1986 foi aquele em que a Corte Constitucional adotou a artificiosa distinção entre "*o evento do fato lesivo*" e as suas "*consequências danosas*", qualificando o dano à saúde como "*dano-evento*" diferentemente do dano moral colocado na categoria de "*dano-consequência*".

Nessa perspectiva, a lesão da integridade psicofísica constituiria o evento causado pelo ilícito, enquanto as outras tipologias de dano representariam sua consequência. Em outras palavras, a indenizabilidade da lesão da saúde existiria independentemente do fato que a lesão tivesse provocado uma perda efetiva, com a consequência de que a ser indenizado não seria o dano em si, mas a lesão mesma do interesse constitucionalmente tutelado.

Em verdade, essa distinção entre dano-evento e dano-consequência – como vamos a ver – foi fortemente criticada por uma parte da doutrina e será rejeitada em seguida pela mesma Corte Constitucional[113] e as Seções Unidas da Cassação[114] que reconhecerão que o ilícito afigura-se na medida em que existe um dano e não o

---

[112] Nesse sentido, BUSNELLI, Francesco Donato, op. ult. cit., p. 27 ss. e CASTRONOVO, Carlo. "Danno biologico" senza miti, cit.

[113] Corte Constitucional 27 de outubro de 1994, n. 372, em *Giustizia Civile*, p. 3029, 1994.

[114] Corte de Cassação, Seções Unidas, 24 de março de 2006, n. 6572, em *Rivista Italiana di Diritto del Lavoro*, n. II, p. 696, 2006, com anotações de Renato Scognamiglio.

contrário[115]. É a injustiça do dano, em poucas palavras, que qualifica o ato como ilícito, com a consequência que, em falta de um dano efetivo e concreto, a simples lesão da saúde não poderia afigurar ilícito algum[116].

## 1.1 A (re)unificação da categoria do dano extrapatrimonial. Definições e caraterísticas do dano moral, biológico e existencial

A seguinte etapa fundamental do processo de evolução geral do dano não patrimonial deve ser identificada na mudança interpretativa com a qual a Cassação e a Corte Constitucional restabeleceram a estrutura bipolar do sistema indenizatório, incluindo no artigo 2059 do Código Civil todo o dano não patrimonial[117].

A premissa dessa nova etapa evolutiva deve ser identificada em algumas expressões da decisão da Corte Constitucional de 1984, que além da consagração do dano biológico, colocaram no artigo 2043 do Código Civil "*todos os danos que, pelo menos potencialmente, dificultam*

[115] SCALFI, Gianguido. Reminiscenze dogmatiche per il c.d. danno alla salute: un ripensamento della Corte costituzionale. *Responsabilità Civile e Previdenza*, p. 535, 1986; PONZANELLI, Giulio. La Corte costituzionale, il danno non patrimoniale e il danno alla salute. *Il Foro Italiano*, I, p. 2053, 1986; PULVIRENTI, Antonio. Il danno all'integrità psico-fisica (cosiddetto danno biologico) nella più recente sentenza della Corte costituzionale. *Giurisprudenza Italiana*, I, p. 401, 1986; MONATERI, Pier Giuseppe. La Costituzione ed il diritto privato: il caso dell'art. 32 cost. e del danno biologico ("Staatsrecht vergeht, Privatrecht besteht"). *Il Foro Italiano*, I, p. 2986 ss, 1986.

[116] CASTRONOVO, Carlo, op. cit., p. 25.

[117] Em geral, sobre o ponto, ver SQUEGLIA, Michele. Do dano biológico... ao dano existencial, Michele Squeglia, A releitura constitucionalmente orientada do art. 2059 do Código Civil e a construção de um sistema dos danos ressarcíveis em duas normas de idêntica função, Michele Squeglia, A reunificação do dano não patrimonial e a negação da categoria do "dano existencial" e LUDOVICO, Giuseppe. As características gerais do dano não patrimonial. In: LUDOVICO, Giuseppe; BORSIO, Marcelo; MELO, Raimundo Simão de (coord.), op. cit., p. 65 ss. e LUDOVICO, Giuseppe. Danos não patrimoniais (Direito italiano). In: MANUS, Pedro Paulo Teixeira; GITELMAN, Suely (coord.). Direito do Trabalho e Processual do Trabalho. In: CAMPILONGO, Celso Fernandes; GONZAGA, Alvaro de Azevedo; FREIRE, André Luiz (coords.). *Enciclopédia Jurídica da Faculdade de Direito da Pontifícia Universidade Católica de São Paulo*, Tomo VII, São Paulo: PUC-SP, 2020, p. 20 ss.

*as atividades de realização da pessoa humana*". No mesmo sentido, outras sentenças seguintes do juiz constitucional[118] afirmaram que o evento lesivo não provoca apenas um prejuízo à integridade psicofísica (o dano biológico) ou uma reação de ansiedade e sofrimento (o dano moral), mas também uma alteração negativa das condições de vida da vítima[119]. Começou dessa forma a surgir a ideia de um novo item de dano chamado existencial que deriva da lesão do direito fundamental consagrado pelo artigo 2 da Constituição "às atividades individuais através das quais a pessoa atua a plena realização de sua esfera individual"[120] ou seja um prejuízo às relações afetivas familiares, sociais e às atividades religiosas, além do lazer e da diversão[121].

Essa tese indubitavelmente sugestiva constitui a tentativa de valorizar um significado mais amplo do indivíduo como pessoa que se empenha na realização do próprio projeto de vida e que, por conseguinte, não pode ser desprovido da garantia indenizatória em caso de prejuízo à dimensão existencial.

A possibilidade de indenizar este novo tipo dano teve por fundamento, inicialmente, o artigo 2043, com o objetivo de subtrair a indenização ao pressuposto penal do artigo 2059, enquanto no início dos anos 2000 a Corte de Cassação reafirmou a estrutura bipolar do sistema indenizatório. Em particular, com as sentenças nº 8827

---

[118] Corte Constitucional 27 de outubro de 1994, n. 372, cit. e Corte Constitucional 22 de julho de 1996, n. 293, em Responsabilità Civile e Previdenza, p. 910, 1996.

[119] Cf. NAVARRETTA, Emanuela. I danni non patrimoniali nella responsabilità extracontrattuale. In: NAVARRETTA, Emanuela (coord.). I Danni non Patrimoniali. Lineamenti Sistematici e Guida alla Liquidazione. Milano: Giuffrè, 2004, p. 43 ss.

[120] ZIVIZ, Patrizia. Verso un altro paradigma risarcitorio. In: CENDON, Paolo; ZIVIZ, Patrizia (coord.). Il Danno Esistenziale. Una nuova categoria della responsabilità civile. Milano: Giuffrè, 2000, p. 45.

[121] ZIVIZ, Patrizia. I Danni Non Patrimoniali. Turim: Utet, 2012, p. 67 ss.

e 8828 de 31 de maio de 2003[122], os juízes da Cassação forneceram uma leitura "*constitucionalmente orientada*" do artigo 2059 do Código Civil, a fim de superar o limite previsto pelo artigo mesmo "*dos casos estabelecidos pela lei*"[123].

Segundo a Cassação a referência do artigo 2059 aos "*casos determinados pela lei*" não deve ser entendida como exclusiva ao artigo 185 do Código Penal, mas, ao contrário, deve ser acolhida uma "*leitura constitucionalmente orientada*" da disposição, superando o pressuposto penal nos casos em que a "*lesão tenha tido incidência num interesse protegido pela Constituição*", e isso porque a menção à lei "*pode muito bem referir-se, após a entrada em vigor da Constituição, também às disposições da lei fundamental*" que, neste sentido, "*afigura um caso determinado pela lei, no máximo nível, de reparação do dano não patrimonial*"[124].

Essa conclusão foi argumentada pela Corte de Cassação destacando o aumento, na legislação ordinária, dos casos de reconhecimento expresso de indenização por "danos não patrimoniais", mesmo em casos de ausência de crime[125] com a consequência da necessidade de uma leitura mais ampla da previsão do Código Civil.

O resultado dessa evolução jurisprudencial foi que o "dano não patrimonial" do artigo 2059 do Código Civil, não coincide mais somente

---

[122] Em *Danno e Responsabililtà*, 2003, p. 816, com comentário de BUSNELLI, Francesco Donato. Na doutrina ver VETTORI, Giuseppe. Persona e responsabilità civile. In: AA.VV. *Il Danno Risarcibile*. Pádua: Cedam, 2004, p. 23 ss.; NAVARRETTA, Emanuela.Il danno esistenziale risarcito ex articolo 2059, codice civile e l'adeguamento della norma alla costituzione. *Responsabilità Civile e Previdenza*, p. 353 ss, 2003.

[123] Sobre a questão ver também a Corte de Cassação Seção III 19 de agosto de 2003, n. 12124 em *Foro italiano*, I, p. 434 ss., 2004.

[124] Corte de Cassação 31 de maio de 2003, n. 8.827 e 8.828, cit..

[125] Ver o artigo 2º da Lei nº 117 de 1998; o artigo 29 da Lei nº 675 de 1996; o artigo 44, do decreto legislativo nº 286 de 1998 e a Lei nº 89 de 2001.

com o dano moral subjetivo entendido como sofrimento pessoal para abranger qualquer dano não patrimonial numa perspectiva perfeitamente bipolar do sistema indenizatório, que é caracterizado unicamente pela distinção entre o "dano patrimonial" do artigo 2043 e o "dano não patrimonial" do artigo 2059.

Um resultado de importância histórica, destinado a mudar radicalmente a perspectiva reconstrutiva do "dano não patrimonial" que, partindo da colocação do dano biológico no artigo 2043 com a decisão da Corte Constitucional nº 184/1986, chega à "perfeita bipolaridade" em que as duas disposições, os artigos art. 2043 e 2059, regulam as duas categorias de prejuízos de natureza respectivamente patrimonial e não patrimonial.

Nessa perspectiva, o artigo 2059 do Código Civil foi assim devolvido à sua função original de norma geral do dano não patrimonial, assegurando uma melhor funcionalidade de todo o sistema indenizatório.

Essa perspectiva foi confirmada pela Corte Constitucional com a sentença nº 233 de 11 de julho de 2003[126] segundo a qual no artigo 2059 deve ser incluído qualquer dano de natureza não patrimonial decorrente da lesão de valores constitucionais inerentes à pessoa: em particular essa disposição abrange todo o dano de natureza não patrimonial derivado de lesão a valores inerentes à pessoa: tanto o dano moral subjetivo, entendido como temporária perturbação do estado de espírito da vítima; como o dano biológico stricto sensu, entendido como lesão do interesse, constitucionalmente garantido, à integridade psíquica e física da pessoa, consequente a uma avaliação medica (artigo 32 da Constituição), e, enfim, o dano (amiúde definido

---

126 Em *Foro Italiano*, I, p. 2201, 2003, com nota de Emanuela Navarretta.

na doutrina e na jurisprudência como existencial) derivado da lesão de (outros) interesses de valor constitucional inerentes à pessoa» que podem ser identificados inclusive nos termos do artigo 2 da Constituição[127].

Cabe destacar que a decisão da Corte Constitucional identifica no novo artigo 2059 do Código Civil a precisa colocação do dano "existencial" numa posição entre o dano biológico e o dano moral subjetivo, em um sistema compensatório de natureza tripartida. O "dano existencial" é, portanto, plenamente reconhecido pela Corte Constitucional como um dano de natureza não patrimonial, ontologicamente diferente no plano dos conteúdos do dano biológico e do dano moral[128] com uma precisa autonomia e razão sem alguma ambígua sobreposição com outros danos não patrimoniais[129].

Contudo, cabe assinalar as advertências sobre o ponto da doutrina mais equilibrada segundo a qual a liquidação de danos não patrimoniais deve ocorrer de forma necessariamente unitária e abrangente e sem "duplicações indenizatorias" ou seja a liquidação deve ser realizada reduzindo o montante do dano moral, quando o sofrimento psíquico (dano moral) causado pelo ilícito acontece como consequência do dano biológico ou de outros danos não patrimoniais[130]. O que é mais

---

[127] Assim Corte Constitucional 11 de julho de 2003, n. 233, cit..

[128] PONZANELLI, Giulio. Non c'è bisogno del danno esistenziale. *Danno e Responsabilità*, p. 550 ss., 2003; NAVARRETTA, Emanuela, op. cit., p. 190 ss.

[129] BONA, Marco. L'articolo 2059 codice civile al vaglio della corte costituzionale. *Danno e Responsabilità*, p. 939, 2003.

[130] Segundo MONATERI, Pier Giuseppe. *La Responsabilità Civile*. Turim: Utet, 1998, p. 304 "(...) é evidente que em uma situação de lesão injusta à saúde possam contribuir tanto o dano biológico, como o existencial, ou o moral (...) já que nos movemos no campo da compensação equitativa, pode bem ser que a consideração autônoma de cada tipo de dano leve o juiz a quantificar um valor que não parece justo no caso específico. Decorre da mesma avaliação equitativa que o juiz deve, nestes casos, fazer uma alocação global das quantias indenizáveis que seja justa e, então, possa proceder a esse fim para compensar as várias somas (...)".

importante é a avaliação equitativa inspirada no princípio do tratamento básico uniforme e da necessária personalização do dano nos termos do princípio de igualdade do artigo 3º da Constituição.

Foi exatamente o risco das duplicações indenizatórias que constitui a razão principal da última etapa da evolução jurisprudencial em tema de danos extrapatrimoniais.

Com quatro sentenças "gêmeas" proferidas em 11 de novembro de 2008, nº 26972, 26973, 2697 e 26975[131] as Seções Unidas da Corte de Cassação interviram sobre alguns aspectos do sistema indenizatório confirmando em linha geral a perspectiva acolhida nas decisões de 2003, mas ao mesmo tempo resolvendo algumas questões muito debatidas após as decisões anteriores.

Confirmando a leitura, "constitucionalmente orientada" do artigo 2059 do Código Civil oferecida pelas sentenças n*ºs* 8827 e 8828 de 2003, as decisões de 2008 destacaram que enquanto a indenização do dano patrimonial se caracteriza por atipicidade, pressupondo simplesmente a injustiça do dano e a lesão de qualquer interesse juridicamente relevante[132], a indenização do dano não patrimonial é condicionada pela tipicidade, sendo indenizável "*apenas em casos determinados por lei*" e em caso de "*lesão de direitos específicos invioláveis da pessoa*"[133].

Essa dupla condição gera, segundo as Seções Unidas, a necessidade que os prejuízos, superando o limite da "*tolerância civil*", sejam

---

[131] Corte de Cassação Seções Unidas 11 de novembro de 2008, n. 26972, 26973, 26974, 26975, em *Responsabilità Civile e Previdenza*, p. 38 ss., 2009, com anotações de Pier Giuseppe Monateri, Emanuela Navarretta, Dianora Poletti, Patrizia Ziviz, Giulio Ponzanelli.

[132] A referência da Corte é ao acórdão Corte de Cassação Seções Unidas 22 de julho de 1999, n. 500, em *Responsabilità civile e previdenza,* 1999, p. 981.

[133] A este respeito, a Corte menciona os acórdãos Corte de Cassação sez. III, 15 de julho de 2005, n. 15022, em *Responsabilità civile e previdenza*, 2006, p. 86, com nota de Paolo Cendon e Corte de Cassação sez. III, 9 de novembro de 2006, n. 23918, em *Giurisprudenza Italiana*, p. 1110, 2007, com nota de Patrizia Ziviz.

idôneos a lesar os direitos fundamentais no seu núcleo inviolável[134] no sentido de que *"para ser admitida ao ressarcimento dos danos não patrimoniais, a lesão deve exceder um determinado patamar de ofensividade, tornando o prejuízo tão sério a ponto de merecer tutela num sistema que impõe um grau mínimo de tolerância"*[135]. Em particular, as decisões das Seções Unidas argumentam que

> A gravidade da infração representa um requisito para a admissão à indenização dos danos não patrimoniais à pessoa resultantes da violação de direitos constitucionais invioláveis. O direito deve ser afetado além de um certo limiar mínimo, ocasionando sérios prejuízos. O dano deve exceder um certo limiar ofensivo, tornando o prejuízo tão grave que seja digno de tutela em um sistema que impõe um grau mínimo de tolerância. O filtro da gravidade da lesão e da seriedade do dano faz o equilíbrio entre o princípio da solidariedade para a vítima e o da tolerância, com a consequência de que a indenização por dano não patrimonial só é devida no caso no qual o nível de tolerância seja ultrapassado e o prejuízo não seja fútil. Prejuízos caracterizados pela futilidade toda pessoa inserida no complexo contexto social deve aceitá-los em virtude do dever de tolerância que a convivência exige (artigo 2º da Constituição). Ambos os requisitos devem ser apurados pelo juiz segundo o parâmetro constituído pela consciência social em um determinado momento histórico.

---

[134] Nesse sentido, na doutrina de NAVARRETTA, Emanuela. Il danno alla persona tra solidarietà e tolleranza. *Responsabilità Civile*, pp. 789 ss., 2001; NAVARRETTA, Emanuela. *I danni non patrimoniali nella responsabilità extracontrattuale*, In: NAVARRETTA, Emanuela (coord.). *I Danni non Patrimoniali*. Lineamenti Sistematici e Guida alla Liquidazione. Milano: Giuffrè, 2004, p. 29.

[135] Corte de Cassação Seções Unidas 11 de novembro de 2008, n. 26972, 26973, 26974, 26975, cit.

Por essa razão não podem ser indenizados os danos chamados "bagatelares", não podendo ser considerados merecedores de tutela indenizatória os prejuízos consistentes em transtornos, aborrecimentos, decepções, ansiedades ou várias insatisfações que são normalmente ligados *à* vida cotidiana. Em poucas palavras, o sistema de indenização não pode chegar ao limite do reconhecimento do direito à felicidade e à qualidade da vida, além de uma "*normal e desejável dimensão de tolerabilidade devida à convivência civil, como imposta pela harmonização entre os princípios constitucionais de solidariedade e de tolerância*"[136].

Nessa perspectiva da aplicação necessária dos filtros da gravidade da lesão e da seriedade do dano, as Seções Unidas enfrentaram outra questão muito debatida após as decisões de 2003, ou seja, a unidade e distinção entre as várias componentes do dano não patrimonial.

Ao contrário das decisões anteriores, as Seções Unidas de 2008 afirmam que o dano moral não identifica uma subcategoria autônoma de dano, mas representa simplesmente a descrição de um tipo de prejuízo constituído pelo sofrimento subjetivo causado pelo ilícito. Por conseguinte, pode se configurar uma dupla categoria de dano moral[137]: o dano moral "*stricto sensu*", ou seja, o "*sofrimento subjetivo em si considerado*" que não é uma componente de um prejuízo não patrimonial mais complexo; e o dano moral "*com degenerações patológicas*" quando o sofrimento produz efeitos mais graves que prejudicam a saúde. Esse segundo tipo de dano moral, segundo as

---

[136] Nesse sentido, na jurisprudência seguinte: Corte de Cassação 13 de outubro de 2016, n. 20615. Corte de Cassação Seções Unidas 29 de julho de 2016, n. 15815; Corte de Cassação 10 de outubro de 2014, n. 21415; Corte de Cassação 12 de setembro de 2014, n. 19327; Corte de Cassação 15 de julho de 2014, n. 16133; Corte de Cassação 24 de abril de 2014, n. 9283; Corte de Cassação 4 de março de 2011, n. 5237; Corte de Cassação Seções Unidas 22 de fevereiro de 2010, n. 4063; Corte de Cassação 13 de novembro de 2009, n. 24030.

[137] Corte de Cassação Seções Unidas 11 de novembro de 2008, n. 26972, 26973, 26974, 26975, cit.

Seções Unidas, deve ser colocado na categoria do "dano biológico", representando somente um aspecto do dano não patrimonial sem autonomia ontológica, com a consequência que, nesses casos, a atribuição conjunta do dano biológico e do dano moral determinaria duplicação das indenizações.

No mesmo sentido foi enfrentada a questão da colocação sistemática do dano existencial. Em verdade, já a decisão das Seções Unidas de 24 de março de 2006, n. 6572 esclareceu a diferença entre o dano existencial e moral[138]. Em particular, as Seções Unidas afirmaram que por "dano existencial" deve ser entendido qualquer prejuízo que o ilícito provoca na esfera imaterial do sujeito e na sua vida, perturbando e alterando as relações social e privando o mesmo das possibilidades de expressão e realização de sua personalidade. O dano existencial, portanto, não pode ser representado somente pela perturbação emocional e interior da pessoa a que corresponde ao dano moral, mas deve ser representado por um prejuízo à dimensão existencial objetivamente verificável por meio da prova de escolhas de vida diferentes daquelas que teriam sido adotadas caso o evento prejudicial não tivesse ocorrido.

Nessa perspectiva, as decisões das Seções Unidas de 2008 entenderam que o dano existencial não poderia ser considerado uma categoria autônoma, tratando-se somente de um aspecto descritivo da categoria mais geral do dano não patrimonial indenizável em caso de lesão a direitos invioláveis da pessoa, diretos estes constitucionalmente qualificados, e sempre que houver a presença de um prejuízo grave e sério.

---

138 Corte de Cassação Seções Unidas 24 de março de 2006, n. 6572, cit.

Portanto, a conclusão das Seções Unidas de 2008 foi de que "*o dano não patrimonial é categoria não suscetível de subdivisão em subcategorias diferentes*"[139]. Mais especificamente, as várias tipologias de lesão adquirem somente valor descritivo no sentido que não pode ser reconhecida nenhuma autonomia tanto ao dano moral, que "*não identifica uma subcategoria autônoma de dano, bem sim descreve, entre os vários prejuízos não patrimoniais, um certo tipo de prejuízo, constituído pelo sofrimento subjetivo considerado em si acarretado pelo crime*", quanto ao biológico, que se destaca "*apenas para fins descritivos*" como lesão do direito à saúde do artigo 32 da Constituição, e quanto ao existencial, cuja figura "*havia sido proposta com a declarada intenção de suprir uma lacuna na tutela, que já não existe mais*" após a reinterpretação constitucionalmente orientada do artigo 2.059[140].

As Seções Unidas intencionaram, evidentemente, evitar duplicações ressarcitórias entre as várias componentes de dano e nesta perspectiva especificaram que o sofrimento interior – o dano moral subjetivo – pode ser ressarcido somente se não houver nenhuma lesão patológica, dado que a presença de lesões biológicas conduz à área do dano biológico que já abrange, por sua própria natureza, todo e qualquer sofrimento físico ou psíquico. Da mesma forma, na presença da indenização do dano moral não será possível proceder à liquidação do dano existencial, que constitui nada mais nada menos que uma componente do sofrimento padecido por causa da lesão e, analogamente, em caso de lesão de natureza biológica, não será possível proceder ao ressarcimento das

[139] Corte de Cassação Seções Unidas 11 de novembro de 2008, n. 26972, 26973, 26974, 26975, cit.

[140] Corte de Cassação Seções Unidas 11 de novembro de 2008, n. 26972, 26973, 26974, 26975, cit.

lesões existenciais que já estão incluídas no dano biológico *"no seu aspecto dinâmico"*[141].

Em outras palavras, a referência aos vários tipos de prejuízo – biológico, moral e existencial – *"atende a exigências descritivas, mas não acarreta o reconhecimento de distintas categorias de dano"*[142].

Em poucas palavras, este é o resultado de mais de 60 anos de evolução doutrinária e jurisprudencial que, sem qualquer intervenção do legislador, conseguiu adaptar as regras do Código Civil de 1942 a uma visão renovada do ser humano, evitando ao mesmo tempo o risco de uma multiplicação descontrolada de indenizações por qualquer lesão sem suficiente seriedade e gravidade.

## 1.2 A perda da vida e a questão do dano chamado "tanatológico"

Outra questão muito debatida no sistema jurídico italiano diz respeito à indenizabilidade do dano em razão da perda da vida que até agora suscitou posições diferentes na doutrina e na jurisprudência[143]. Em verdade, a possibilidade de se indenizar a perda da vida envolve questões não apenas jurídicas mas também filosóficas, que dizem respeito ao problema do valor da vida para a pessoa falecida por causa do ato ilícito e para os membros da família que são privados da relação pessoal com a vítima, sendo eles mesmos vítimas secundárias do ilícito, com a consequência que estes sujeitos são legitimados a

---

141 Corte de Cassação Seções Unidas 11 de novembro de 2008, n. 26972, 26973, 26974, 26975, cit.

142 Corte de Cassação Seções Unidas 11 de novembro de 2008, n. 26972, 26973, 26974, 26975, cit.

143 Para uma análise da questão, ver INGRAO, Alessandra. *O valor não patrimonial da "vida destruída" e a impossibilidade de ressarcibilidade do dano denominado tanatológico*. In: LUDOVICO, Giuseppe; BORSIO, Marcelo; MELO, Raimundo Simão de (coord.), op. cit., p. 74 ss.

agir em juízo para a indenização do dano *iure hereditario* da vítima e do dano *iure proprio*.

No que concerne a este último aspecto, o dano causado pela perda da relação parental foi reconhecido no sistema italiano graças a uma longa elaboração doutrinária e jurisprudencial que não seria oportuno aprofundar aqui analiticamente[144]. Seja suficiente destacar que, segundo a visão mais antiga, o dano da perda do familiar representaria um prejuízo não indenizável em razão da regra prevista pelo art. 1223 do Código Civil, que admite a indenização somente dos danos que sejam *"consequência imediata e direta"* do evento lesivo.

A partir da década de 1990, a Corte Constitucional consagrou uma diferente leitura do artigo 1223 proposta pela doutrina, aplicando a tese da causalidade adequada segundo a qual o dano deve ser considerado consequência direta do evento quando o prejuízo pode ser avaliado como efeito "normal" segundo um critério de regularidade causal[145]. De acordo com esta visão, os sofrimentos dos familiares provocados pela perda do membro da família são plenamente indenizáveis[146], como consequência da violação do direito da pessoa garantido pelos artigos 2, 29 e 30 da Constituição de expressar a própria personalidade dentro da família, reconhecida como o núcleo primário da sociedade[147].

---

[144] Sobre o ponto, ver BUSNELLI, Francesco Donato. Figure controverse di danno alla persona nella recente evoluzione giurisprudenziale. *Responsabilità Civile e Previdenza*, p. 476, 1990; FRANZONI, Massimo. La liquidazione del danno alla persona. In: GALGANO, Francesco (coord.). *Trattato di Diritto Commerciale e di Diritto Pubblico Dell'economia*. Pádua: Cedam, 1990, p. 180 ss.; CASSANO, Giuseppe. *I danni da morte nella giurisprudenza successiva alle S.U.*, MAGGIOLI, Rimini, 2009; BONA, Marco. *Manuale per il Risarcimento dei Danni ai Congiunti*. Rimini: Maggioli, 2014.

[145] Cf. Corte Constitucional, em 27 de outubro de 1994, n. 372, cit.

[146] Corte de Cassação 8 de julho de 2014, n. 15491; Corte de Cassação 23 de fevereiro 2004, n. 3549; Corte de Cassação 9 de maio de 2011, n. 10107.

[147] Corte de Cassação 31 de maio de 2003, n. 8827 e 8828, *cit*.

No que diz respeito aos membros da família legitimados a pedir a indenização dos danos *iure proprio*, é certo que a categoria dos "parentes próximos" não está prevista em nenhuma lei. Desta forma, a jurisprudência reconhece a legitimidade ativa em primeiro lugar aos ascendentes e descendentes, presumindo nesses casos que o ilícito provocou o dano decorrente da perda da relação familiar, enquanto cabe *à* pessoa que causou o dano provar que, apesar do laço familiar, a relação afetiva entre a vítima e o familiar já havia sido terminada,[148] como por exemplo nos casos dos cônjuges separados ou conviventes *more uxorio*[149]. Por fim, a Corte de Cassação reconheceu a indenizabilidade do dano pela perda da relação familiar também ao filho nascido após a morte do pai, como consequência da lesão do direito da criança a relação afetiva com o pai tutelado pelos artigos 29 e 30 da Constituição[150].

Além dos danos sofridos *iure proprio*, os familiares têm direito também *à* indenização *iure heridatario* e nos limites da cota de herança dos danos sofridos pela vítima no tempo entre o ilícito e o seu falecimento. Nesse caso, o direito *à* indenização que faz já parte do patrimônio da vítima é transmitido *mortis causa* por meio da sucessão hereditária ao patrimônio dos herdeiros.

De acordo com a concepção unitária do dano não patrimonial referida anteriormente, a jurisprudência reconhece o direito dos herdeiros *à* indenização dos diferentes danos efetivamente sofridos

---

[148] Cf., Corte de Cassação 30 de novembro de 2005, n. 26081; Corte de Cassação 13 de maio de 2011, n. 10527.

[149] Assim Corte de Cassação 28 de março de 1994, n. 2988, em *Giurisprudenza Italiana*, I, p. 1366, 1995; Corte de Cassação Seções Unidas 1 de julho de 2002, n. 9556, em *Diritto e Giustizia*, p. 34, 2002, com nota de Marco Rossetti.

[150] Corte de Cassação 3 de maio de 2011, n. 9700, em *Diritto di Famiglia*, n. 4, p. 1419, 2012; Corte de Cassação 22 de novembro de 1993, n. 11503, em *Il Civilista*, n. 4, p. 47, 2011.

pela vítima entre a lesão e a morte[151]. Nesse sentido, no que diz respeito ao dano biológico, a jurisprudência exige que a lesão da saúde seja efetiva e clinicamente verificável dentro de um intervalo de tempo que deve ser "côngruo"[152])[153]. Essa posição da jurisprudência se justifica em razão da diferença entre os bens jurídicos da saúde e da vida, surgindo a lesão do primeiro no intervalo de tempo entre o momento do ilícito e o falecimento, enquanto o direito à vida é prejudicado no momento seguinte da morte. Ao contrário do dano biológico chamado "terminal", que não exige o estado de consciência da vítima, a jurisprudência condiciona a indenização do dano moral chamado "catastrófico" ao sentimento de desconforto da pessoa que lucidamente percebe a aproximação do momento da morte, ou seja, da "catástrofe" da pessoa[154].

A questão mais controversa dos danos sofridos pela vítima do ilícito diz respeito a indenização da perda da vida, o chamado dano "tanatológico".

---

[151] Nesse sentido Corte de Cassação 19 de outubro de 2016 n. 21060; Corte de Cassação 17 de outubro de 2016 n. 20915; Corte de Cassação 26 de julho de 2016 n. 15395; Corte de Cassação 3 de janeiro de 2002 n. 24, em *Giurisprudenza Italiana*, c. 1361, 2002; Corte de Cassação 2 de abril de 2001, n. 4783, em *Responsabilità Civile e Previdenza*, pp. 555 ss., 2001.

[152] Segundo Corte de Cassação 17 de janeiro de 2008 n. 870. *Giustizia Civile Massimario,* n. 1, p. 51, 2008, são suficientes três dias; enquanto Corte de Cassação 19 de outubro de 2016 n. 21060, considerou 10 dias o "apreciável lapso de tempo" para a indenização do dano biológico; segundo Corte de Cassação 8 de abril de 2010 n. 8360, pode ser suficiente um período de sobrevivência de meia hora.

[153] Assim, na doutrina, NAVARRETTA, Emanuela. Il contenuto del danno non patrimoniale e il problema della liquidazione. In: NAVARRETTA, Emanuela (coord.). *Il Danno non Patrimoniale*. Principi, regole e tabelle per la liquidazione. Milano: Giuffrè, 2010, p. 426.

[154] Assim Corte de Cassação 28 de novembro de 2008, n. 28423, em *Assicurazioni*, II, p. 110, 2009, e Corte de Cassação 24 de março de 2011, n. 6754, em *Corriere Giuridico*, p. 1091 ss., 2011, com nota de Giulio Ponzanelli.

Segundo a orientação unânime da jurisprudência constitucional[155] e de legitimidade[156] esse tipo de dano não pode ser reconhecido no sistema jurídico italiano.

Em verdade, a Terceira Seção da Corte de Cassação[157] reconheceu alguns anos atrás o direito dos herdeiros a indenização decorrente do dano pela perda da vida do falecido[158], argumentando que o bem da vida é consagrado no artigo 2 da Constituição, e que não seria razoável reconhecer o dano à saúde e não tutelar *à* perda da vida que incluem a saúde[159]. Essa decisão recusou a argumentação principal da orientação maioritária que exige um intervalo de tempo entre o ilícito e a morte para a indenização da lesão do direito à saúde, considerando que entre a lesão e a morte sempre existe um *spatium temporis*, embora imperceptível, de modo que não seria compreensível admitir a indenização no caso que este intervalo seja amplo, e negá-lo quando é mínimo.

---

[155] Corte Constitucional 27 de outubro de 1994, n. 372, cit.

[156] Corte de Cassação Seções Unidas 11 de novembro de 2008, n. 26972, 26973, 26974, 26975, cit.; Corte de Cassação 19 de fevereiro de 2013 n. 4043, em *Responsabilità Civile e Previdenza*, p. 828, 2013; Corte de Cassação 19 de fevereiro de 2007 n. 3760; Corte de Cassação 20 de janeiro de 1999 n. 149, em *Danno e Responsabilità*, p. 1205, 1999.

[157] Corte de Cassação Seção III 23 de janeiro de 2014 n. 1361. No mesmo sentido anteriormente Corte de Cassação 12 de julho de 2006, n. 15760, em *Corriere Giuridico*, p. 1375, 2006, com nota de Giulio Ponzanelli.

[158] Favoráveis na doutrina à indenizabilidade do dano da perda da vida, CARNELUTTI, Francesco. Natura del diritto dei superstiti nella legge degli infortuni. *Rivista di Diritto Commerciale*, n. I, p. 403, 1914; CUPIS, Adriano de. *Il Danno*. Milano: Giuffrè, 1970, p. 114; BONA, Marco. Il danno da perdita della vita: osservazioni a sostegno della risarcibilità. *Danno e Responsabilità*, p. 623, 1999; BIANCA, Cesare Massimo. La tutela risarcitoria del diritto alla vita: una parola nuova della Cassazione attesa da tempo. *Responsabilità Civile e Previdenza*, p. 493, 2014; PALMIERI, Alessandro; PARDOLESI, Roberto. Di bianco o di nero: la "querele" sul danno da morte. *Foro Italiano*, I, c. 760 ss, 2014.

[159] Assim, MONATERI, Pier Giuseppe; BONA, Marco; OLIVA, Umberto. *Il Nuovo Danno Alla Persona*. Milano: Giuffrè, 1999, p. 134; ROSSETTI, Marco. Danno biologico e morte della vittima la Cassazione prova a mettere ordine nella materia. *Diritto e Giustizia*, p. 72, 2003.

Essa visão foi recusada definitivamente pelas Seções Unidas da Corte de Cassação com a sentença de 22 de julho de 2015, n° 1350[160], que confirmou a posição da jurisprudência dominante, recusando a indenizabilidade do dano tanatológico[161].

As Seções Unidas rejeitaram a visão da terceira Seção em razão da estrutura jurídica do ilícito civil e da função reparatória da responsabilidade civil, sendo necessária para a indenizabilidade do dano a lesão de um interesse jurídico qualificável como perda para a vítima, não podendo ser indenizada a lesão, por si só, do direito. Em poucas palavras, o único dano indenizável é o dano-consequência, enquanto o dano *in re ipsa não pode ser indenizado de acordo com a função reparadora da responsabilidade civil, ou seja, com a função de reparar as consequências negativas realmente causadas pela lesão do direito.*

Então, em caso de morte imediata do sujeito, isto é, em falta de um intervalo de tempo razoável para o surgimento da lesão da saúde, a perda da vida por si só não pode representar um prejuízo restaurável e indenizável, pois na extinção imediata do sujeito não pode surgir direito algum.

Em poucas palavras, o direito à saúde e o direito à vida constituem bens jurídicos distintos, sendo inaplicável as regras de indenizabilidade

---

[160] Corte de Cassação Seções Unidas 22 de julho de 2015, n. 15350, em *Il Corriere Giur.*, n. 10, 2015, p. 1203, com nota de Francesco Donato Busnelli.

[161] Contra a indenização do dano da perda da vida BONILINI, Giovanni, op. cit., p. 457 ss.; NAVARRETTA, Emanuela. Il danno da uccisione supera i confini del danno alla salute: verso un'estensione dell'art. 2059 c.c. *Responsabilità Civile e Previdenza*, p. 618 ss., 1990; BUSNELLI, Francesco Donato. Figure controverse di danno alla persona nella recente evoluzione giurisprudenziale. *Responsabilità Civile e Previdenza*, 1990; BUSNELLI, Francesco Donato; ALPA, Guido. *Il Danno Biologico*. Pádua: Cedam, 1993, p. 97 ss.; FRANZONI, Massimo. I fatti illeciti. In: Commentario Scialoja-Branca. Bolonha-Roma: Zanichelli-Foro italiano, 1993, sub art. 2057, p. 1076 ss.; CASTRONOVO, Carlo. Il danno biologico a causa di morte aspettando la Corte Costituzionale. *Vita not.*, p. 551, 1994; PONZANELLI, Giulio. La Corte costituzionale e il danno da morte. *Foro Italiano*, I, c. 3297, 1994.

da lesão da saúde à perda da vida[162] porque enquanto o lesado estiver vivo, nenhuma perda da vida é, ainda, tecnicamente configurada e, ao contrário, no momento do falecimento da vítima, ela vai perder com a vida também a capacidade jurídica, isto é, a capacidade de adquirir direitos para a transmissão seguinte aos herdeiros[163].

Se assim não fosse, ou seja, se fosse reconhecido direito *à* indenização pela perda da vida, o sistema da responsabilidade civil se transformaria de forma sub-reptícia num instrumento de natureza sancionatória, enquanto essa função é delegada pelo sistema jurídico às normas de direito penal que respondem *às* exigências de punição e prevenção general dos crimes.

Para as Seções Unidas, portanto, não existe alguma falta de proteção da vida, pois o valor extrapatrimonial da vida é indenizado *iure proprio* aos familiares da vítima, enquanto não é configurável algum outro dano para a vítima que, como já dito, perde a capacidade de adquirir direitos no momento do falecimento. Qualquer outra solução, segundo as Seções Unidas, geraria o risco de duplicação de indenizações, tendo em conta que na maioria dos casos os herdeiros são também parentes próximos da vítima com o efeito da acumulação da ação *iure proprio* com a ação *iure hereditario.*

---

162 Assim também Corte Constitucional, em 27 de outubro de 1994, n. 372, cit.

163 Cf. nesse sentido também Corte de Cassação 24 de março de 2011 n. 6754, cit.

# O DANO EXTRAPATRIMONIAL NA PERSPECTIVA TRABALHISTA: A QUESTÃO DA INDENIZABILIDADE DO DANO NÃO PATRIMONIAL NA DIMENSÃO CONTRATUAL

Como já dito anteriormente, no direito do trabalho a temática dos danos não patrimoniais teve inicialmente um desenvolvimento limitado, apesar do envolvimento pessoal do trabalhador no cumprimento da obrigação contratual.

As razões que inicialmente impediram que o direito trabalhista desenvolvesse o seu potencial no âmbito dos danos não patrimoniais são numerosas[164] e, entre estas, a aprovação da Lei nº 80 de 1898,

---

[164] Sobre as muitas razões do atraso no desenvolvimento dos danos não patrimoniais no direito do trabalho, ver DEL PUNTA, Riccardo. Diritti della persona e contratto di lavoro. In: AA.VV. *Il Danno*

relativa ao seguro obrigatório contra infortúnios do trabalho e doenças profissionais, desempenhou um papel relevante. Esta lei garantiu ao trabalhador um pronto e imediato benefício em caso de acidentes no trabalho, impedindo ao trabalhador a indenização integral do dano[165].

É evidente o forte valor simbólico do mecanismo concebido pelo legislador que reflete a soluções utilizadas pelo demais países da Europa no século XIX: substituindo o empregador com o instituto do seguro social foi afirmada uma *"visão neutra do infortúnio"*, com o efeito de esvaziar as razões de conflitualidade entre empresas e trabalhadores[166].

Outra importante razão que impediu por longo tempo a valorização dos danos não patrimoniais na dimensão trabalhista foi a tese que admitia a indenizabilidade dos danos não patrimoniais exclusivamente no âmbito da responsabilidade aquiliana[167]. Como já dito anteriormente, o principal obstáculo à admissibilidade dos danos não patrimoniais por inadimplência foi constituído pelo artigo 1174 do Código Civil, intitulado *"Caráter patrimonial da prestação"*, segundo o qual o objeto da obrigação contratual deve ser passível de *"avaliação econômica"*, deixando entender que os interesses dos

---

*alla Persona del Lavoratore*. Milão: Giuffrè, 2007, p. 19 ss.; PEDRAZZOLI, Marcello. *Introduzione*. In: PEDRAZZOLI, Marcello (coord.). *Danno Biologico e Oltre*. Turim: Giappichelli, 1995, p. 27.

[165] Cfr. LUDOVICO, Giuseppe. Tutela Previdenziale per gli Infortuni sul Lavoro e le Malattie Professionali e Responsabilità Civile del Datore di Lavoro. Milão: Giuffrè, 2012, p. 162 ss.

[166] GAETA, Lorenzo. *Infortuni sul lavoro e responsabilità civile. Alle origini del diritto del lavoro.* Napoli: Esi, 1986, p. 141-142; GAETA, Lorenzo. L'influenza tedesca sulla formazione del sistema previdenziale italiano. *Giornale di Diritto del Lavoro e Relazioni Industriali,* p. 15, 1992; BALANDI, Gian Guido. Un caso di archeologia giuridica: ciò che resta oggi del "rischio professionale". *Rivista Giuridica del Lavoro,* n. III, p. 102 ss., 1976; MARINO, Vincenzo. *La Responsabilità del Datore per Infortuni e Malattie da Lavoro.* Milão: F. Angeli, 1990, p. 25-26.

[167] Para uma análise do debate geral, ver: ZIVIZ, Patrizia. *I Danni non Patrimoniali.* Turim: Utet, 2012, p. 559 ss.; NAVARRETTA, Emanuela; POLETTI, Dianora. Il danno non patrimoniale e la responsabilità contrattuale. In: NAVARRETTA, Emanuela (coord.). *Il Danno non Patrimoniale.* Principi, regole e tabelle per la liquidazione. Milão: Giuffrè, 2010, p. 51 ss.; ZENO-ZENCOVICH, Vincenzo. Danni non patrimoniali e inadempimento. In: VISINTINI, Giovanni (coord.) *Risarcimento del Danno Contrattuale ed Extracontrattuale*. Milão: Giuffrè, 1984, p. 109 ss.

contraentes devem ter a mesma natureza[168]. No mesmo sentido foi utilizado o artigo 1223 do Código Civil que delimita a indenização do dano por inadimplemento à "*perda*" e ao "*lucro cessante*" do credor[169], confirmando assim a natureza patrimonial do dano indenizável.

Esta tese baseava-se sobretudo na disposição mais importante em tema de danos não patrimoniais, o artigo 2059 do Código Civil que se refere formalmente unicamente à responsabilidade extracontratual[170], limitando a indenizabilidade dos danos extrapatrimoniais aos "*casos determinados por lei*" que foram tradicionalmente interpretados com referência aos casos de crime, confirmando assim a aplicação dessa previsão à responsabilidade aquiliana[171].

Na verdade, não faltavam argumentos na direção contrária: antes de tudo, o artigo 1174 do Código Civil admite explicitamente que a obrigação contratual possa corresponder, também, a um interesse "*não patrimonial*" do credor[172] e, no mesmo sentido, o artigo 1223 do Código Civil não exclui a interpretação do termo "*perda*" como privação

---

[168] CUPIS, Adriano de. *Il Danno. Teoria generale della responsabilità civile*. Milão: Giuffrè, 1946, p. 129 ss.; RAVAZZONI, Alberto. op. cit., p. 228 ss.

[169] Assim explicitamente Corte de Cassação 5 de fevereiro de 2000, n. 1307, cit., segundo a qual "não sendo aplicável o artigo 2059 à responsabilidade contratual e sendo todo o sistema da responsabilidade contratual alicerçado no ressarcimento do dano patrimonial, considerado quer como lucro cessante ou como dano emergente, constituindo consequência direta e imediata da inadimplência (vide art. 1223 c. c.), o dano à saúde ou biológico para este tipo de responsabilidade podia derivar ou como explícita previsão do inadimplemento atuada pela lei ou como consequência ligada ao inadimplemento de uma obrigação prevista constitucionalmente, embora não sancionado pelo ressarcimento, sendo a previsão das sanções excluída da técnica da norma constitucional".

[170] BONILINI, cit., p. 231.

[171] CUPIS, cit., p. 129 ss.; COSTANZA, Maria. Danno non patrimoniale e responsabilità contrattuale. *Rivista Critica di Diritto Privato*, p. 131, 1987.

[172] VILLA, Gianroberto. Danno e risarcimento contrattuale. In: ROPPO, Vincenzo (diretto da). *Trattato del Contratto Diretto da*, Vol. V, I rimedi, II. Milão: Giuffrè, 2006, p. 976; COSTANZA, Maria, op. cit., p. 128.

de uma utilidade não passível de avaliação econômica[173]. Também o que diz respeito ao artigo 2059, uma parte da doutrina propôs a tese da sua aplicação analógica à responsabilidade contratual[174].

Além dessas leituras, a jurisprudência trabalhista elaborou inicialmente uma solução particularmente interessante para superar os limites da não indenizabilidade dos danos extrapatrimoniais por inadimplemento: o cúmulo da responsabilidade contratual com a responsabilidade aquiliana.

Com efeito, em caso de dano à pessoa, por muito tempo a jurisprudência admitiu que o trabalhador lesado pudesse recorrer à justiça a fim de obter a indenização dos danos sofridos, não apenas a título de responsabilidade contratual por violação da obrigação de segurança do artigo 2087 do Código Civil, mas, ao mesmo tempo, a título de responsabilidade aquiliana por violação do princípio geral do *neminem laedere* nos termos do artigo 2043 do Código Civil[175].

Os juízes costumavam considerar que, em falta de uma explícita escolha do prejudicado, teriam de considerar como escolhida a ação de responsabilidade extracontratual, enquanto deveria configurar-

---

173 BONILINI, Giovanni, op. cit., p. 232.

174 DE CUPIS, Adriano, op. cit., p. 59.

175 Neste sentido *ex plurimis*: Corte de Cassação 27 de junho de 2011, n. 14107, em *Giustizia Civile*, 2012, I, p. 2395; Corte de Cassação 11 de maio de 2007, n. 10830, em *Giustizia Civile Massimario* 2007, p. 5; Corte de Cassação 1 de junho de 2006, n. 13130, em *Giustizia Civile Massimario* 2006, p. 6; Corte de Cassação 24 de fevereiro de 2006, n. 4184, em *Giustizia Civile Massimario*, 2006, p. 2; Corte de Cassação 4 de fevereiro de 2005, n. 2272, em *Foro Italiano*, Rep. 2005, voce *Responsabilità Civile*, n. 339; Corte de Cassação 6 de agosto de 2002, n. 11766, em *Orientamenti Della Giurisprudenza del Lavoro*, I, p. 816, 2002; Corte de Cassação 20 de junho de 2001, n. 8381, em *Danno e Responsabilità*, p. 141, 2002; Corte de Cassação, Seções Unidas, 12 de março de 2001, n. 99, em *Danno Resp.*, p. 580, 2001, com anotações de BONA, Marco; Corte de Cassação 20 de janeiro de 2000, n. 602, em *Foro Italiano*, Rep., 2000, voce *Lavoro (rapporto)*, n. 1362; Corte de Cassação 10 de maio de 1997, n. 4097, em *Giustizia Civile Massimario*, p. 708, 1997; Corte de Cassação 26 de outubro de 1995, n. 11120.

se a ação de responsabilidade contratual na qual a demanda fosse baseada na inobservância das obrigações contratuais[176].

Entre os dois regimes de responsabilidade obviamente existem diferenças radicais, sobretudo quanto à imputabilidade do fato que produz o dano e à respectiva prova, pois na responsabilidade contratual cabe ao credor-trabalhador apresentar somente a prova do fato e do nexo de causalidade, cabendo ao devedor-empregador apresentar a prova da não imputabilidade do inadimplemento da obrigação de segurança, enquanto na responsabilidade aquiliana cabe ao prejudicado demonstrar o dano injusto e a sua imputabilidade à conduta culposa ou dolosa de quem causou o dano.

Outras diferenças derivam da regra sancionada pelo artigo 1225 do Código Civil que, no âmbito da responsabilidade contratual, limita o ressarcimento apenas aos danos previsíveis no momento do surgimento da obrigação, desde que sejam consequência imediata e direta do inadimplemento do devedor. Além disso, diferem também quanto aos prazos de prescrição. Na responsabilidade contratual, o prazo é de dez anos, na responsabilidade aquiliana, o prazo é de cinco anos.

Pois bem, apesar dessas profundas diferenças, a jurisprudência não teve dificuldades em admitir o cúmulo das duas ações em presença de danos causados à pessoa derivados da violação da obrigação de segurança como expediente útil para garantir ao trabalhador a máxima tutela ressarcitória sem contradizer o princípio da irresarcibilidade dos danos não patrimoniais por inadimplemento.

---

[176] Corte de Cassação, Seções Unidas, 23 de janeiro de 2004 n. 1248; Corte de Cassação, Seções Unidas, 5 de agosto de 2002, n. 11756; Corte de Cassação, Seções Unidas, 14 de dezembro de 1999, n. 900, em *Danno e Responsabilità*, p. 628, 2000; Corte de Cassação 4 de maio de 2004, n. 8438, em *Massimario della Giurisprudenza del Lavoro*, p. 554, 2004.

Em outros termos, a jurisprudência trabalhista inspirou-se inicialmente no objetivo principal de fornecer uma resposta adequadas às várias solicitações ressarcitórias sem dedicar muito cuidado à necessidade de colocar as tipologias diferentes de prejuízo dentro de uma ordem teórica racional e coerente[177].

Particularmente emblemática sob este aspecto foi a evolução do dano biológico, o qual, após ter sido reconhecido pelo juiz constitucional, amiúde foi empregado pela jurisprudência trabalhista como um amplo recipiente através do qual garantir o ressarcimento de outros e distintos prejuízos ligados à esfera existencial, social e cultural do trabalhador[178].

No multifacetado panorama jurisprudencial que sucedeu o reconhecimento do juiz constitucional não faltaram decisões que, embora na mais completa ausência de quaisquer lesões psicofísicas objetivamente quantificável do ponto de vista médico-legal, liquidaram a título de ressarcimento do dano biológico as "*perturbações causadas à esfera emotiva*"[179], o "*dano à vida social*"[180], os prejuízos à "*específica subjetividade*" do trabalhador[181], os sofrimentos desfechados em crises de pranto e tremores[182] até chegar às lesões "*da personalidade moral,*

---

[177] ZIVIZ, Patrizia. I Danni non Patrimoniali, cit., p. 66.

[178] ALBI, Pasqualino. Art. 2087. Adempimento dell'obbligo di sicurezza e tutela della persona, em *Il codice civile. Commentario fondato e diretto da P. Schlesinger*. Milão: Giuffrè, 2008, p. 289 ss..

[179] Pretura de Trento 22 de fevereiro de 1993, em Giustizia civile, 1994, I, p. 55, com anotações de Alessandra Raffi.

[180] Corte de Cassação 16 de abril de 1996, n. 3565, em *Danno e Responsabilità*, p. 711, 1996; Corte de Cassação 18 de abril de 1996, n. 3686, em *Giurisprudenza Italiana*, I, p. 926, 1997; Corte de Cassação 28 de maio de 1996, n. 4909, em *Danno e Responsabilità*, p. 785, 1996; Corte de Cassação 28 de abril de 1997, n. 3635, em *Responsabilità Civile e Previdenza*, p. 435, 1998; Corte de Cassação 9 de fevereiro de 1998, n. 1324, em *Giurisprudenza Italiana*, p. 2043, 1998; Corte de Cassação 17 de novembro de 1999, n. 12741, em *Danno e Responsabilità*, p. 844, 2000.

[181] Pretura de Milão 14 de dezembro de 1995.

[182] Tribunal de Milão 14 de junho de 2001, em *Notiziario di giurisprudenza del lavoro*, 2001, p. 470.

*mais especificamente da liberdade de expressão da personalidade inclusive no local de trabalho e da dignidade de gênero, profissional e extraprofissional*"[183].

O dano biológico, pelo menos na fase inicial, foi utilizado como uma categoria indeterminada na qual são incluídos diversos prejuízos causados à esfera existencial do trabalhador[184], deturpando, assim, o significado de dano à integridade psicofísica objetivamente verificável no plano médico-legal.

Esta "*anarquia do pós-princípio*" – assim como foi definida pela doutrina[185] – porém, não abrangeu apenas o dano biológico.

Outra categoria cujo perfil foi ainda mais incerto e confuso é o que foi chamado "*dano à profissionalidade*". Uma categoria na qual, amiúde, foram incluídas em casos de atribuição de funções inferiores, diversas tipologias de prejuízos de natureza indistintamente patrimonial e não patrimonial.

Com efeito, o dano à profissionalidade causado por desqualificação profissional constitui uma categoria heterogênea e difícil de enquadrar de modo sistemático[186], que foi utilizada com frequência para garantir a indenização não apenas dos danos patrimoniais causados pela lesão à capacidade profissional ou às legítimas aspirações de carreira, bem

---

183 Tribunal de Treviso 9 de maio de 2000, em *Rassegna di Giurisprudenza del Lavoro del Veneto*, n. 2, p. 30, 2000.

184 Cfr. Corte de Cassação, 26 de janeiro de 1999, n. 704, em *Responsabilità Civile e Previdenza*, p. 389, 1999.

185 BUSNELLI, Francesco Donato. Quale futuro per il danno alla salute?, In: BARGAGNA, Marino; BUSNELLI, Francesco Donato (coord.). *La Valutazione del Danno alla Salute*. Pádua: Cedam, 1995, p. 4.

186 Sobre o ponto ver Corte de Cassação 11 de agosto de 1998, n. 7905, em *Danno e Responsabilità*, p. 1159, 1998; Corte de Cassação 7 de julho de 2001, n. 9228, em *Rivista Critica di Diritto del Lavoro*, p. 999, 2001; Tribunal de Milão 30 de maio de 1997, em *Rivista Critica di Diritto del Lavoro*, p. 789, 1997; Tribunal de Milão 10 de junho de 2000, em *Orientamenti della Giurisprudenza del Lavoro*, p. 367, 2000.

como para outros e diversos prejuízos, como dano à *"personalidade moral"*[187], à *"vida social"*[188], à *"imagem"*[189], à *"dignidade"*[190], à *"identidade pessoal"*[191] e à *"personalidade"*[192] do trabalhador[193].

O pressuposto do qual partia tal orientação baseava-se – como é notório – na ideia que o trabalho não represente somente uma fonte

---

[187] Corte de Cassação pen. 7 de fevereiro de 2008, n. 12738; Corte de Cassação 17 de dezembro de 2007, n. 26561, em *Giustizia Civile*, I, p. 2176, 2008; Corte de Cassação 6 de março de 2006, n. 4774. *Rivista Italiana di Diritto del Lavoro*, 2006, II, p. 562; Corte de Cassação 8 de novembro de 2002, n. 15749, em *Giurisprudenza italiana* 2004, p. 2084; Tribunal de Pisa 12 de outubro de 2001, em *Foro tosc.*, p. 63, 2002; Tribunal de Pisa 25 de julho de 2001, em *Il Lavoro Nella Giurisprudenza*, p. 91, 2002; Tribunal de Treviso 13 de outubro de 2000. *Rivista Italiana di Diritto del Lavoro*, II, p. 332, 2002.

[188] Assim Corte de Cassação 16 de dezembro de 1992, n. 13299, em *Giurisprudenza Italiana*, n. I, p. 168, 1995, com anotações de Piera Campanella; Corte de Cassação 10 de abril de 1996, n. 3341. *Rivista Italiana di Diritto del Lavoro*, II, p. 72, 1997, com anotações de Laura Calafà; Corte de Cassação 18 de abril de 1996, n. 3686, cit.; Corte de Cassação 5 de novembro de 1999, n. 12339, em *Orientamenti della Giurisprudenza del Lavoro*, p. 391, 2000, com anotações de Giuseppe Ludovico; Corte de Cassação 14 de novembro de 2001, n. 14199, em *Rivista Giuridica del Lavoro*, II, p. 238, 2002; Corte de Cassação 2 de janeiro de 2002, n. 10. *Rivista Italiana di Diritto del Lavoro*, II, p. 58, 2003, com anotações de Carlo Quaranta; Tribunal de Viterbo 30 de abril de 2003, em *Diritto del Lavoro*, II, p. 45, 2004, com anotações de Laura Calafà; Tribunal de Trieste 10 de dezembro de 2003; Tribunal de Siena 19 de abril de 2003; Tribunal de Roma 13 de março de 2003; Trib. Turim 28 de janeiro de 2003, em *Giurisprudenza Piemontese*, p. 92, 2003; Tribunal de Milão 22 de agosto de 2002, em *Orientamenti della Giurisprudenza del Lavoro*, p. 536, 2002; Corte de Apelação de Salerno 17 de abril de 2002; Tribunal de Milão 26 de abril de 2000, em *Orientamenti della Giurisprudenza del Lavoro*, p. 375, 2000.

[189] Corte de Cassação 10 de abril de 1996, n. 3341, cit.; Corte de Cassação 14 de novembro de 2001, n. 14199, cit.; Tribunal de Roma 3 de janeiro de 1996, em *Rivista Critica di Diritto del Lavoro*, p. 117, 1997; Tribunal de Bergamo 24 de maio de 2000, em *Argomenti di Diritto del Lavoro*, p. 851, 2000; Trib. Milão 17 de março de 2001, em *Orientamenti della Giurisprudenza del Lavoro*, p. 47, 2001.

[190] Tribunal de Milão 17 de março de 2001, cit.; Tribunal de Trieste 10 de dezembro de 2003.

[191] Corte de Cassação 10 de abril de 1996, n. 3341, cit..

[192] Corte de Cassação 2 de janeiro de 2002, n. 10, cit.; Corte de Cassação 6 de novembro de 2000, n. 14443, em *Diritto e Pratica del Lavoro*, p. 1203, 2001; Corte de Cassação 18 de outubro de 1999, n. 11727, em *Notiziario di Giurisprudenza del Lavoro*, p. 2801, 1999; Corte de Cassação 16 de dezembro de 1992, n. 13299, cit.; Corte de Apelação Salerno 17 de abril de 2002; Tribunal de Trieste 10 de dezembro de 2003; Trib. Milão 26 de abril de 2000, cit.

[193] Sobre o ponto em geral, ALBI, Paqsualino, op. cit., p. 291 ss.; MARANDO, Giuseppe. Vecchi e nuovi problemi in tema di demansionamento e danno alla professionalità: il percorso giurisprudenziale. *Responsabilità Civile e Previdenza*, p. 58 ss., 2000; PASQUINI, Flavia. Adibizioni a mansioni inferiori, impedimento della prestazione e mancate promozioni. PEDRAZZOLI, Marcello (coord.). *I Danni alla*

de sustento, mas também uma importante oportunidade de expressão da personalidade do indivíduo, com a consequência que as violações das regras estabelecidas para tutelar os direitos dos trabalhadores compreendem também um comprometimento da esfera existencial[194].

A doutrina, ademais, há tempos salientou que a atribuição ao trabalhador de funções inferiores viola o artigo 2103 do Código Civil[195] e constitui também uma conduta "multiofensiva" que se contrapõe à obrigação de segurança sancionada pelo artigo 2087 do Código Civil na parte em que fornece proteção inclusive à *"personalidade moral"* do trabalhador[196].

Nesse mesmo prisma expressou-se o juiz constitucional, o qual reconheceu que da atribuição ao trabalhador de funções inferiores possam originar-se prejuízos de várias naturezas, a saber: o dano ao *"complexo de capacidades e aptidões que se define com o termo profissionalidade"*; os *"danos à pessoa e à sua dignidade"*, especialmente

*Persona del Lavoratore nella Giurisprudenza*. Pádua: Cedam, 2004, p. 51 ss.; RAFFI, Alessandra. Danni alla professionalità e da perdita di "chances". In: PEDRAZZOLI, Marcello (coord.). *Danno Biologico e Oltre*. La risarcibilità dei pregiudizi alla persona del lavoratore, cit., p. 61 ss.

[194] Sobre o ponto, ver Corte de Cassação 26 de maio de 2004, n. 10157, em *Danno e Responsabilità*, p. 401, 2005; Corte de Cassação 27 de abril de 2004, n. 7980, em *Giustizia Civile*, I, p. 3204, 2004; Corte de Cassação 22 de fevereiro de 2003, n. 2763, em *Orientamenti della Giurisprudenza del lavoro*, p. 311, 2003; Corte de Cassação 12 de novembro de 2002, n. 15868, em *Rivista Giuridica del Lavoro*, n. II, p. 540, 2003; Corte de Cassação 2 de novembro de 2001, n. 13580, em *Orientamenti della Giurisprudenza del Lavoro*, p. 35, 2002; Corte de Cassação 2 de janeiro de 2002, n. 10, cit.; Corte de Cassação 14 de novembro de 2001, n. 14199, cit.; Corte de Cassação 6 de novembro de 2000, n. 14443, cit.; Corte de Cassação 18 de outubro de 1999, n. 11727, cit..

[195] A referência é obviamente ao texto anterior do art. 2103 do Código Civil, que, antes das alterações introduzidas pelo art. 3 do Decreto Legislativo 15 de junho de 2015, n. 81, proibia a atribuição do trabalhador a funções inferiores àquelas para as quais foi contratado ou últimas efetivamente desempenhadas.

[196] PERA, Giuseppe, Sul diritto del lavoratore a lavorare. *Rivista Italiana di Diritto del Lavoro*, n. II, p. 388; MONTUSCHI, Luigi, op. cit., p. 326.

em caso de imposição a uma condição de completa inatividade; e enfim os "*danos à saúde psíquica e física*"[197].

Porém, a tendência da jurisprudência trabalhista de utilizar a ambígua categoria do dano à profissionalidade para garantir o ressarcimento também de lesões de interesses de natureza existencial levou a resultados nem sempre coerentes.

Alguns elementos cuja racionalidade é duvidosa vêm à tona sobretudo em sentenças que, após terem confirmado a natureza patrimonial do dano à profissionalidade, assim como o respectivo critério de liquidação atrelado à retribuição recebida, não tiveram dificuldade a abarcar neste item de ressarcimento danos de natureza não patrimonial, como por exemplo o dano à vida social, à personalidade moral e à dignidade do trabalhador[198]. Críticas análogas podem ser movidas também às decisões que reconheceram, vice-versa, a natureza não patrimonial do dano à profissionalidade sem, contudo, afastar-se do critério patrimonial que determina o respectivo montante por meio de um cálculo percentual sobre o valor da retribuição[199].

As posições tomadas pela jurisprudência podem ser explicadas – como já dito – com o intento de dar à vítima uma resposta que a ressarça também pelas consequências não patrimoniais do evento, dilatando a tal fim uma categoria de dano cuja natureza é tipicamente patrimonial.

---

[197] Corte Constitucional 6 de abril de 2004, n. 113. Rivista Italiana di Diritto del Lavoro, II, p. 476 ss. 2004, com anotações de Matteo Corti.

[198] Para uma análise detalhada das orientações da jurisprudência ver PASQUINI, Flavia, op. cit., p. 51 ss.

[199] Tribunal de Milão 26 de abril de 2000, cit.; Tribunal de Viterbo 30 de abril de 2003, cit.; Tribunal de Turim 10 de agosto de 2001, cit.; Tribunal de Forlì 15 de março de 2001, em *Il Lavoro nella Giurisprudenza*, p. 552, 2002, com anotações de Roberta Nunin.

Uma solução – a da "patrimonialização" dos danos não patrimoniais – que se baseou nitidamente no objetivo de superar o princípio da irresarcibilidade dos danos não patrimoniais no âmbito contratual, solução esta que acarretou uma errônea confusão entre danos de natureza diferente. Tal confusão poderia ter sido evitada, com indubitável maior racionalidade no plano sistemático, simplesmente acolhendo a hipótese que admitia a indenizabilidade do dano não patrimonial por inadimplemento[200]. E isso, sobretudo no direito do trabalho, no qual o artigo 2087 do Código Civil – como se verá – constitui uma norma suficientemente ampla e flexível para justificar, em caso de violação, a indenizabilidade de todo e qualquer prejuízo não patrimonial, tanto mais que no direito do trabalho não se põe algum problema de previsibilidade do dano no termos do artigo 1225 do Código Civil[201], tendo em conta que o envolvimento pessoal do trabalhador na execução da atividade laboral torna qualquer dano não patrimonial *"inteiramente previsível pela própria natureza"*[202].

Isso significa que no âmbito da relação trabalhista não havia, na realidade, nenhuma razão para recorrer ao expediente do cúmulo das responsabilidades contratuais e aquiliana, posto que *"o artigo 2087 c.c. é capaz de abranger todos os tópicos do dano à pessoa,*

---

[200] LANOTTE, Massimo. *Il Danno alla Persona nel Rapporto di Lavoro*. Turim: Giappichelli, 1998, p. 148; MONATERI, Pier Giuseppe; BONA, Marco; OLIVA, Umberto. *Mobbing. Vessazioni sul Lavoro*. Milão: Giuffrè, 2000, p. 82-83; PIZZOFERRATO, Alberto. *Molestie Sessuali sul Lavoro.* Fattispecie giuridica e tecniche di tutela. Pádua: Cedam, 2000, p. 255; TURSI, Armando. Il danno non patrimoniale alla persona nel rapporto di lavoro: profili sistematici. *Rivista Italiana di Diritto del Lavoro*, n. I, p. 297, 2003.

[201] Assim TURSI, Armando, op. cit., p. 305.

[202] Neste sentido, NOGLER, Luca. La deriva risarcitoria della tutela dei diritti involabili della persona del lavoratore dependente. *Quaderni di Diritto del Lavoro e Relazioni Industriali,* 2006, n. 29, p. 77; ICHINO, Pietro. *Il Contratto di Lavoro,* Vol. II. Milão: Giuffrè, 2003, p. 101; LASSANDARI, Andrea. L'alternativa fra fondamento contrattuale o aquiliano della responsabilità e delle sue ripercussioni. In: PEDRAZZOLI, Marcello (coord.). *I Danni alla Persona del Lavoratore nella Giurisprudenza*, cit., p. 126 ss.

*patrimonial e não patrimonial, que o trabalhador tenha sofrido no desempenho do seu trabalho*"[203]. Mais explicitamente, na relação trabalhista, a responsabilidade extracontratual não tem meios para acrescentar nada à responsabilidade contratual justamente "*pelo alcance normativo, que não poderia ser mais amplo, do artigo 2087 c.c.*"[204].

Isto significa que a "*tentativa ainda que merecedora*"[205] da jurisprudência de oferecer ao prejudicado a máxima tutela ressarcitória possível, superando por meio do cúmulo das responsabilidades o princípio da irresarcibilidade do dano não patrimonial por inadimplemento, na realidade não era necessária no âmbito da relação trabalhista, considerado que a obrigação de segurança imposta ao empregador é por si só apta a alicerçar a responsabilidade deste por qualquer dano, patrimonial ou não patrimonial, sofrido pelo trabalhador devido à falta de adoção de medidas de segurança adequadas.

---

[203] CASTRONOVO, Carlo. Danno alla persona nel rapporto di lavoro. In: AA.VV. *Il Danno alla Persona del Lavoratore*. Milão: Giuffrè, 2007, p. 189. No mesmo sentido, na doutrina trabalhista, MONTUSCHI, Luigi. L'incerto cammino della sicurezza del lavoro fra esigenze di tutela, onerosità e disordine normativo. *Rivista Giuridica del Lavoro*, p. 509, 2001; VINCIERI, Martina. Responsabilità contrattuale o aquiliana?, In: PEDRAZZOLI, Marcello (coord.), op. ult. cit., p. 106-107.

[204] CASTRONOVO, Carlo, op. ult. cit., p. 189.

[205] MAZZAMUTO, Salvatore. *Il Mobbing*. Milão: Giuffrè, 2004, p. 49-50.

# A OBRIGAÇÃO DE SEGURANÇA DO ARTIGO 2.087 DO CÓDIGO CIVIL E A INDENIZABILIDADE DO DANO NÃO PATRIMONIAL POR INADIMPLEMENTO

No plano geral a questão da indenizabilidade dos danos extrapatrimoniais na responsabilidade contratual foi resolvida de forma definitiva com as sentenças já ilustradas anteriormente das Seções Unidas de 11 de novembro de 2008, nº 26972-26975[206], embora os pressupostos para essa mudança já estivessem presentes nas sentenças de 2003 da Cassação e do juiz constitucional, pois, imediatamente após aquelas sentenças, uma doutrina atenta já havia assinalado a necessidade de reconsiderar a tradicional posição doutrinal que

---

[206] Corte de Cassação Seções Unidas 11 de novembro de 2008, n. 26972, 26973, 26974, 26975, cit..

afigurava o dano não patrimonial como inteiramente confinado no ilícito aquiliano[207].

Justamente no âmbito trabalhista, aliás, os juízes já haviam logrado – como foi mencionado – o reconhecimento do dano não patrimonial por inadimplemento, ainda que à custa de alguns expedientes discutíveis, como o concurso de ambos os títulos de responsabilidade ou como a patrimonialização dos prejuízos tipicamente não patrimoniais.

É nessa situação que se enxertaram as sentenças com as quais as Seções Unidas, intervindo sobre a questão que permaneceu sem solução com as sentenças de 2003, esclareceram que "*a interpretação constitucionalmente orientada do artigo 2059 do Código Civil, consente agora afirmar que também na matéria da responsabilidade contratual é dado o ressarcimento dos danos não patrimoniais*"[208].

As Seções Unidas partem do pressuposto que o principal obstáculo que no passado havia impedido a indenizabilidade dos danos não patrimoniais por inadimplemento, era constituído pela "*falta, na disciplina da responsabilidade contratual, de uma norma análoga ao artigo 2059 do Código Civil*".

As Seções Unidas confirmaram a indenizabilidade dos danos não patrimoniais por inadimplemento recorrendo não à aplicação analógica do artigo 2059 do Código Civil, mas enfatizando a referência do artigo 1174 do Código Civil ao "*interesse, inclusive não patrimonial, do credor*". Segundo os juízes, esta norma confirma somente a eventual relevância dos interesses não patrimoniais no âmbito contratual,

---

207 FRANZONI, Massimo. *Fatti illeciti. Art. 2043, 2056-2059*, em *Commentario del Codice Civile Scialoja Branca*, Bolohna-Roma: Zanichelli-Il Foro It, 2004, p. 568-569; BONA, Marco. L'"ottava vita" dell'art. 2059 c.c., ma è tempo d'addio per le vecchie regole!, *Giurisprudenza Italiana*, p. 1147, 2004.

208 Corte de Cassação Seções Unidas 11 de novembro de 2008, n. 26972, 26973, 26974, 26975, *cit.*.

enquanto a verificação da efetiva existência dos mesmos é confiada à análise da "*causa concreta*" do contrato, ou seja, à averiguação dos "*interesses reais que o próprio contrato visa realizar*"[209].

Para as finalidades aqui consideradas, o trecho de maior relevância dessas sentenças é constituído pela argumentação que exclui a necessidade da identificação concreta dos interesses não patrimoniais dos contraentes em casos em que a presença dos mesmos já fosse diretamente confirmada pela lei.

Elucidados os pressupostos para admitir a relevância dos interesses não patrimoniais no âmbito contratual, torna-se fácil inferir que, diversamente do que acontece com a responsabilidade extracontratual, na responsabilidade contratual a indenizabilidade dos danos não patrimoniais não depende tanto da natureza inviolável do interesse lesado quanto do reconhecimento, legal ou contratual, dos interesses não patrimoniais dos contraentes, tendo como consequência, em caso de inadimplência, que o único limite ao ressarcimento do dano não patrimonial é constituído pela sua "previsibilidade" nos termos do artigo 1225 do Código Civil[210].

Para argumentar a indenizabilidade dos danos extrapatrimoniais na responsabilidade contratual, as Seções Unidas identificaram o exemplo mais emblemático de identificação legislativa dos interesses não patrimoniais dos contraentes exatamente no artigo 2087 do Código Civil, o qual atribui ao empregador a obrigação de "*adotar no exercício*

---

[209] Corte de Cassação Seções Unidas 11 de novembro de 2008, n. 26972, 26973, 26974, 26975, *cit.*.

[210] Assim, DI LAURO, Antonino Procida Mirabelli. Il danno ingiusto (Dall'ermeneutica "bipolare" alla teoria generale e "monocentrica" della responsabilità civile). Parte I. Ingiustizia, patrimonialità e risarcibilità del danno nel "law in action". *Rivista Critica di Diritto Privato*, p. 39, 2003; TURSI, Armando, op. cit., p. 303 ss; SCOGNAMIGLIO, Claudio. Il danno non patrimoniale contrattuale. In: MAZZAMUTO, Salvatore (a cura di). *Il Contratto e le Tutele*. Prospettive di diritto europeo. Turim: Giappichelli, 2002, p. 477.

*da atividade empresarial as medidas que, segundo as peculiaridades do trabalho, a experiência e a técnica, são necessárias para tutelar a integridade física e a personalidade moral dos trabalhadores*"[211]. Dessa forma, as Seções Unidas confirmaram a tese elaborada por uma parte da doutrina trabalhista que considerava desnecessária a solução do cúmulo da responsabilidade contratual e aquiliana para superar o problema da indenizabilidade dos danos extrapatrimoniais no âmbito contratual.

Nessa perspectiva de fato, a doutrina e a jurisprudência reconheceram há muito tempo no artigo 2087 uma verdadeira obrigação de natureza contratual[212] a qual se insere plenamente na relação sinalagmática contratual condicionando a própria causa do negócio jurídico[213]. Isto significa – como justamente refere a doutrina – que a atividade laboral não se conota apenas pela sua natureza subordinada, mas também pelo aspecto da segurança, no sentido que uma atividade desempenhada em ausência de condições de segurança "*não é sequer deduzível no contrato tendo em vista que o objeto contratual é ilícito*"[214].

Essa previsão, de acordo com um entendimento já pacificado, constitui a transposição em âmbito trabalhista do princípio geral do *neminem laedere* do artigo 2043 do Código Civil[215], com a diferença

---

[211] AMATO, Cristina. Il danno non patrimoniale da contratto. In: PONZANELLI, Giulio (coord.). *Il "Nuovo" Danno non Patrimoniale*. Pádua: Cedam, 2004, p. 159; COSTANZA, Maria, op. cit., p. 127 ss.; ALBI, Pasqualino, op. cit., p. 152.

[212] VIGORITA, Luciano Spagnuolo. Responsabilità dell'imprenditore. In: SANSEVERINO, Luisa Riva; MAZZONI, Giuliano (coords.), *Nuovo Trattato di Diritto del Lavoro*. Il rapporto di lavoro, Vol. II. Pádua: Cedam, 1971, p. 418.

[213] MONTUSCHI, Luigi. *Diritto alla salute e organizzazione del lavoro*. Milão: F. Angeli, 1989, p. 75 ss.

[214] MONTUSCHI, Luigi, op. ult. cit., p. 75.

[215] MONTUSCHI, Luigi, *Problemi del Danno alla Persona nel Rapporto di Lavoro*, cit., p. 322; L. Spagnuolo Vigorita, loc. ult. cit.

de que os deveres extracontratuais de não lesar ou acarretar dano à esfera jurídica alheia caracterizam-se por serem "*genéricos*", pois abrangem a generalidade dos indivíduos[216], enquanto a obrigação contratual de segurança refere-se de modo específico ao empregador, impondo tanto obrigações positivas, isto é, de adotar medidas de segurança especificas e adequadas quanto obrigações negativas, isto é, de não adotar condutas prejudiciais para o trabalhador[217].

A reflexão doutrinária deixou de lado, definitivamente, a antiga concepção que interpretava o artigo 2087 como norma impositiva de um dever publicístico para a tutela de um interesse geral[218], reconhecendo pacificamente a natureza contratual da obrigação atribuída a um dos contraentes em relação ao outro[219].

Quanto ao conteúdo de tal obrigação, a opinião prevalente já há muito tempo é propensa a interpretar a disposição em questão

---

[216] BIANCA, Cesare Massimo. *Diritto Civile*. L'obbligazione, Vol. 4. Milão: Giuffrè, 1993, p. 120.

[217] Neste sentido, MENGONI, Luigi. Il contratto di lavoro nel diritto italiano. In: AA.VV. *Il Contratto di Lavoro nel Diritto dei Paesi Membri della Ceca*. Milão: Giuffrè, 1965, p. 478, que identificou o fundamento da obrigação de segurança na finalidade "puramente negativa de preservar a integridade pessoal" do trabalhador.

[218] Trata-se da antiga leitura elaborada por D'EUFEMIA, Giuseppe. Norme inderogabili ed interessi legittimi nel rapporto di lavoro. *Rivista di Diritto del Lavoro*, n. I, p. 3 ss., 1969. Em sentido parcialmente diferente, SIMI, Valente. Interesse pubblico ed attività amministrativa nella tutela della sicurezza del lavoro. *Rivista degli Infortuni e delle Malattie Professionali*, p. 283, 1969. Pelo contrário, reconheceram a dupla natureza, tanto privada como pública, da obrigação de segurança: SMURAGLIA, Carlo. *La Sicurezza del Lavoro e la sua Tutela Penale*. Milão: Giuffrè, 1962, p. 50; LEGA, Carlo. *La Capacità Lavorativa e la sua Tutela Giuridica*. Milão: Giuffrè, 1950, p. 225 ss.

[219] Entre os primeiros, VIGORITA, Luciano Spagnuolo, op. cit., p. 418 ss.; MONTUSCHI, Luigi. *Diritto alla salute e organizzazione del lavoro*, cit., p. 71 ss.; mais recentemente ZOPPOLI, Lorenzo. Il danno biologico tra principi costituzionali, rigidità civilistiche e tutela previdenziale. In: *Diritto ele Relazioni Industrali*, p. 389 ss., 2001; VISCOMI, Antonio Il mobbing: alcune questioni su fattispecie ed effetti. In: *Lavoro e Diritto*, p. 45 ss., 2002; ALBI, Pasqualino, op. cit., p. 125 ss.; NATULLO, Gaetano. *La Tutela Dell'ambiente di Lavoro*. Turim: Utet, 1995, p. 12 ss.. Na jurisprudência *ex plurimis*: Corte de Cassação 15 de junho de 2017, n. 14865; Corte de Cassação de 28 outubro de 2016, n. 21882; Corte de Cassação 5 de novembro de 2015 n. 22615; Corte de Cassação 27 de fevereiro de 2015, n. 3989; Corte de Cassação 18 de junho de 2014, n. 13863; Corte de Cassação de 26 março de 2012, n. 4804; Corte de Cassação 13 de agosto de 2008, n. 21590, em *Massimario della Giurisprudenza del Lavoro*, p. 174, 2009; Corte de Cassação 7 de

como norma geral de fechamento do sistema de segurança, que impõe ao empregador a constante atualização tecnológica das medidas de segurança[220], independentemente de existirem ou não previsões específicas de origem legal ou contratual[221].

Daí deriva a conclusão segundo a qual a norma do Código Civil tem uma relação de simples complementariedade com a ulterior e mais específica disciplina em matéria de segurança do trabalho, no sentido de que a pontual observância das disposições pormenorizadas não

novembro de 2007, n. 23151; Corte de Cassação 8 de maio de 2007, n. 10441, em *Massimario della Giurisprudenza del Lavoro*, 2007, p. 730; Corte de Cassação 19 de julho de 2006, n. 16535; Corte de Cassação 2 de maio de 2000, n. 5491, em *Il lavoro nella giurisprudenza*, 2000, p. 830; Corte de Cassação 7 de agosto de 1998 n. 7772; Corte de Cassação 17 de novembro de 1993, n. 11351, em *Responsabilità Civile e Previdenza*, p. 689, 1994; Corte de Cassação 20 de julho de 1993 n. 8062, em *Diritto e Pratica del Lavoro*, p. 1420, 1993; Corte de Cassação 5 de abril de 1993 n. 4085, em *Giustizia Civile Massimario*, p. 619, 1993; Corte de Cassação 20 de janeiro de 1993, n. 698, em *Massimario Della Giurisprudenza del Lavoro*, p. 241, 1991; Corte de Cassação 14 de dezembro de 1991 n. 13499; Corte de Cassação 23 de março de 1991 n. 3115, em *Orientamenti della Giurisprudenza del Lavoro*, I, p. 174, 1992; Corte de Cassação 7 de abril de 1988, n. 2737, em *Responsabilità Civile e Previdenza*, p. 327, 1989; Corte de Cassação 13 de fevereiro de 1988, n. 1566, em *Foro Italiano*, I, p. 2315, 1988; Corte de Cassação 6 de fevereiro de 1985, n. 897; Corte de Cassação 8 de agosto de 1983, n. 5293; Corte de Cassação 27 de maio de 1983, n. 3689; Corte de Cassação 2 de março de 1982, n. 1295; Corte de Cassação 2 de maio de 1981, n. 2654; Corte de Cassação 5 de janeiro de 1980, n. 28, em *Giurisprudenza Italiana*, I, p. 1599, 1980.

[220] MONTUSCHI, Luigi. L'incerto cammino della sicurezza del lavoro fra esigenze di tutela, onerosità e disordine normativo, cit., p. 501; MONTUSCHI, Luigi. *Diritto alla Salute e Organizzazione del Lavoro*, cit., p. 76; SMURAGLIA, Carlo, op. cit., p. 86.

[221] Corte de Cassação 21 de setembro de 2016, n. 18503; Corte de Cassação 30 de junho de 2016, n. 13465; Corte de Cassação 5 de novembro de 2015 n. 22615; Corte de Cassação 3 de fevereiro de 2015, n. 1918; Corte de Cassação 26 de março de 2012, n. 4804; Corte de Cassação pen. 16 de setembro de 2008, n. 38819; Corte de Cassação pen. 3 de outubro de 2007, n. 44791; Corte de Cassação 14 de julho de 2001 n. 9601; Corte de Cassação pen. 26 de abril de 2000, n. 7402, em *Rivista trimestrale di diritto penale dell'economia*, 2000, p. 1095; Corte de Cassação 17 de março de 1999 n. 2432. *Rivista Italiana di Diritto del Lavoro*, II, p. 766, 1999; Corte de Cassação 2 de junho de 1998 n. 5409. *Rivista Italiana di Diritto del Lavoro*, II, p. 337, 1999; Corte de Cassação 1 de setembro de 1997, n. 8267, em *Massimario della Giurisprudenza del Lavoro*, p. 818, 1997, com anotação de Enrico Gragnoli; Corte de Cassação 12 de fevereiro de 1997 n. 3439, em *Rivista Trimestrale di Diritto Penale Dell'economia*, p. 1383, 1997.

isenta o empregador da responsabilidade derivada da inobservância da obrigação geral de segurança[222].

Esta leitura particularmente flexível da obrigação de garantir a segurança, levou a jurisprudência a reconhecer a responsabilidade do empregador não somente em caso de violação das disposições específicas, bem como para os casos em que não sejam adotadas medidas de precaução baseadas em simples noções de experiência comum. Assim, por exemplo, foi reconhecida a responsabilidade do empregador por não ter aumentado o número de contratação de trabalhadores empresa em proporção à carga de trabalho a fim de evitar uma excessiva sobrecarga de trabalho[223]; ou reduzir a onerosidade das funções[224]; ou por não ter incumbido o trabalhador de funções compatíveis com o seu estado de saúde[225]; ou por não ter tomado as medidas adequadas para garantir a incolumidade dos

---

[222] MONTUSCHI, Luigi, op. ult. cit., p. 80 ss.; BALANDI, Gian Guido. Il Contenuto dell'obbligo di Sicurezza, L'obbligazione di Sicurezza. *Quaderni di Diritto del Lavoro e Relazioni Industriali*, n. 14, p. 82, 1993.

[223] Corte de Cassação 2 de janeiro de 2002 n. 5; Corte de Cassação 30 de agosto de 2000 n. 11427; Corte de Cassação 5 de fevereiro de 2000 m. 1307, cit.; Corte de Cassação 1 de agosto de 1997 n. 8267, cit.; sobre o desempenho da atividade laboral por seis dias consecutivos Corte de Cassação 4 de março de 2000 n. 2455, em *Orientamenti della Giurisprudenza del Lavoro*, p. 413, 2000.

[224] Corte de Cassação 5 de novembro de 2015 n. 22615.

[225] Corte de Cassação 2 de agosto de 2001 n. 10574; Corte de Cassação 13 de dezembro de 2000 n. 15688; Corte de Cassação 30 de agosto de 2000 n. 11427; Corte de Cassação 12 de fevereiro de 2000 n. 1575, em *Notiziario di Giurisprudenza del Lavoro* 2000, p. 583; Corte de Cassação 3 de julho de 1997 n. 5961, em *Massimario della Giurisprudenza del Lavoro*, p. 437, 1998, com anotações de Paolo Scognamiglio; Corte de Cassação 22 de abril de 1997, n. 3455, em *Notiziario di Giurisprudenza del Lavoro*, p. 374, 1997, *contra* Corte de Cassação 10 de novembro de 1995, n. 11700, em *Massimario della Giurisprudenza del Lavoro*, p. 247, 1996; Corte de Cassação 6 de novembro de 1996, n. 9684. *Rivista Italiana di Diritto del Lavoro*, 1997, II, p. 612; no caso de trabalhadores com deficiência: Corte de Cassação 24 de novembro de 1999, n. 13377, em *Diritto e Pratica del Lavoro*, p. 70, 2000; Corte de Cassação 9 de novembro de 1995 n. 11681, em *Orientamenti della Giurisprudenza del Lavoro*, 1996, p. 371; Corte de Cassação 15 de dezembro de 1994, n. 10769; Corte de Cassação 4 de abril de 1989, n. 1626, em *Rivista Giuridica del Lavoro*, II, p. 99, 1990; em caso de atividade intrinsecamente cansativa ver Corte de Cassação 30 de agosto de 2000 n. 11427; Corte de Cassação 21 de outubro de 1997 n. 10361.

trabalhadores, protegendo-os das agressões criminosas de terceiros[226]; ou por não ter tomado precauções contra as imissões acústicas[227] ou contra o fumo passivo dos colegas[228].

Sucessivos corolários da obrigatoriedade de tomar medidas de segurança foram encontrados na jurisprudência quanto à responsabilidade do empregador por não ter informado corretamente os funcionários a respeito dos riscos existentes no ambiente de trabalho[229], bem como por não ter fiscalizado e verificado a efetiva e correta utilização dos dispositivos de segurança feita pelos trabalhadores[230].

---

[226] Corte de Cassação 19 de fevereiro de 2016, n. 3306; Corte de Cassação 6 de fevereiro de 1998 n. 1241, em *Giurisprudenza Italiana*, p. 29, 1999; Corte de Cassação 20 de abril de 1998 n. 4012, em *Orientamenti ela Giurisprudenza del Lavoro*, I, p. 520, 1998; Corte de Cassação 3 de setembro de 1997 n. 8422, em *Giustizia Civile*, I, p. 79, 1998, com anotações de MARINO, Vincenzo; *contra* Corte de Cassação 5 de dezembro de 2001 n. 15350; Corte de Cassação 19 de novembro de 1998 n. 11710.

[227] Corte de Cassação 13 de abril de 2002, n. 5340, em *Giustizia Civile Massimario*, p. 641, 2002; Corte de Cassação 5 de abril de 1993, n. 4085, cit.; Trib. Milão 21 de outubro de 1999, em *Responsabilità Civile e Previdenza*, p. 1335, 1999, com anotações de P. Ziviz.

[228] Tribunal de Messina 2 de fevereiro de 2011, n. 283, em *Responsabilità Civile e Previdenza*, p. 2113, 2011; Tribunal de Roma 20 de junho de 2005, em *Il Lavoro nella Giurisprudenza*, p. 963, 2005; Tribunal de Roma 4 de outubro de 2001, em *Notiziario di Giurisprudenza del Lavoro*, p. 736, 2001; Pretura de Turim 7 de março de 1995, em *Rivista Critica di Diritto del Lavoro* p. 967, 1995; Pretura de Turim 20 de fevereiro de 1995, em *Giurisprudenza Italiana*, I, p. 916, 1995; Pretura de San Remo 19 de abril de 1994, em *Giurisprudenza Italiana*, I, p. 226, 1995; Pretura de Turim 8 de fevereiro de 1993. *Rivista Italiana di Diritto del Lavoro*, II, p. 124, 1995.

[229] Corte de Cassação 20 de outubro de 2011, n. 21694, em *Giustizia Civile Massimario*, p. 1482, 2011; Corte de Cassação 11 de julho de 2011, n. 15156, em *Foro Italiano*, I, c. 2147, 2012; Corte de Cassação 7 de janeiro de 2009, n. 45, em *Giustizia Civile Massimario*, p. 12, 2009; Corte de Cassação 18 de maio de 2007, n. 11622, em *Responsabilità Civile e Previdenza*, p. 2293, 2007; Pretura de Turim, 30 de julho de 1996, em *Giurisprudenza Piemontese*, p. 379, 1997; Pretura de Turim 2 de maio de 1991, em *Giurisprudenza Italiana*, n. II, p. 143, 1992.

[230] Corte de Cassação 13 de outubro de 2000 n. 13690; Corte de Cassação 11 de março de 1999 n. 792, em *Massimario della Giurisprudenza del Lavoro*, p. 804, 1999; Corte de Cassação 7 de agosto de 1998 n. 7772; Corte de Cassação 16 de julho de 1998 n. 6993; Corte de Cassação 17 de fevereiro de 1998, n. 1687. *Rivista Italiana di Diritto del Lavoro*, 1998, II, p. 516; com respeito aos trabalhadores mais jovens Corte de Cassação 12 de janeiro de 2002, n. 326; Corte de Cassação 2 de outubro de 1998, n. 9805.

Por mais que a jurisprudência insista em não admitir que o artigo 2087 afigure um critério de responsabilidade objetiva[231], em verdade o descumprimento da obrigação de segurança em caso de infortúnios ou doenças profissionais foi excluído somente quando o acidente tenha sido causado diretamente por uma conduta anormal, excepcional e imprevisível por parte do trabalhador[232].

Esta interpretação extensiva e flexível da obrigação de segurança ratificou a duradoura aplicação do artigo 2087 como norma invocada com a função prevalentemente ressarcitória em evidente contradição com a finalidade de prevenção desta previsão.

A "*deriva ressarcitória*" – como foi criticamente definida pela doutrina[233] – representou na realidade a direta consequência da falta

---

[231] Assim entre as mais recentes: Corte de Cassação 13 de outubro de 2017, n. 24217; Corte de Cassação 27 de fevereiro de 2017, n. 4970; Corte de Cassação 3 de março de 2016, n. 4222; Corte de Cassação 23 de dezembro de 2014, n. 27364, em *Guida al Diritto*, n. 7, p. 62, 2015; Corte de Cassação 23 de abril de 2015, n. 8297; Corte de Cassação 17 de dezembro de 2014, n. 26590; Corte de Cassação 19 de junho de 2014, n. 13957; Corte de Cassação 13 de janeiro de 2015, n. 340, em *Guida al Diritto*, n. 9, p. 61, 2015; Corte de Cassação 5 de agosto de 2013, n. 18626; Corte de Cassação 11 de abril de 2013, n. 8855, em *Guida al Diritto*, n. 22, p. 63, 2013; Corte de Cassação 11 de abril de 2013, n. 8855; Corte de Cassação 12 de março de 2013, n. 6151; Corte de Cassação 29 de janeiro de 2013, n. 2038.

[232] Corte de Cassação 16 de abril de 2013, n. 9167, em *Guida al Diritto*, n. 22, p. 63, 2013; Corte de Cassação 7 de junho de 2012, n. 9199; Corte de Cassação 23 de abril de 2012, n. 6337; Corte de Cassação 25 de fevereiro de 2008, n. 4718, em *Giustizia Civile*, I, p. 483, 2009; Corte de Cassação 7 de junho de 2007, n. 13309, em *Responsabilità Civile e Previdenza*, p. 2653, 2007; Corte de Cassação 23 de março de 2007, n. 7127, em *Giustizia Civile Massimario*, p. 3, 2007; Corte de Cassação 14 de março de 2006, n. 5493, em *Giustizia Civile Massimario*, p. 3, 2006; Corte de Cassação 17 de abril de 2004, n. 7328, em *Giustizia civile Massimario*, p. 4, 2004; Corte de Cassação 23 de maio de 2001, n. 7052; Corte de Cassação 13 de outubro de 2000 n. 13690; Corte de Cassação 11 de março de 1999 n. 792, cit.; Corte de Cassação 17 de março de 1999, n. 2432, cit.; Corte de Cassação 17 de fevereiro de 1998 n. 1687, cit.; Corte de Cassação 19 de agosto de 1996 n. 7636, em *Rivista Degli Infortuni e delle Malattie Professionali*, II, p. 85, 1996.

[233] NOGLER, Luca, op. cit., p. 63 ss.

de valorização dos instrumentos derivados da afirmada natureza contratual da obrigação de garantir a segurança do trabalhador[234].

A obrigação contratual do empregador de garantir a segurança deveria ter levado à dedução, por meio do direito de especular de crédito do trabalhador, da prioridade lógica e jurídica da ação de adimplemento em lugar da tutela ressarcitória, considerado que esta pode realizar apenas o interesse secundário do credor à reparação econômica do dano.

No âmbito contratual, a prioridade do adimplemento sobre o ressarcimento constitui um princípio amplamente reconhecido que têm conformação explícita no conteúdo dos artigos 1218 e 1453 do Código Civil, dos quais se pode inferir a regra segundo a qual, em caso de inadimplemento, o credor tem direito de exigir o adimplemento ou a resolução do contrato, já o ressarcimento representa somente um remédio que pode ser aplicado com função integrativa ou autônoma em relação aos dois primeiros[235]. Aliás, diferentemente da resolução, a ação de adimplemento é admitida inclusive quando o inadimplemento tem "*escassa importância*" e não é vinculada à prova de culpabilidade do devedor que se obtém presumidamente da própria inadimplência, sem prejuízo para a possível demonstração por parte do devedor que a inadimplência tenha dependido de uma causa não atribuível a ele.

Nesta lógica, uma parte minoritária da doutrina trabalhista afirmou que a prioridade do adimplemento sobre o ressarcimento

---

[234] ALBI, Pasqualino, op. cit., p. 3 ss.

[235] Nos vínculos obrigatórios a prioridade do adimplemento deriva da combinação dos artigos 1218 e 1256 do Código Civil; sobre este ponto, ver MENGONI, Luigi voce Responsabilità contrattuale (diritto vigente). *Enciclopedia del Diritto*, Vol. XXXIX. Milão: Giuffrè, 1988, p. 1096; MENGONI, Luigi. Intervento. In: MAZZAMUTO, Salvatore (coord.). *Processo e Tecniche di Attuazione dei Diritti*, Vol. I, Napoli: Jovene, 1989, p. 151 ss. Mais recentemente, MAZZAMUTO, Salvatore. *Il Contratto di Diritto Europeo*. Turim: Giappichelli, 2017, p. 318 ss.; ROMEO, Christian. *I Presupposti Sostanziali della Domanda di Adempimento*. Milão: Giuffrè, 2008, p. 100 ss.

constituiria uma regra perfeitamente compatível com a obrigação de garantir a segurança sancionada pelo artigo 2087[236].

A ação de adimplemento não será obstada pela presumida incoercibilidade da conduta a que está obrigado o empregador a quem caberia somente às decisões organizacionais da empresa. Nesse sentido não existem empecilhos verdadeiros à utilização dos instrumentos processuais da execução forçada "*para impor a introdução de medidas de prevenção idôneas na fábrica*"[237].

Seguindo esta linha, afirmou-se que a instalação e a manutenção das medidas necessárias para garantir a segurança e a salubridade do ambiente de trabalho constituem uma obrigação facilmente exequível de maneira forçada, tendo em conta que esta obrigação requere, na verdade, a execução de obras materiais e a aplicação de regras técnicas que não são prerrogativa exclusiva do empresário[238]. Some-se a isto que mesmo uma eventual ingerência do juiz nas decisões organizacionais do empregador não seria um obstáculo insuperável à execução da forma específica da obrigação sancionada pelo artigo 2087 do Código Civil, considerado que a "*tutela de interesses fundamentais como a saúde» «concernem ao ser humano*" e "*necessariamente prevalecem sobre o direito ao livre desempenho da atividade produtiva*"[239].

---

[236] MAZZAMUTO, Salvatore. L'esecuzione forzata degli obblighi di fare e di non fare. In: RESCIGNO, Piero (diretto da). *Trattato di Diritto Privato*, Vol. XX. Turim: Utet, 1998, p. 336, nota 144; SPEZIALE, Valerio. Situazioni delle parti e tutela in forma specifica nel rapporto di lavoro. In: *WP C.S.D.L.E. "Massimo D'Antona" n. 45/2004*, p. 39 ss.; MAZZOTTA, Oronzo. Danno alla persona e rapporto di lavoro: qualche domanda, politicamente non corretta, alla giurisprudenza. *Lavoro e Diritto*, p. 439 ss., 2004; ALBI, Pasqualino, op. cit., p. 245 ss.

[237] Assim, GHERA, Edoardo. Le sanzioni civili nella tutela del lavoro subordinato. *Giornale di Diritto del Lavoro e Relazioni Industriali*, p. 333, 1979.

[238] SPEZIALE, Valerio, op. cit., p. 40.

[239] SPEZIALE, Valerio, op. cit., p. 40. Sobre o ponto, ver também ALBI, Pasqualino, op. cit., p. 248 ss.

Todavia, apesar destas aberturas da doutrina, a tese que prevaleceu neste debate foi a que reconheceu a completa infungibilidade e, por conseguinte, a incoercibilidade da conduta à qual está obrigado o empregador[240], determinando deste modo uma nítida fratura entre o direito trabalhista e as regras gerais em matéria de obrigações. Não é difícil perceber, com efeito, como o dogma da infungibilidade das obrigações de segurança do empresário o tenha colocado na singular condição de devedor que detém o poder de impor ao credor-trabalhador a solução exclusiva da indenização do dano no lugar do adimplemento contratual[241].

Obteve alguns resultados, embora limitados, uma outra solução civilista, isto é, a exceção de inadimplemento nos termos do artigo 1460 do Código Civil, o qual determina que, nos contratos sinalagmáticos, cada um dos contraentes pode se recusar a cumprir suas obrigações se outro contraente não cumpri-las. Com relação ao vínculo trabalhista, isto significa que o trabalhador tem o direito de recusar-se legitimamente a executar a sua atividade laboral até o exato momento em que o empregador tenha cumprido a obrigação de garantir a segurança do trabalho[242].

---

[240] Reconhecem, mesmo que às vezes em um sentido crítico, a infungibilidade das obrigações do empreendedor: BERTOCCO, Silvia. La tutela della salute e della sicurezza nei luoghi di lavoro. In: CARINCI, Franco (diretto da). *Diritto del Lavoro. Commentario*. In: CESTER, Carlo (coord.). *Il Rapporto di Lavoro Subordinato*: costituzione e svolgimento, Vol. II, tomo I. Turim: Utet, 2007, p. 975; FERRANTE, Vincenzo. *Potere e Autotutela nel Contratto di Lavoro Subordinato*. Eccezione di inadempimento, rifiuto di obbedienza, azione diretta individuale. Turim: Giappichelli, 2004, p. 344-345; PIZZOFERRATO, Alberto. Mobbing e danno esistenziale, verso una revisione della struttura dell'illecito civile. *Contratto e Impresa*, p. 310, 2002; CARINCI, Maria Teresa. Una prospettiva: dal risarcimento all'inibitoria. In: PEDRAZZOLI, Marcello (coord.). *Danno Biologico e Oltre*, cit., p. 187.

[241] ALBI, Pasqualino, op. cit., p. 251.

[242] Na doutrina pacificamente: LAI, Marco. *Il Diritto della Sicurezza sul Lavoro tra Conferme e Sviluppi*. Turim: Giappichelli, 2017, p. 24 ss.; Pasqualino Albi, *op. Cit.*, p. 266 ss.; FERRANTE, Vincenzo, op. cit., p. 260 ss.; FRANCO, Massimo. *Diritto alla Salute e Responsabilità Civile del Datore di Lavoro*. Milão: F. Angeli, 1995, p. 320; Gaetano Natullo, op. cit., p. 112 ss.; LOY, Gianni, *La capacità fisica*

Cabe ressaltar que a exceção de inadimplemento pode ser exercida quer em sede judicial, quer em sede extrajudicial, podendo, portanto, tornar um instrumento eficaz de coação ao adimplemento ou, pelo menos, de dissuasão ao inadimplemento[243].

Referindo-se explicitamente ao artigo 1460 do Código Civil, a jurisprudência reconheceu, pacificamente, a legitimidade da recusa do trabalhador em executar a atividade laboral solicitada pelo empregador em caso de falta de medidas de segurança adequadas[244]. Isso se deu porque considerou que a única condição imposta para que se possa exercer legitimamente a exceção de inadimplemento é que a recusa ao adimplemento seja proporcional e não seja *"contrária à boa-fé"*[245].

Da legítima recusa do trabalhador derivam efeitos importantes a seu favor: por um lado, a recusa de exercer a atividade laboral em

*nel rapporto di lavoro*. Milão: Giuffrè, 1993, p. 267 ss.; NICOLINI, Giovanni. *Tutela delle Condizioni di Lavoro*. Pádua: Cedam, 1991, p. 74 ss.

[243] Sobre o ponto ver ALBI, Pasqualino, op. cit., p. 272; FERRANTE, Vincenzo, op. cit., p. 347-348.

[244] Corte de Cassação 19 de janeiro de 2016, n. 836, em *Diritto delle Relazioni Industrali,* p. 838, 2016, com anotações de Vincenzo Ferrante; Corte de Cassação 1 de abril de 2015, n. 6631; Corte de Cassação 7 de maio de 2013, n. 10553, em *Foro Italiano*, I, p. 1863, 2013; Corte de Cassação 7 de maio de 2013 n. 10553; Corte de Cassação 5 de novembro de 2012, n. 18921, segundo a qual é justificada a recusa de trabalhar na presença de amianto no local de trabalho; Corte de Cassação 10 de agosto de 2012, n. 14375, em *Giustizia Civile Massimario*, p. 1080, 2012; Corte de Cassação 18 de maio de 2006, n. 11664. *Rivista Italiana di Diritto del Lavoro*, II, p. 882 ss., 2006, com anotações de Andrea Sitzia, em relação à recusa de dois trabalhadores em desempenhar a atividade em um departamento de cromagem por causa das condições perigosas do ambiente de trabalho; Corte de Cassação 7 de novembro de 2005, n. 21479, em *Diritto del Lavoro*, II, p. 155 ss., 2006, que considerou legítima a recusa de desempenhar a prestação de um trabalhador ocupado em serviços de caixa em pedágio por causa dos roubos repetidos sofridos durante o trabalho; Corte de Cassação 9 de maio de 2005, n. 9576, em *Orientamenti della Giurisprudenza del Lavoro*, I, p. 401, 2005.

[245] Assim em geral: Corte de Cassação 5 de março de 2015 n. 4474; Corte de Cassação 7 de maio de 2013 n. 10553; Corte de Cassação 5 de setembro de 2012 n. 14905; Corte de Cassação 11 de novembro de 2011 n. 23673, em *Rivista Critica di Diritto del Lavoro*, p. 915, 2011; Corte de Cassação 22 de fevereiro de 2008 n. 4673; Corte de Cassação 12 de fevereiro de 2008 n. 3304; Corte de Cassação 5 de dezembro de 2007 n. 25313. *Rivista Italiana di Diritto del Lavoro*, II, p. 470, 2008, com anotações de Luigi Cavallaro; Corte de Cassação 16 de maio de 2006 n. 11430,

resposta à inadimplência do empregador não comporta nenhuma perda do direito à plena retribuição; por outro, o eventual despedimento imposto pelo empregador por causa da recusa do trabalhador resultará desprovido de quaisquer justificações.

Em termos análogos determina também o artigo 44, parágrafo 2, do decreto legislativo de 9 de abril de 2008, nº 81[246] que prevê "*em caso de perigo grave, imediato e que não pode ser evitado*" que o trabalhador, afastando-se "*do local de trabalho ou de uma área perigosa, não pode sofrer nenhum tipo de prejuízo e deve ser protegido de qualquer consequência danosa*".

em *Giustizia Civile Massimario*, p. 5, 2006; Corte de Cassação 7 de novembro de 2005 n. 21479, cit.; Corte de Cassação 19 de agosto de 2003 n. 12161. *Rivista Italiana di Diritto del Lavoro*, 2004, II, p. 378, com anotações de Gilda Del Borrello; Corte de Cassação 15 de maio de 2003, n. 7599, em *Orientamenti della Giurisprudenza del Lavoro*, I, p. 371, 2003; Corte de Cassação 12 de julho de 2002, n. 10187, em *Giustizia Civile Massimario*, p. 1212, 2002; Corte de Cassação 1 de março de 2001, n. 2948, em *Foro Italiano*, n. I, p. 1869, 2001.

[246] A disposição reproduz literalmente o conteúdo do artigo 14 do Decreto Legislativo 19 de setembro de 1994, n. 626.

# A PROVA DO DANO NÃO PATRIMONIAL NA PERSPECTIVA TRABALHISTA E A RECUSA DO DANO *IN RE IPSA*

A mais recente evolução da temática do dano à pessoa no plano geral da responsabilidade civil não deixou indiferente a jurisprudência trabalhista que prontamente adaptou-se às indicações expressadas pelas jurisdições superiores, conseguindo com isso garantir maior coerência e racionalidade ao ressarcimento do dano não patrimonial na relação trabalhista.

A afirmada indenizabilidade dos danos não patrimoniais por inadimplemento constitui sem dúvida o perfil com maiores repercussões na vertente trabalhista do novo rumo da jurisprudência civil em matéria de dano à pessoa.

A referência explícita das Seções Unidas ao artigo 2087 do Código Civil como hipótese emblemática de reconhecimento legislativo dos interesses não patrimoniais de um contraente, sancionou o abandono definitivo da ideia de que o ressarcimento dos danos não patrimoniais fosse confinado apenas no âmbito da responsabilidade extracontratual[247].

O efeito mais imediato desta reviravolta interpretativa foi a gradativa superação dos expedientes elaborados pela jurisprudência trabalhista para garantir ao trabalhador o ressarcimento dos danos não patrimoniais.

Após a afirmação da tutela ressarcitória dos interesses não patrimoniais no âmbito contratual, de fato não existiam outras razões para continuar a aplicar a acumulação dos dois títulos de responsabilidade que foi então superada, com maior coerência do ponto de vista sistemático, em prol da referência ao único e mais vantajoso regime da responsabilidade contratual[248].

---

[247] LUDOVICO, Giuseppe. *Sezione III. I danni da* mobbing. In: BONORA, Chiara; IMBERTI, Lucio; LUDOVICO, Giuseppe; MARINELLI, Francesca. Il mobbing nella giurisprudenza. *Quaderni di Diritto del Lavoro e Relazioni Industriali*, n. 29, p. 143 ss, 2006.

[248] Corte de Cassação 3 de fevereiro de 2015, n. 1918; Corte de Cassação 6 de agosto de 2014 n. 17693; Corte de Cassação 10 de fevereiro de 2014, n. 2886, em *Archivio Giuridico della Circolazione e dei Sinistri Stradali*, n. 10, p. 50, 2014; Corte de Cassação 17 de março de 2009, n. 6454; Corte de Cassação 7 de novembro de 2007, n. 23162, em *Giustizia Civile Massimario*, p. 11, 2007; Corte de Cassação 8 de maio de 2007, n. 10441, em *Foro Italiano*, I, p. 2701, 2007; Corte de Cassação 10 de janeiro de 2007, n. 238, em *Rivista Critica di Diritto del Lavoro*, p. 770, 2007; Corte de Cassação 24 de fevereiro de 2006, n. 4184, em *Giustizia Civile Massimario*, p. 2, 2006. Em vez disso, continua a admitir o cúmulo entre os dois títulos de responsabilidade Corte de Cassação 23 de março de 2016, n. 5781.

A superação da concepção exclusivamente extracontratual do dano não patrimonial propiciou também, no âmbito da jurisprudência trabalhista, uma distinção mais clara entre as várias componentes de dano.

Com efeito, perdeu relevância a tendência a utilizar categorias de dano tipicamente patrimonial para garantir o ressarcimento de prejuízos de natureza prevalentemente não patrimonial. A "patrimonialização" dos danos não patrimoniais constituiu – como foi visto – o expediente utilizado pela jurisprudência trabalhista para contornar os limites gerais impostos pelo artigo 2059 ao ressarcimento deste tipo de danos; por conseguinte, tendo sido superados tais limites através da "*interpretação constitucionalmente orientada*" do artigo 2059 do Código Civil e tendo sido reconhecida ademais a indenizabilidade dos danos não patrimoniais por inadimplemento, não existem evidentemente outras razões para continuar a confundir os vários tipos de prejuízos.

Nas decisões tomadas mais recentemente pela jurisprudência trabalhista constata-se, de fato, uma clareza maior na distinção entre os perfis de dano patrimonial e não patrimonial e isto sobretudo no que tange ao dano causado a profissão que – como foi visto – constituíra uma categoria indistinta dentro da qual tinham sido propositalmente inseridas tipologias de dano de natureza diferente.

Fica assim confirmada, por um lado, a capacidade da conduta ilícita do empregador – como a desqualificação ou o despedimento ilegítimo – de lesar tanto os interesses patrimoniais do trabalhador quanto os não patrimoniais, como a imagem ou a vida social[249],

---

[249] Corte de Cassação 2 de março de 2018, n. 4986; Corte de Cassação 10 de janeiro de 2018, n. 330; Corte de Cassação 12 de junho de 2015, n. 12253. *Rivista Italiana di Diritto del Lavoro*, II, p. 998, 2015,; Corte de Cassação 30 de setembro de 2009, n. 20980; Corte de Cassação 11 de setembro de 2009, n. 19682, em *Rivista Critica di Diritto del Lavoro*, p. 238, 2010; Corte de Cassação 7 de julho de 2009, n. 15915; Corte de Cassação 19 de dezembro de 2008, n. 29832,

impondo-se ao trabalhador demonstrar, mesmo que por presunções, a existência do prejuízo sofrido e do nexo causal entre este e a conduta do empregador[250].

Ao mesmo tempo, as decisões mais recentes salientam a necessidade de se evitar, na liquidação do dano, toda e qualquer duplicidade ressarcitória entre o componente não patrimonial do dano desferido a profissionalidade e as outras tipologias de dano da mesma natureza, como o dano existencial[251].

A reconstituição da estrutura bipolar do sistema ressarcitório determinou, portanto, no âmbito trabalhista, maior clareza na identificação de cada dano, reduzindo, por conseguinte, o risco de duplicidade e de sobreposições ressarcitórias.

A reconhecida unidade do dano não patrimonial e a superação parcial dos limites impostos pelo artigo 2059 do Código Civil, eliminaram, em poucas palavras, a exigência de fazer uma distinção, por vezes de maneira artificiosa, entre as várias componentes de dano não patrimonial. De fato, poderia já não ser mais tão importante fazer a distinção entre o dano moral subjetivo, entendido como sofrimento

---

em *Giustizia Civile*, I, p. 1622, 2009; Corte de Cassação 10 de junho de 2004, n. 11045, em *Giustizia Civile Massimario*, p. 6, 2004.

[250] Corte de Cassação 11 de agosto de 2015, n. 16690; Corte de Cassação 29 de setembro de 2014, n. 20473; Corte de Cassação 8 de janeiro de 2014, n. 172; Corte de Cassação 2 de julho de 2013, n. 16508; Corte de Cassação 29 de maio de 2013, n. 13414; Corte de Cassação 30 de setembro de 2009, n. 20980; Corte de Cassação 19 de dezembro de 2008, n. 29832, *cit.*; Corte de Cassação 28 de novembro de 2008, n. 28457, em *Foro Italiano*, I, p. 1745, 2009; Corte de Cassação 26 de novembro de 2008, n. 28274, em *Giustizia Civile*, I, p. 2850, 2009; Corte de Cassação 17 de dezembro de 2007, n. 26561, cit.; Corte de Cassação 5 de novembro de 2003, n. 16626, em *Orientamenti della Giurisprudenza del Lavoro*, I, p. 57, 2004. *Contra* no sentido de que, mesmo na ausência de alegações específicas do trabalhador, a indenização pelo dano devido à desqualificação profissional ainda é devida se o dano puder ser deduzido da reconstrução das circunstâncias: Corte de Cassação 12 de julho de 2016, n. 14204.

[251] Corte de Cassação 29 de setembro de 2014, n. 20473; Corte de Cassação 30 de setembro de 2009, n. 20980.

e perturbação da esfera interior, e o dano biológico de natureza psíquica. Por conseguinte, é possível chegar à mesma conclusão com relação à distinção entre dano moral e existencial, dado que ambos derivam de uma lesão da integridade psicofísica da pessoa[252].

Outra particularidade do âmbito trabalhista diz respeito aos filtros seletivos identificados pelas Seções Unidas para a indenizabilidade dos danos não patrimoniais.

Nas sentenças de 2003 e de 2008 – como visto anteriormente – a referência aos direitos invioláveis atendia ao objetivo de vincular o ressarcimento dos danos não patrimoniais a um critério de "*injustiça constitucionalmente qualificada*"[253] a fim de evitar o acolhimento descontrolado de qualquer pretensão ressarcitória e, nesta mesma ótica, colocava-se o apelo à gravidade da ofensa como filtro de avaliação do merecimento da indenizabilidade dos danos não patrimoniais.

Pois bem, na perspectiva trabalhista, o limite da natureza inviolável do direito lesado adquire um significado seguramente menos pujante do que em outros setores do sistema jurídico, considerado que a relação trabalhista abrange, pela própria natureza, o envolvimento dos direitos invioláveis do trabalhador. Isto significa que a tipicidade do dano não patrimonial, derivada da referência à lesão dos direitos invioláveis da pessoa, resulta diluída no âmbito trabalhista onde o trabalhador está sempre inevitavelmente exposto à lesão dos seus direitos fundamentais.

Existem, aliás, outras razões pontualmente registradas pela doutrina, pelas quais à condição da inviolabilidade do interesse

---

[252] CENDON, Paolo; ZIVIZ, Patrizia, op. cit., p. 1777 ss.; CASTRONOVO, Carlo. Il danno alla persona tra essere e avere. *Danno e Responsabilità*, p. 237 ss. 2004; TURSI, Armando, op. cit., p. 283 ss.

[253] Assim Corte de Cassação Seções Unidas 11 de novembro de 2008, n. 26972, 26973, 26974, 26975, cit.

lesado é de escassa relevância na relação trabalhista[254]. Isto deve-se ao fato que no âmbito trabalhista o interesse não patrimonial do trabalhador já possui reconhecimento explícito pela lei nos termos do artigo 2087 do Código Civil tornando, de fato, supérflua qualquer outra pesquisa ou confirmação quanto à relevância constitucional do interesse lesado[255].

Com relação à gravidade da lesão, a jurisprudência trabalhista assumiu tradicionalmente uma atitude bastante equilibrada na avaliação da importância e gravidade do dano, evitando, assim, os "*excessos imputáveis a outros filões jurisprudenciais*"[256], tendo em conta também a propensão do trabalhador a mover ações contra o empregador sobretudo em caso de lesões de maior gravidade.

Outra questão que foi resolvida em razão da evolução geral do sistema indenizatório foi a debatida contraposição entre dano-evento e dano-consequência.

Esta distinção remonta – como visto anteriormente – à sentença com a qual a Corte Constitucional reconheceu o direito fundamental ao ressarcimento do dano à saúde com base no artigo 32 da Constituição e no artigo 2043 do Código Civil[257].

Um dos trechos mais discutidos da sentença nº 184 de 1986 foi aquele em que a Corte Constitucional, acolhendo a perspectiva do ilícito de matriz mais criminalista do que privatista, atuou a artificiosa distinção entre "*o evento do fato lesivo*" e as suas "*consequências danosas*", qualificando o dano à saúde como "*dano-*

---

254 Sobre o ponto, DEL PUNTA, Riccardo. Il nuovo regime del danno non patrimoniale: indicazioni di sistema e riflessi lavoristici. *Rivista Italiana di Diritto del Lavoro*, II, p. 465 ss, 2009.

255 Corte de Cassação, Seções Unidas, 24 de março de 2006, n. 6572, cit..

256 Assim DEL PUNTA, Riccardo, op. ult. cit., p. 522.

257 Sobre a sentença da Corte Constitucional de 14 de julho de 1986, n. 184, ver *supra* o tópico I.

*evento*" diferentemente do dano moral que havia sido colocado na categoria de "*dano-consequência*".

A afiguração do dano biológico como dano-evento não foi, obviamente, sem efeitos no plano probatório, uma vez que apenas a demonstração da lesão do interesse tutelado constitucionalmente era suficiente para justificar o direito ao ressarcimento independentemente da efetiva existência do dano.

Obviamente a questão adquiria um significado muito especial no âmbito da responsabilidade contratual, no qual o dano é diretamente correlato a inadimplemento, sendo, portanto, possível presumir que a violação da obrigação contratual gere automaticamente um dano indenizável, cabendo ao lesado provar apenas o dano e a estipulação do contrato[258].

No âmbito trabalhista, essa concepção foi inicialmente acolhida em algumas sentenças da Corte de Cassação. Em particular, na hipótese de desqualificação profissional, algumas sentenças consideraram que a demonstração do dano fosse necessária somente para os prejuízos patrimonial e não para as lesões provocadas ao "*valor superior da profissionalidade, diretamente ligado a um direito fundamental do trabalhador que constitui essencialmente um bem de caráter imaterial*"[259].

A tese do dano-evento foi aplicada também no âmbito da não concessão de férias e do descanso semanal. Trata-se do dano causado pelo desgaste psicofísico derivado do desempenho da atividade laboral de maneira ininterrupta violando o artigo 36, parágrafo 3,

---

258 NAVARRETTA, Emanuela; POLETTI, Dianora. I danni non patrimoniali nella responsabilità contrattuale. In: NAVARRETTA, Emanuela (coord.). *I Danni non Patrimoniali*. Lineamenti sistematici e guida alla liquidazione, cit., p. 73.

259 Assim Corte de Cassação 2 de janeiro de 2002, n. 10, cit..

da Constituição que reconhece o direito irrenunciável ao repouso semanal e às férias anuais retribuídos[260].

Da não concessão de férias e repousos podem derivar numerosos prejuízos qualificáveis não apenas como dano biológico, no qual o desgaste psicofísico tenha vindo a causar verdadeiras lesões à saúde[261], mas, ao mesmo tempo, também um dano existencial em virtude da perturbação dos hábitos de vida pessoal e familiar do trabalhador[262].

Neste caso também não faltaram sentenças que, sobretudo com relação ao dano existencial, tenham afigurado o dano *in re ipsa* ou reconheceram uma presunção de dano *iuris et de iure*, isto é, identificando o dano com a violação do direito ao descanso e às férias[263].

Esta perspectiva era claramente funcional ao objetivo de desonerar a vítima da difícil tarefa de demonstrar a existência e a entidade do prejuízo sofrido na sua esfera pessoal, garantindo, ao mesmo tempo, uma sanção quase automática da conduta lesiva do prejudicador.

De um modo mais geral, é preciso observar como as afirmações do dano *in re ipsa* tenham encontrado uma marcada rejeição na

---

[260] Sobre o ponto em geral ver LUDOVICO, Giuseppe. "Superlavoro" e demansionamento: due pronunce della Cassazione in tema di danno biologico e rilevanza delle concause naturali. Orientamenti della Giurisprudenza del Lavoro, p. 395 ss., 2000; GRAGNOLI, Enrico. Responsabilità datoriale per infarto del dipendente e potere organizzativo. Massimario della Giurisprudenza del Lavoro, p. 818 ss. 1997.

[261] Corte de Cassação 1 de setembro de 1997, n.8267, cit.; Corte de Cassação 26 de janeiro de 1999, n. 704, cit.; Corte de Cassação 5 de fevereiro de 2000, n. 1307, cit..

[262] Corte de Cassação 4 de março de 2000 n. 2455, cit..; Corte de Cassação 3 de julho de 2001, n. 9009, em Lavoro e Previdenza Oggi, p. 1396, 2001.

[263] Assim Corte de Cassação 11 de julho de 1996, n. 6237, em Giustizia civile, 1996, p. 977; Corte de Cassação 5 de maio de 1999, n. 4497, em Orientamenti della Giurisprudenza del Lavoro, n. I, p. 716, 1999; Corte de Cassação 4 de março de 2000 n. 2455, cit..; Corte de Cassação 7 de março de 2002, n. 3298, em Foro Italiano, I, p. 2756, 2002; Tribunal de Milão 19 de julho de 2006, em Rivista Critica di Diritto del Lavoro, p. 1161, 2006; Tribunal de Turim 22 de junho de 2005, em Giurisprudenza Piemontese, p. 94, 2006.

orientação maioritária da própria jurisprudência trabalhista, a qual, ainda antes da intervenção decisiva das Seções Unidas, já tinha reafirmado – não apenas com relação ao dano biológico, mas também com referência aos prejuízos causados à personalidade à esfera existencial do trabalhador – a necessária distinção entre a lesão do direito e o dano derivado da lesão[264].

Com maior coerência no plano sistemático, os juízes trabalhistas já haviam confirmado que *"o prejuízo de um direito inviolável da personalidade deve ser alegado e provado por aquele que o invoca" "nas suas características naturalísticas"* e *"no nexo de causalidade"*[265].

Nesse sentido, expressaram-se com a sentença de 24 de março de 2006, n° 6572 as Seções Unidas da Cassação[266], as quais foram chamadas a intervir sobre uma questão trabalhista a fim de dirimir o conflito surgido entre a orientação que, em caso de desqualificação, considerava *in re ipsa* o dano existencial sofrido pelo trabalhador[267], e a orientação que, mesmo reconhecendo a capacidade lesiva da conduta do empregador em relação aos interesses não patrimoniais do trabalhador, considerava, contudo, necessária a demonstração da existência efetiva do dano[268].

---

[264] Corte de Cassação 8 de novembro de 2003, n. 16792, em Foro italiano, Rep. 2003, voce Lavoro (rapporto), n. 987; Corte de Cassação 4 de junho de 2003, n. 8904, em Orientamenti della Giurisprudenza del Lavoro, I, p. 523, 2003; Corte de Cassação 14 de maio de 2002, n. 6992, em Rivista Italiana di Diritto del Lavoro, II, p. 326, 2003.

[265] Corte de Cassação 3 de julho de 2001, n. 9009, cit.

[266] Corte de Cassação, Seções Unidas, 24 de março de 2006, n. 6572, cit..

[267] Corte de Cassação 16 de dezembro de 1992, n. 13299, cit.; Corte de Cassação 18 de outubro de 1999, n. 11727, cit.; Corte de Cassação 6 de novembro de 2000, n. 14443, cit.; Corte de Cassação 2 de novembro de 2001, n. 13580, cit.; Corte de Cassação 12 de novembro de 2002, n. 15868, cit.; Corte de Cassação 29 de abril de 2004, n. 8271, em *Notiziario di Giurisprudenza del Lavoro*, p. 590, 2004; Corte de Cassação 26 de maio de 2004 n. 10157, cit..

[268] Corte de Cassação 11 de agosto de 1998 n. 7905; Corte de Cassação 19 de março de 1999, n. 2561, em *Giustizia civile Massimario*, p. 618, 1999; Corte de Cassação 4 de junho de 2003,

As Seções Unidas optaram por esta última orientação, reiterando a regra geral segundo a qual *"da inadimplência do empregador não deriva" "automaticamente a existência do dano"*, razão pela qual na responsabilidade contratual também o dano não patrimonial deve ser demonstrado pelo prejudicado[269].

É óbvio que a necessidade da prova da existência efetiva do dano se põe, sobretudo, com relação ao dano existencial, o qual, diferentemente do dano biológico, não é susceptível de avaliação médico-legal objetiva, razão pela qual – como justamente assinalam as Seções Unidas – este tipo de dano não pode ser automaticamente deduzido da desqualificação profissional, não sendo possível ignorar que *"a lesão dos interesses relacionais, ligados à relação trabalhista, pode permaner essencialmente sem efeitos, isto é, não provoque consequência prejudiciais à esfera subjetiva do trabalhador"*[270].

Cumpre, contudo, assinalar que as regras gerais em matéria de ônus probatórios na responsabilidade contratual são bastante favoráveis ao trabalhador[271], o qual deve demonstrar unicamente a fonte contratual, o dano sofrido e a correlação entre este e a atividade laboral, enquanto cabe ao empregador o ônus de provar

---

n. 8904; Corte de Cassação 18 de novembro de 2003 n. 16792, Corte de Cassação 28 de maio de 2004 n. 10361.

[269] Em especial, segundo Corte de Cassação, Seções Unidas, 24 de março de 2006, n. 6572, cit., a função do ressarcimento é reintegrar *"a efetiva redução do patrimônio do prejudicado, através do cotejo entre o seu valor atual e o que teria sido caso a obrigação tivesse sido corretamente cumprida"*, acarretando que *"caso não tenha ocorrida uma redução (perda sofrida e/ou perda de rendimento) o direito ao ressarcimento não pode ser configurado"* e isto ocorre na medida em que a atribuição de uma quantia de dano na falta de uma efetiva demonstração do dano *"acabaria por configurar uma quantia-castigo, como uma sanção civil punitiva, imposta com base apenas na inadimplência, mas este instituto não está em vigor no nosso ordenamento"*.

[270] Corte de Cassação, Seções Unidas, 24 de março de 2006, n. 6572, cit.

[271] Corte de Cassação, Seções Unidas, 30 de outubro de 2001, n. 13533, em *Foro Italiano*, I, c. 769 ss, 2002, com anotações de Paolo Laghezza.

o adimplemento da obrigação de garantir a segurança ou que o inadimplemento dependeu de uma causa não imputável a ele[272].

Mais especificamente, cabe ao trabalhador demonstrar as circunstâncias da dinâmica do acidente ou da doença profissional, provar o evento lesivo e demonstrar que as medidas de segurança não foram suficientes para evitar o dano e provar o nexo causal entre o dano e o evento; enquanto cabe ao empregador demonstrar o cumprimento do disposto no artigo 2087, ou seja, a adoção de todas as medidas de segurança de acordo com o melhor progresso tecnológico e com os padrões de segurança específicos do próprio setor de atividade, de ter formado adequadamente os trabalhadores sobre riscos específicos e genéricos, de ter equipado os trabalhadores das medidas de segurança, supervisionando adoção concreta dos mesmos. Depois ter provado o adimplemento da obrigação de segurança, o empregador poderá demonstrar o possível concurso da culpa do trabalhador ou, em qualquer caso, a inexistência do nexo causal relativo ao evento ocorrido.

Some-se a isso que as próprias Seções Unidas atenuaram o ônus probatório do trabalhador, admitindo a possibilidade de fornecer a prova do dano com qualquer meio indicado no sistema processual e especificamente através das presunções, com o resultado que o dano à esfera existencial e relacional pode ser facilmente deduzido a partir

---

[272] Assim Corte de Cassação 2 de março de 2018, n. 4972; Corte de Cassação 15 de junho de 2017, n. 14865; Corte de Cassação 29 de janeiro de 2013, n. 2038; Corte de Cassação 22 de dezembro de 2011, n. 28205; Corte de Cassação 21 de dezembro de 2010, n. 25865; Corte de Cassação 20 de maio de 2010, n. 12351; Corte de Cassação 22 de dezembro de 2008, n. 29935; Corte de Cassação 13 de agosto de 2008, n. 21590; Corte de Cassação 2 de julho de 2008, n. 18107; Corte de Cassação 23 de abril de 2008, n. 10529. *Rivista Italiana di Diritto del Lavoro*, II, p. 795 ss., 2008, com anotações de Valentina Pasquarella; Corte de Cassação 14 de abril de 2008, n. 9817, em *Rivista Critica di Diritto del Lavoro*, p. 681, 2008; Corte de Cassação 25 de maio de 2006, n. 12445, em *Notiziario di Giurisprudenza del Lavoro*, p. 471 ss, 2006; Corte de Cassação 28 de julho de 2004, n. 14270, em *Rivista degli Infortuni e delle Malattie Professionali*, II, p. 79 ss., 2004; Corte de Cassação 1 de outubro de 2003, n. 14645, em *Orientamenti della Giurisprudenza del Lavoro*, I, p. 835 ss, 2003.

da simples demonstração dos reflexos negativos que a desqualificação gerou concretamente nos hábitos do dia a dia do trabalhador[273].

Em conclusão, a nítida afirmação do princípio da necessária demonstração do dano coloca-se como o desenvolvimento coerente e racional das regras gerais da responsabilidade civil, possibilitando rechaçar pedidos absurdos, sem, com isso, limitar o justo reconhecimento das solicitações ressarcitórias dotadas de um mínimo de fundamento.

[273] Corte de Cassação, Seções Unidas, 24 de março de 2006, n. 6572, cit.

# A LIQUIDAÇÃO DO DANO NÃO PATRIMONIAL NO SISTEMA DAS TABELAS

A tendência à unificação do dano não patrimonial não foi a única repercussão positiva derivada da reconstituição da estrutura bipolar do sistema indenizatório.

No plano concreto, a reiterada distinção entre dano patrimonial e não patrimonial teve também o efeito de uma maior coerência na escolha dos critérios de liquidação do ressarcimento, excluindo o recurso ao parâmetro da retribuição – como aconteceu algumas vezes no passado – para o cálculo do ressarcimento de alguns componentes de dano de natureza não patrimonial[274].

[274] Sobre o ponto ver Corte de Cassação 9 de novembro de 2017, n. 26593; Corte de Cassação 12 de junho de 2015, n. 12253, cit.; Corte de Cassação 19 de dezembro de 2008, n. 29832,

A questão dos critérios de liquidação dos danos não patrimoniais representa um problema mais filosófico do que jurídico: quanto custa a dor física sofrida por dias? Quanto vale a lesão da integridade psicofísica da pessoa? Quanto vale a perda de não poder expressar a própria personalidade?

São todas perguntas evidentemente às quais não é fácil responder. Contudo, podemos assinalar, antes de tudo e de acordo com a elaboração dos danos não patrimoniais, que o critério de liquidação deve ser necessariamente extrapatrimonial conforme à natureza dos respectivos danos. A questão, na verdade, está intimamente ligada ao significado mais profundo do conceito de dano não patrimonial, cuja natureza pertence ao valor do ser humano em si considerado, independentemente das diferenças patrimoniais entre os indivíduos. Em poucas palavras, o dano não patrimonial tem de refletir o valor da pessoa humana dentro da sociedade em que vive, de acordo com os valores fundamentais da sociedade mesma. Os critérios de liquidação portanto não podem, de forma nenhuma, refletir aspectos patrimoniais da pessoa, devendo expressar a igualdade do valor de qualquer pessoa no sistema jurídico.

A questão complica-se ainda mais em razão da diferente natureza dos danos não patrimoniais. Nesse sentido, segundo a Corte de Cassação, a liquidação do dano moral ou existencial está indissoluvelmente ligada à pessoa, não se podendo utilizar para a avaliação destes danos os mesmos critérios de determinação do dano biológico que implica uma lesão objetiva e clinicamente comprovável da saúde.

Para a indenização e a avaliação dos danos morais e existências, portanto, não serão suficientes as provas médicas da lesão da saúde, cabendo ao trabalhador a demonstração dos sofrimentos e das alterações

---

cit.; Corte de Cassação 26 de novembro de 2008, n. 28274, cit.; Corte de Cassação 17 de dezembro de 2007, n. 26561, cit..

efetivas dos seus hábitos de vida. O juiz deverá, assim, prestar atenção às provas, em particular às testemunhais, especialmente se forem de parentes ou amigos da pessoa lesada, e somente em caso de provas oferecidas pelo lesado o juiz poderá recorrer ao uso de presunções simples nos termos do artigo 2729 do Código Civil, segundo o qual as presunções não estabelecidas por lei são deixadas à prudência do juiz, que deve admitir apenas pressuposições graves, precisas e concordantes.

Diante da presença das provas do dano, o juiz poderá liquidar a indenização do mesmo de acordo com o critério equitativo do artigo 1226 do Código Civil, o qual prevê que, se o dano não puder ser comprovado em seu valor exato, ele será liquidado pelo juiz com uma avaliação equitativa. O montante pago deve ser obviamente proporcional à gravidade e seriedade do dano, tendo em conta os sofrimentos realmente incorridos pela parte lesada, devendo a indenização tornar adequada ao caso concreto. A liquidação do dano extrapatrimonial, portanto, não pode implicar arbitrariedade alguma do juiz, que deve argumentar e circunstanciar a própria quantificação em relação ao dano efetivamente sofrido pelo lesado. Por isso, a Corte de Cassação impõe aos juízes na liquidação dos danos extrapatrimoniais de explicar na motivação da decisão os critérios utilizados, expressando de forma analítica os argumentos probatórios e as circunstâncias específicas que justificam a liquidação adotada.

O problema maior deste ponto de vista é obviamente evitar a arbitrariedade do juiz na fase de liquidação, que conduziria a uma violação inaceitável do princípio da igualdade substancial entre as vítimas, além de gerar uma grave violação do princípio jurídico da segurança jurídica.

Depois de numerosos debates, a jurisprudência italiana chegou à elaboração de algumas tabelas de indenização por dano não patrimonial, que garantem o tratamento igualitário das vítimas, asseguranndo simultaneamente ao juiz a possibilidade de desviar-se, dentro dos limites previstos, dos valores monetários da tabela, para garantir a necessária personalização da indenização. Não se trata de tabelas de natureza legislativa, que levantariam graves problemas de constitucionalidade, mas de uma tarifação elaborada pelos juízes, mesmos no âmbito da própria avaliação equitativa.

Desta forma, também na área trabalhista, assistiu-se à aplicação das tabelas do Tribunal de Milão como critério geral de liquidação do dano não patrimonial[275].

Para entender melhor o valor dessas tabelas, é oportuno assinalar que depois as intervenções da Cassação de 2008, que afirmaram a necessidade de uma visão unitária do dano extrapatrimonial, o Observatório da Justiça Civil de Milão sentiu a necessidade de atualizar as tabelas anteriores que previam critérios diferenciados de liquidação para cada tipo de dano não patrimonial.

Após um longo confronto entre juízes e advogados do Tribunal de Milão em 2018 foi, assim, proposta uma nova tabela que prevê uma liquidação conjunta dos danos extrapatrimoniais decorrentes de uma lesão permanente da integridade psicofísica nos seus aspectos anatômicos e existenciais e dos danos extrapatrimoniais resultantes das mesmas lesões em termos de "sofrimento subjetivo". A tabela que foi atualizada em 2021[276], prevê valores monetários médios correspondentes à incidência da lesão, que podem ser aumentados pelo juiz para a adequada personalização da liquidação, em particular no que respeita os aspectos existências de sofrimento subjetivo do dano.

---

[275] Ver sobre o ponto em TREGLIA, Giorgio. Prova e liquidação do dano extrapatrimonial no direito trabalhista. In: LUDOVICO, Giuseppe; BORSIO, Marcelo; MELO, Raimundo Simão de (coord.), op. cit., p. 161 ss.

[276] em www.tribunale.milano.it/index.phtml?Id_VMenu=1&daabstract=1267.

Entre os critérios da nova tabela foram previstos padrões particulares para alguns tipos específicos de dano: o dano chamado terminal que – como visto anteriormente – surge em caso de morte após um intervalo de tempo a partir do momento da lesão; o dano extrapatrimonial por difamação na imprensa; o dano extrapatrimonial da responsabilidade agravada sofrido no processo; o dano por perda da relação parental que são quantificados de forma diferente em função de cada tipo de relação familiar.

Em qualquer caso, permanecem o dever do juiz de justificar os critérios adotados para quantificar a indenização e a possibilidade de adotar critérios de liquidação diferentes, explicando de forma adequada a razão da não aplicação das tabelas.

Em conclusão, pode suscitar dúvidas em um sistema de tarifação não legislativo mas ao final isso representa a única solução para conciliar a igualdade da quantificação do dano com a necessária flexibilidade dessa avaliação.

Uma confirmação nesse sentido é representada pelos excelentes resultados que o sistema da tabela ofereceu até agora, e por essa razão que este sistema foi confirmado pela mesma Corte de Cassação que identificou nas tabelas elaboradas pelo Tribunal de Milão um instrumento válido para assegurar uniformidade de tratamento no território nacional, *"sendo intolerável e injusto que danos idênticos podem ser liquidados em uma medida diferente apenas porque são examinados por diferentes sedes judiciais"*[277].

---

[277] Assim Corte de Cassação 18 de maio de 2017, n. 12470, em *Archivio Giuridico della Circolazione e dei Sinistri Stradali*, p. 608, 2017; Corte de Cassação 23 de fevereiro de 2016, n. 3505, em *Archivio Giuridico della Circolazione e dei Sinistri Stradali*, p. 497, 2016; Corte de Cassação 8 de janeiro de 2016, n. 125, em *Archivio Giuridico della Circolazione e dei Sinistri Stradali*, p. 202, 2016; Corte de Cassação 15 de outubro de 2015, n. 20895; Corte de Cassação 8 de novembro de 2012, n. 19376; Corte de Cassação 7 de junho de 2011, n. 12408, em *Giustizia Civile*, I, p. 445, 2013.

# O DANO EXTRAPATRIMONIAL ENTRE RESPONSABILIDADE CIVIL E SEGURO SOCIAL CONTRA ACIDENTES NO TRABALHO E DOENÇAS PROFISSIONAIS

A evolução geral do dano não patrimonial não deixou indiferente o sistema do seguro obrigatório contra os acidentes no trabalho e doenças profissionais.

O "*equilíbrio fundamental*"[278] que durante muito tempo conduziu às relações entre os dois sistemas entrou em crise quando a Corte Constitucional italiana, com o acórdão de 14 de julho de 1986, nº

---

[278] CASTRONOVO, Carlo. Danno alla salute e infortuni. La Corte Costituzionale e i diritti secondi. *Foro Italiano*, I, c. 91, 1995.

184[279], introduziu na questão sobre a responsabilidade civil a nova figura do dano biológico. Nesta ocasião, definiu o dano biológico como prejuízo à integridade física e mental da pessoa, independentemente da sua capacidade de trabalho, que se baseia no direito fundamental à saúde consagrado no artigo 32 da Constituição[280].

Este tipo de dano era irremediavelmente estranho à previdência social que, vinculada pelas tabelas da lei, continuava a prever, para eventos de gravidade igual ou superior a 11%, uma renda periódica calculada somente em função do critério patrimonial da redução da capacidade de ganho.

A assimetria entre a indenização e o benefício acidentário prejudicou, assim, a funcionalidade do mecanismo previsto nos artigos 10 e 11 do Decreto do Presidente da República de 30 de junho de 1965, nº 1124, Texto Único (daqui para frente T.U.), que disciplinam um mecanismo particular de ligação entre responsabilidade civil e seguro obrigatório. Em particular, o artigo 10 do T.U. prevê que o seguro "*exonera o empregador da responsabilidade civil por acidentes do trabalho*" ou doenças profissionais, exceto nos casos em que o empregador ou seus empregados sofram "*condenação penal*" por crime de ação pública. Nesses casos, a indenização "*é devida apenas pela parte que exceda o benefício acidentário*" pago pelo segurador público (INAIL), que, em conformidade com o artigo 11 do T.U., nesses casos tem "*direito de ação contra os responsáveis civis para obter o reembolso dos valores pagos a título de benefícios e despesas acessórias*".

Em verdade, a regra da exoneração da responsabilidade civil sofreu no tempo um processo de erosão profunda. Essa contração do seu âmbito de aplicação começou com o acórdão da Corte Constitucional,

---

279 Ver *supra* o tópico I.

280 CASTRONOVO, Carlo. Danno biologico. Un itinerario di diritto giurisprudenziale, cit.

que reconheceu a responsabilidade civil do empregador em caso de crime cometido por qualquer trabalhador[281], e prosseguiu com a jurisprudência até agora dominante, que considera crime também a simples violação da ampla e genérica obrigação de segurança prevista pelo artigo 2087 do Código Civil[282].

No plano processual, também, o desgaste da regra de exoneração foi importante tendo em conta, por um lado, que o trabalhador é beneficiado na ação indenizatória em razão da favorável distribuição do ônus da prova da responsabilidade contratual[283]. Por outro lado, a jurisprudência admite a possibilidade de o juiz civil reconhecer o crime de ação pública[284] de acordo com o Código de Processo Penal, que assegura a completa autonomia da jurisdição civil em relação à jurisdição penal[285].

Este longo processo de erosão, todavia, ainda não conduziu ao desaparecimento definitivo da regra da exoneração, que continua a condicionar formalmente o direito do trabalhador à indenização dos

[281] Corte Constitucional 9 de março de 1967, n. 22, em *Foro Italiano,* I, c. 685 ss., 1967, con comentário de Adriano De Cupis.

[282] Sobre essa evolução, ver LUDOVICO, Giuseppe. *Tutela previdenziale per gli infortuni sul lavoro e le malattie professionali e responsabilità civile del datore di lavoro,* cit., p. 105 ss., e em português LUDOVICO, Giuseppe. A relação entre indenizações e benefícios acident*ários* na Itália. *Revista de Direito do Trabalho: RDT,* n. 192, p. 199 ss, 2018.

[283] Entre mais recentes Corte de Cassação 11 de abril de 2013, n. 8855; Corte de Cassação 22 de dezembro de 2011, n. 28205; Corte de Cassação 21 de dezembro de 2010, n. 25865; Corte de Cassação 17 de fevereiro de 2009, n. 3785; Corte de Cassação 13 de agosto de 2008, n. 21590; Corte de Cassação 22 de dezembro de 2008, n. 29935; Corte de Cassação 14 de abril de 2008, n. 9817, em *Rivista Critica del Diritto del Lavoro,* p. 681, 2008.

[284] Corte Constitucional 22 de março de 1971, n. 55, em *Foro Italiano,* I, c. 824, 1971; Corte Constitucional 27 de junho de 1973, n. 99, em *Foro Italiano,* I, c. 2009, 1973; Corte Constitucional 26 de junho de 1975, n. 165, em *Foro Italiano,* I, c. 36, 1976; Corte Constitucional 19 de junho de 1981, n. 102, em *Massimario di Giurisprudenza del Lavoro,* p. 281, 1981; Corte Constitucional 24 de abril de 1986, n. 118, em *Foro Italiano,* I, c. 383, 1988; Corte Constitucional 11 de dezembro de 1995, n. 499, em *Responsabilità Civile e Previdenza,* II, p. 265, 1996.

[285] Corte de Cassação Seções Unidas 16 de março de 2015, n. 5160, em *Rivista del Diritto della Sicurezza Sociale*, p. 827, 2015.

danos superiores aos benefícios acidentários. Sobre este aspecto, a responsabilidade civil e o seguro obrigatório voltaram a confrontar-se sobre o plano do conteúdo dos danos.

Em particular, após o reconhecimento do dano biológico no âmbito do sistema indenizatório, surgiram algumas dúvidas quanto à exata identificação da parte da indenização devida ao trabalhador a título de dano diferencial e da parte sujeita à ação regressiva do INAIL.

Em 1991, a Corte Constitucional italiana proferiu três acórdãos que mudaram completamente o sistema de coordenação entre seguro social e responsabilidade civil regulado pelos artigos 10 e 11 do T.U. Com a sentença nº 87 de 15 de fevereiro de 1991[286], a Corte Constitucional solicitou o legislador a intervir para a extensão da garantia social ao dano biológico, com a advertência de que, em caso de atraso, teria declarado inconstitucional a disciplina então em vigor. Com outras seguintes decisões o juiz constitucional afirmou que, em falta da cobertura social, a indenização do dano biológico cabe exclusivamente ao trabalhador, proibindo a ação regressiva do INAIL sobre o relativo montante de indenização[287].

As decisões do juiz constitucional tiveram obviamente consequências negativas especialmente para o INAIL, que devia pagar o benefício acidentário, sem a possibilidade de exercitar a ação regressiva sobre a indenização por dano biológico reconhecida pelo juiz.

---

[286] Corte Constitucional 15 de fevereiro de 1991, n. 87, em *Foro Italiano*, I, c. 1664 ss, 1991.

[287] Corte Constitucional 27 de dezembro de 1991, n. 485, em *Rivista Italiana di Diritto del Lavoro*, II, p. 756 ss., 1992; Corte Constitucional 18 de julho de 1991, n. 356, em *Rivista Giuridica del Lavoro*, III, p. 144 ss, 1991. Os mesmos princípios foram estendidos após ao dano moral pela Corte Constitucional 17 de fevereiro de 1994, n. 37, em *Foro Italiano*, I, c. 1326, 1994.

Com o artigo 13 do Decreto Legislativo 23 de fevereiro de 2000, nº 38[288], foi introduzida a reforma que estendeu a cobertura do seguro social ao dano biológico, definido como "*lesão da integridade psicofísica da pessoa, suscetível de avaliação médico-legal*", relativamente a qual os benefícios acidentários "*são determinados independentemente capacidade de ganho do lesado*". Esta foi a primeira definição legislativa do dano biológico que, tal como definido pelo artigo 13, refere-se apenas ao "*seguro obrigatório de acidentes de trabalho e doenças profissionais*" e tem valor "*experimental*" "*na pendência da definição geral e dos critérios para determinação da sua indenização*".

O decreto nº 38/2000 colocou este tipo de prejuízo no centro do novo sistema de seguro social. O benefício precedente calculado unicamente em razão da diminuição da capacidade de ganho foi substituído por um novo tipo de benefício acidentário, calculado principalmente em função da lesão da integridade psicofísica.

Em caso de lesão permanente da integridade psicofísica de gravidade entre 6% e 15%, o benefício acidentário é calculado apenas em função do dano biológico, e é pago com soma capital; em caso de lesão permanente de gravidade superior a 16%, o benefício acidentário é pago sob forma de uma renda periódica, e está dividido em duas partes, uma para o dano biológico, outra para o dano patrimonial[289].

Um aspecto fundamental da proteção oferecida pelo seguro social deve ser identificado nos pontos percentuais previstos pelas

---

[288] O decreto n. 38 de 2000 foi emitido de acordo com a delegação prevista no artigo 55, parágrafo 1, lett. s), da lei de 17 de maio de 1999, n. 144, que autorizou o Governo a introduzir "*no objeto do seguro contra acidentes de trabalho e doenças profissionais e no âmbito do respectivo sistema de compensação e proteção social (...) uma cobertura adequada e uma avaliação social do dano biológico, com consequente adequação do importo dos prêmios de seguro*".

[289] Sobre o novo sistema: GIUBBONI, Stefano; LUDOVICO, Giuseppe; ROSSI, Andrea. *Infortuni sul Lavoro e Malattie Professionali*. Pádua: Cedam, 2020, p. 191 ss.; DE MATTEIS, Aldo. *La Responsabilità del Datore di Lavoro*. Roma: Aracne, 2013, p. 86 ss.; LUDOVICO, Giuseppe. Il danno biologico

tabelas previstas pelo decreto ministerial de 12 de julho de 2000, cuja entrada em vigor ratifica a aplicação do novo regime aos acidentes de trabalho e doenças profissionais, respectivamente, ocorridos e denunciadas a partir de 25 de julho de 2000[290].

Essas tabelas – *"tabela de prejuízos"*, *"tabela de valores do benefício por dano biológico"* e *"tabela de coeficientes"* – têm a função de definir os conteúdos da garantia social, determinando os critérios para transformar a percentagem da gravidade da lesão no valor econômico do benefício acidentário.

Os conteúdos das tabelas refletem a tentativa de transpor as indicações da Corte Constitucional que exigiram uma maior personalização do benefício acidentário[291].

A *"tabela de prejuízos"* identifica as lesões e representa a expressão mais evidente da posição de centralidade absoluta[292] reconhecidas às lesões da integridade psicofísica[293]. Os valores percentuais de cada lesão refletem as indicações sugeridas pela ciência médico-jurídica, tendo em conta a avaliação do médico do INAIL, que pode flutuar entre

---

negli infortuni sul lavoro e nelle malattie professionali (prima e dopo il d.lgs. 23 febbraio 2000, n. 38). In: PEDRAZZOLI, Marcello (a cura di). *I danni alla persona del lavoratore nella giurisprudenza*, cit., p. 157-169; LUDOVICO, Giuseppe. *Tutela previdenziale per gli infortuni sul lavoro e le malattie professionali e responsabilità civile del datore di lavoro*, cit., p. 227 ss..

[290] Assim o artigo 1, parágrafo 2, de decreto legislativo 19 de abril de 2001, n. 202, que alterou a redação do artigo 13 do decreto n. 38 de 2000, especificando que a nova disciplina se aplica aos acidentes ocorridos e às doenças profissionais denunciadas a partir de *"25 de julho de 2000"*.

[291] Corte Constitucional 21 de novembro de 1997, n. 350, em Danno e Responsabilità, p. 141 ss, 1998, com anotações de POLETTI, Dianora. Nuovo invito della Consulta per la Riforma Dell'assicurazione Obbligatoria contro gli Infortuni sul Lavoro e le Tecnopatie.

[292] Assim GIUBBONI, Stefano. Il danno patrimoniale da inabilità permanente al lavoro fra indennizzo e risarcimento. *Rivista Critica di Diritto del Lavoro*, p. 670, 2005.

[293] Em substituição dos 59 itens da tabela anterior relativa aos prejuízos na esfera patrimonial, a nova tabela inclui 387 itens que incluem perfis e aspectos da lesão não considerados anteriormente.

valores mínimos e máximos[294], com a possibilidade de exceder, com motivação adequada, os limites percentuais previstos pela tabela[295].

A "*tabela de valores do benefício por dano biológico*" determina os montantes econômicos de cada ponto percentual para determinar o valor exato do benefício acidentário em razão da idade e gravidade da lesão, com critérios diferentes para homens e mulheres em razão da diferente expetativa de vida que, no caso das mulheres, é maior do que os homens.

Por último, a "*tabela de coeficientes*" define a percentagem do salário para calcular a quota adicional do benefício acidentário relativa aos efeitos patrimoniais do evento nas lesões de grau igual ou superior a 16%. Esta tabela mostra diferentes coeficientes em razão da "*atividade realizada*", da "*categoria de atividade*" e da "*recolocação*" do trabalhador[296], com valores que aumentam progressivamente de acordo com a gravidade da deficiência, com a possibilidade – como já dito anteriormente – do médico do INAIL de aplicar o coeficiente da categoria superior.

---

[294] Ver POLETTI, Dianora. Il danno da infortunio sul lavoro alla luce del d.lgs. n. 38/2000. *Responsabilità Civile e Previdenza*, p. 281, 2001.

[295] Assim a tabela de coeficientes que permite ao médico-legista de atribuir ou confirmar o coeficiente da faixa superior.

[296] O significado desses conceitos foi esclarecido pelo próprio decreto ministerial e pela circular do INAIL n. 57 de 4 de agosto de 2000, segundo os quais a "*atividade realizada*" refere-se ao "*tipo de atividade em suas conotações gerais, independentemente das condições contingentes e peculiares da organização do trabalho em que a parte lesada efetivamente operou*" (circular n. 57/2000, parágrafo 3.3.2.1); por "*categoria de atividade*" entende-se todas as "*atividades adequadas ao patrimônio bio-atitudinal-profissional (cultura, idade, sexo, condição psicofísica, experiência de trabalho etc.)*", enquanto a "*recolocação*" refere-se à "*possibilidade de que as habilidades psicofísicas remanescentes possam ser usadas para atividades de trabalho, também através instrumentos de apoio e serviços de suporte*" (decreto ministerial de 12 de julho de 2000). A avaliação da recolocação, portanto, não se refere à recolocação efetiva, mas à "recolocabilidade" do trabalhador que deve ser avaliada em razão das potencialidades da pessoa, "*tendo em conta os resultados dos programas de reabilitação realizadas, bem como os efeitos que podem derivar das intervenções de suporte ambiental e serviços de suporte efetivamente utilizáveis*" (circular n. 57/2000, parágrafo 3.3.2.1).

Em comparação com o passado em que o valor do benefício acidentário estava exclusivamente ligado à redução da capacidade de trabalho, na disciplina atual o dano patrimonial é presumivelmente deduzido do grau da lesão da integridade psicofísica, e isso com base na ideia de que, além de um certo limite de gravidade, a lesão da saúde também produz uma diminuição da capacidade de trabalho. Em poucas palavras, a gravidade maior do prejuízo não patrimonial representado pela lesão da integridade psicofísica tem como efeito presumível um dano patrimonial que consiste na redução da capacidade de desempenhar a atividade de trabalho. Deve obviamente ser salientado que esse tipo de presunção é coerente com a natureza padronizada dos critérios da previdência social, enquanto não seria aplicável – como visto anteriormente – no âmbito da responsabilidade civil onde a indenização de qualquer dano é indissoluvelmente ligada à prova concreta do prejuízo.

É assim ratificada a posição de centralidade do dano biológico como elemento prioritário do dano à pessoa, sancionando, também, a função social deste seguro que, excluindo qualquer função de indenização integral do dano, opera por meio de mecanismos presuntivos e previdenciários de acordo com o critério de adequação previsto no segundo parágrafo do artigo 38 da Constituição[297].

Ao contrário do que se esperava, o legislador não previa algumas disposições de coordenação entre os novos conteúdos do seguro social e os artigos 10 e 11 do T.U., levantando, uma vez mais, muitas dúvidas sobre a relação entre o seguro obrigatório e a responsabilidade civil.

O legislador confiou evidentemente no fato de que a introdução da cobertura social do dano biológico teria garantido a superação

---

297 LUDOVICO, Giuseppe, op. ult. cit., p. 253.

dos acórdãos da Corte Constitucional do 1991, restaurando automaticamente o equilíbrio original no mecanismo de ligação entre o seguro obrigatório e a responsabilidade civil.

Uma questão particularmente debatida é a dos critérios de comparação entre indenização e benefício acidentário para a quantificação do dano diferencial. Trata-se de uma questão que a um exame superficial pode parecer de valor apenas prático, mas que, numa análise de maior profundidade, revela-se de particular importância sobre o plano teórico, refletindo as diferentes concepções do seguro social e da sua relação com a responsabilidade civil.

Consoante à leitura tradicional, a comparação entre indenização e benefício acidentário deve ser efetuada para cada tipo de dano, distinguindo-se o dano diferencial do dano complementar[298]. A primeira categoria do dano diferencial pertence os danos cobertos pelo seguro social para os quais a diferença eventual[299]) entre indenização e benefício deveria ser paga somente no caso crime de ação pública, enquanto o dano complementar contém os danos excluídos da garantia social e, como tal, indenizáveis nos termos das regras gerais do sistema da responsabilidade civil[300].

A comparação analítica por tipo de dano produz, contudo, muitas complicações e parece estar em contradição com a afirmação

---

[298] Esta distinção é de MARANDO, Giuseppe. Responsabilità, Danno e Rivalsa per gli Infortuni sul Lavoro. Milão: Giuffrè, 2003, p. 504.

[299] É correto falar de diferença "eventual" pela simples razão que segundo a jurisprudência da Cassação, o juiz do mérito deve proceder ex officio, por meio de uma operação contabilística abstrata, à subtração do valor hipotético da renda INAIL do montante da indenização, embora o instituto segurador não pagou, em concreto, algum benefício devido à inércia do trabalhador, que não denunciou o acidente ou doença, ou que deixou transcorrer o prazo prescricional. Nesse sentido, Corte de Cassação 31 de maio de 2017, n. 13819. Il Lavoro nella Giurisprudenza, p. 932, 2017.

[300] Em favor deste critério a maioria da jurisprudência da Corte de Cassação: Corte de Cassação 21 de novembro de 2017, n. 27669; Corte de Cassação 10 de abril de 2017, n. 9166, em Il Lavoro nella Giurisprudenza, p. 820 ss., 2017; Corte de Cassação, 14 de outubro de 2016, n. 20807 em

das Seções Unidas da Corte de Cassação que definiram o dano não patrimonial como uma *"categoria geral não suscetível de divisão em subcategorias variadamente nomeadas"*, negando qualquer autonomia a cada componente do dano biológico, existencial e moral[301].

Uma segunda posição firmada na doutrina[302] e na jurisprudência[303], o dano diferencial deveria ao contrário ser calculado simplesmente deduzindo o valor global do benefício pago pelo INAIL do montante total da indenização reconhecida pelo juiz civil, sem qualquer distinção entre danos incluídos e excluídos da garantia social. O montante excedente eventual corresponderá ao dano diferencial que será indenizável de acordo com as regras gerais da responsabilidade civil.

Na verdade, a comparação analítica por tipos de danos entre indenização e benefício social não é indiferente para o INAIL que, desta forma, não pode recuperar o valor total dos benefícios pagos, enquanto o lesado pode acumular às vezes, a título de indenização e

---

Il Lavoro nella Giurisprudenza, p. 204 ss., 2017; Corte de Cassação, 30 de agosto de 2016, n. 17407, em Foro Italiano, 2016, I, c. 3468; Corte de Cassação, 20 de abril de 2016, n. 7774; Corte de Cassação, 24 de março de 2016, n. 5880, em Guida al Diritto, n. 22, p. 52 ss., 2016; Corte de Cassação 26 de junho de 2015, n. 13222, em Foro Italiano, I, c. 3169, 2015 .

[301] Corte de Cassação Seções Unidas 11 de novembro de 2008, n. 26972, 26973, 26974, 26975, cit..

[302] DE MATTEIS, Aldo, op. ult. cit., p. 86 ss.; DE MATTEIS, Aldo. Danno differenziale e danno complementare dopo le Sezioni Unite del 2008. Rivista di Diritto della Sicurezza Sociale, p. 402, 2010; LUDOVICO, Giuseppe, op. ult. cit., p. 307 ss..

[303] Corte de Cassação 19 de janeiro de 2015, n. 777, cit.; Tribunal de Vicenza 29 de abril de 2014, n. 1231; Tribunal de Piacenza 18 de fevereiro de 2012, n 102; Tribunal de Reggio Emilia 7 de março de 2011, n. 330; Trib. Milão 4 de fevereiro de 2011, n. 622; Trib. Milão 1 de fevereiro de 2011, n. 519; Tribunal de Milão 2 de novembro de 2010, n. 4852; Tribunal de Siena 27 de outubro de 2010, n. 554; Tribunal de Milão 31 de agosto de 2010, n. 3562; Tribunal de Pisa 3 de junho de 2010, n. 733; Tribunal de Montepulciano 19 de junho de 2009, n. 149; Tribunal de Milão 9 de junho de 2009, n. 7515; Tribunal de Piacenza 4 de junho de 2009, n. 401, em Giur. mer., 2010, p. 97; Tribunal de Pordenone 12 de março de 2009, n. 40; Tribunal de Vicenza 10 de fevereiro de 2009. Rivista Italiana di Diritto del Lavoro, 2009, II, p. 895; Tribunal de Roma 8 de janeiro de 2009, n. 93; Tribunal de Novara 12 de junho de 2008; Tribunal de Milão 10 de maio de 2005, n. 5298; Tribunal de Rovereto 21 de abril de 2005, em Rassegna di giurisprudenza del lavoro del Veneto, 2005, p. 101; Tribunal de Turim 9 de novembro de 2004, em Rassegna di Giurisprudenza del Lavoro del Veneto, p. 97, 2005.

benefício acidentário, um valor total superior ao dano sofrido. Isso acontece quando o benefício acidentário pago para o dano biológico é maior do que o valor da indenização do mesmo dano reconhecida pelo juiz civil, o que pode acontecer em caso de concurso de culpa do trabalhador, pois nestes casos o valor da indenização é diminuído proporcionalmente à culpa do lesado, enquanto o montante do benefício acidentário não sofre alguma redução.

Com o objetivo de orientar os juízes na direção mais favorável ao INAIL, o legislador interveio, assim, sobre os artigos 10 e 11 do T.U., dando origem a um acalorado debate que, como se verá, logo levou o mesmo legislador à revogação das mudanças introduzidas apenas alguns meses antes.

As numerosas críticas se concentraram antes de tudo na infeliz escolha de introduzir mudanças tão profundas dentro de um texto normativo – a Lei Orçamentária de 2019 – caraterizado por muitas disposições com conteúdo muito diferente. Em particular, o artigo 1º, parágrafo 1126 da Lei nº 145 de 2018 (Lei Orçamentária de 2019) alterou o texto dos artigos 10 e 11 do T.U. com algumas expressões que, na intenção do legislador, deveriam orientar a interpretação jurisprudencial no sentido da quantificação do dano diferencial por meio de uma comparação total entre indenização e benefício acidentário[304]. Mais especificamente, o parágrafo 6 do artigo 10 do T.U.,

---

[304] Para uma análise das mudanças, ver LUDOVICO, Giuseppe, Il danno differenziale dopo la legge di bilancio 2019 e il vero intento del legislatore, em Giustizia Civile.com, 2019, n. 5, 8 de maio de 2019; ROSSETTI, Marco. La maledizione di Kirchmann, ovvero che ne sarà del danno differenziale. Disponível em: www.questionegiustizia.it; GIUBBONI, Stefano. Il risarcimento del danno differenziale da infortunio sul lavoro dopo la legge di bilancio. Rivista di Diritto della Sicurezza Sociale, p. 183 ss., 2019; RIVERSO, Roberto. Diminuisce il risarcimento per gli invalidi sul lavoro. Disponível em: www.giustiziainsieme.it; BONA, Marco, Legge di bilancio 2019 e "danno differenziale INAIL": nessun segno meno per i lavoratori danneggiati. Disponível em: www.ridare.it; CORSALINI, Guglielmo; DE MATTEIS, Aldo. Il concorso tra risarcimento e indennizzo dinanzi alle giurisdizioni superiori. I riflessi sull'azione di rivalsa dell'INAIL. Rivista di Diritto della Sicurezza Sociale, p. 180 ss, 2019.

foi reformulado introduzindo a expressão "*a indenização calculada globalmente para os danos cobertos pelo seguro social*", enquanto o parágrafo 7 da mesma disposição foi emendado inserindo a expressão "*por qualquer razão e indiscriminadamente*". O parágrafo 8 também foi reformulado na forma seguinte: "*Para os fins dos parágrafos anteriores, a indenização por acidente será representada pelo valor do capital da anuidade pago globalmente*".

O parágrafo 1º do artigo 11 do T.U. também foi reformulado de forma a conceder ao INAIL a ação regressiva "*dentro dos limites do dano total indenizável*".

A nova lei – como já dito – imediatamente levantou muitas dúvidas e dificuldades interpretativas, especialmente por causa da escolha de recorrer à técnica da reforma parcial dentro de um texto já cheio de significados profundos. A importância e a suscetibilidade das questões teriam merecido uma intervenção mais atenta dentro de uma reforma orgânica do T.U., cujas regras revelam muitas vezes significados resultantes da sobreposição de numerosas elaborações doutrinárias e jurisprudenciais.

Pelo contrário, o legislador preferiu optar por uma intervenção mais limitada, o que revelou uma série de problemas interpretativos, tornando difícil também a identificação do objetivo verdadeiro do legislador. Isto se deveu a uma evidente falta de coordenação entre as emendas introduzidas aos artigos 10 e 11 do T.U.: enquanto o parágrafo 6º do artigo 10 tomou como base de cálculo a indenização "*calculada globalmente para os danos cobertos pelo seguro social*", o parágrafo 1º do artigo 11, no texto resultante da emenda, reconheceu o direito de regresso do INAIL "*dentro dos limites do dano total indenizável*". Assim, as duas disposições pareciam aludir a um critério diferente de comparação entre indenização e benefício social: enquanto o artigo 10 implicava claramente que a comparação tinha de ser feita globalmente dentro dos danos cobertos pelo seguro social, o artigo 11, por outro lado, se referiu ao dano civilisticamente indenizável.

Esses problemas interpretativos foram agravados por outras críticas causadas pela decisão do legislador de vincular as emendas à redução trienal das contribuições patronais nos termos dos parágrafos 1121 e seguintes da mesma Lei nº 145 de 2018, levantando o suspeito que o critério mais favorável ao INAIL foi introduzido para compensar, embora parcialmente, as menores receitas decorrentes da revisão da contribuição[305].

Apenas seis meses após as emendas introduzidas pela Lei Orçamentária de 2019, o legislador reviu suas decisões anteriores, restabelecendo o texto das previsões em vigor na data de entrada em vigor da emenda. Em particular, com o artigo 3-*sexies*, parágrafo 1, do Decreto-Lei nº 34 de 30 de abril de 2019 (o chamado "Decreto de Crescimento"), convertido, com emendas, pela Lei nº 58 de 28 de junho de 2019, o legislador revogou os parágrafos as emendas introduzidas pelo parágrafo 1126 do artigo 1, da Lei nº 145 de 2019[306].

Os artigos 10 e 11 T.U. foram assim devolvidos às suas formulações originais, deixando novamente ao jurista a tarefa de identificar o critério de quantificação do dano diferencial e de comparação entre a indenização e o benefício acidentário.

Obviamente, surgiu o problema de uma disciplina que viu repetidamente mudar o significado de suas regras no espaço de poucos meses, dando origem a três regimes diferentes. A jurisprudência que interveio imediatamente após a entrada em vigor das mudanças

---

305 Assim RIVERSO, Roberto, op. cit.

306 Sobre o ponto ver LUDOVICO, Giuseppe. La retromarcia del legislatore sui criteri di calcolo del danno differenziale. *Giustizia Civile.com*, n. 7, 2019.

previstas pela Lei Orçamentária de 2019 esclareceu que as emendas poderiam ser aplicadas somente aos acidentes de trabalho e doenças ocupacionais ocorridas após o 1º de janeiro de 2019, enquanto, para eventos anteriores a essa data, continuaria a ser aplicado o texto anterior dos artigos 10 e 11 do T.U.[307]

O Decreto-Lei nº 34/2019, assim como a disposição contida na Lei Orçamentária de 2019, pode ser aplicado somente após a sua entrada em vigor, não podendo ser qualificado como norma de interpretação autêntica e com efeito retroativo.

Isto significa que a versão atualmente vigente dos artigos 10 e 11 do T.U. pode ser aplicada somente aos eventos ocorridos após o 30 de junho de 2019 (data em que Decreto-Lei nº 34/2019 entrou em vigor), enquanto antes esta data e até o 29 de junho de 2019 continuarão a ser aplicáveis as disposições do T.U. na versão alterada pela Lei Orçamentária de 2019.

---

[307] Assim Corte de Cassação 27 de março de 2019, n. 8580, *Il Lavoro nella Giurisprudenza*, n. 6, p. 626, 2019; Corte de Cassação 21 de maio de 2019, n. 13645.

# CONCLUSÕES

Em conclusão, a evolução do sistema geral da responsabilidade civil não deixou indiferentes as regras ressarcitórias e previdenciárias do direito trabalhista que, além de algumas peculiaridades, prontamente se adaptaram às mudanças introduzidas pela interpretação constitucionalmente orientada promovida pela Corte de Cassação e a Corte Constitucional.

Por mais que tais regras tenham assumido um significado indubitavelmente mais coerente com os valores consagrados pela Constituição, superando a condição do crime indicada no artigo 2059 em caso de lesões de interesses invioláveis da pessoa, permanece insolúvel a contradição entre um sistema projetado para dar a máxima tutela ressarcitória de tais valores e a evidente inadequação das ferramentas de que dispõe o ordenamento para garantir àqueles mesmos valores a plena efetividade.

A importância que o remédio ressarcitório vem assumindo no direito trabalhista, concentrando na tutela por equivalente econômico a garantia dos valores fundamentais da persona, ofuscou completamente o princípio da prioridade no âmbito contratual da execução de forma específica. Isso parece ainda mais paradoxal na disciplina do vínculo trabalhista, em que tais valores encontram a sua máxima consagração através da obrigação expressamente atribuída ao empregador de tutelar a integridade física e a personalidade moral do trabalhador nos termos do artigo 2087 do Código Civil.

E o paradoxo adquire proporções ainda maiores diante do fato que o direito trabalhista caracterizou-se, ao longo da sua evolução, pela previsão de remédios visantes a garantir o adimplemento em forma específica por parte do empregador. Basta pensar na sentença de *"reintegração do trabalhador no local de trabalho"* em caso de despedimento injustificado prevista no artigo 18 do Estatuto dos Trabalhadores[308] ou então à sentença de *"cessação do comportamento, da conduta ou do ato discriminatório"*[309] que o juiz pode adotar quando houver elementos que consintam presumir a existência de uma discriminação ou de um assédio, inclusive sexual[310], definidos como *"comportamentos indesejados [com conotação sexual, expressos de forma física, verbal ou não verbal] com o objetivo ou com o efeito de violar a dignidade de uma pessoa e de criar uma atmosfera de intimidação, hostil, degradante, humilhante ou ofensiva"*[311].

Pois bem, se essas disposições deixam presumir uma clara preferência da matéria trabalhista pelos remédios que visam garantir a execução de forma específica, é preciso estar cientes, de modo geral, que o pleito ressarcitório tenha assumido um papel central que se põe em evidente contradição com a natureza inviolável dos direitos que são tutelados através do ressarcimento. E isto se dá, na medida que – como foi observado por fontes abalizadas – o remédio ressarcitório constitui um instrumento de tutela adequado em situações de caráter exclusivamente patrimonial, enquanto a mesma forma de tutela apresenta-se *"totalmente inadequada onde o bem a ser garantido seja*

---

[308] Artigo 18 da lei 20 de maio de 1970, n. 300, Estatuto dos trabalhadores.

[309] Artigo 28 de Decreto Legislativo 1° de setembro de 2011, n. 150.

[310] O assédio, inclusive o sexual, é equiparado expressamente à discriminação nos termos do artigo 26, parágrafos 1 e 2, do Decreto Legislativo 11 de abril de 2006, n. 198.

[311] Artigo 2, parágrafo 3, do Decreto Legislativo 9 de julho de 2003, n. 213.

*concernente a situações de caráter exclusivamente (ou prevalentemente) não patrimonial*"[312].

O motivo da inadequação é mais que evidente: a natureza fundamental e inviolável do interesse para o qual solicita-se a tutela, impede que a sua proteção possa limitar-se ao pagamento de uma simples quantia em dinheiro.

Os prejuízos causados aos interesses fundamentais da pessoa requerem, em síntese, outras ferramentas de proteção, do momento que a própria "*Constituição impede resolvê-los através do cômodo expediente da tutela por meio de equivalente monetário*"[313].

A exigência de garantir aos valores fundamentais da pessoa uma tutela plena e efetiva que não se resolva com o mero pagamento de um equivalente monetário, torna-se obviamente ainda mais patente na disciplina da relação trabalhista, na qual a prestação de trabalho não constitui apenas o meio de cumprimento do vínculo contratual, mas acima de tudo um instrumento de realização da pessoa[314].

Tais considerações receberam confirmação nas sentenças das Seções Unidas da Cassação, as quais, a propósito do direito à reintegração sancionado pelo artigo 18 do Estatuto dos Trabalhadores, declararam que "*a obrigação de reconstruir a situação anterior à lesão do crédito tornando possível assim a plena satisfação do credor*" "*constitui a tradução no direito substancial do princípio*" "*segundo o qual o processo*" "*deve dar à parte lesada tudo aquilo e justamente*

---

312 Assim PISANI, Andrea Proto. *Le Tutele Giurisdizionali dei Diritti*. Napoli: Jovene, 2003, p. 121, mas antes PISANI, Andrea Proto. Appunti sulla tutela di condanna. *Rivista Trimestrale di Diritto e Procedura Civile*, p. 1.104 ss, 1978.

313 Assim ainda PISANI, Andrea Proto, *Le Tutele Giurisdizionali dei Diritti*, cit., p. 121.

314 Valerio Speziale, op. cit., p. 3; SPEZIALE, Valerio. Processo del lavoro, certezza del diritto ed effettività delle tutele. In: WP C.S.D.L.E. *Massimo D'Antona* n. 215, p. 5-6, 2014.

*aquilo que lhe cabe em conformidade com a norma substancial*"[315]. Isto significa que a substituição da obrigação ressarcitória no lugar do adimplemento constitui uma exceção à regra da tutela de forma específica consagrada no artigo 24 da Constituição e "*esta conclusão válida no plano geral é ainda mais pertinente no direito do trabalho*" "*porque o direito do trabalhador ao seu posto de trabalho protegido pelos artigos 1, 4 e 35 da Constituição, sofreria uma expropriação substancial se fosse reduzido por via de regra ao direito a um montante*"[316].

Todavia, a realização dos princípios enunciados pelas Seções Unidas encontrou até agora um obstáculo que é a presumida inexecutividade da conduta do empregador e a consequente incoercibilidade da mesma através dos instrumentos da execução forçada previstos pelos artigos 612 e seguintes do Código Processual Civil. Isto se deve à difusa convicção de que o empregador seria insubstituível na realização da conduta requerida pelo artigo 2087, com o resultado da sua imunidade à execução em forma específica.

A tendência a privilegiar o remédio ressarcitório no lugar da coação ao adimplemento da obrigação nutre-se, contudo, de outras e mais profundas motivações inclusive de caráter ideológico: por um lado, a convicção que considera qualquer imposição ao empregador como uma indevida ingerência na liberdade de iniciativa econômica privada reconhecida pelo artigo 41, parágrafo primeiro, da Constituição; por outro lado, a presunção igualmente difusa que numa economia de mercado a indenização constitua a melhor forma de

---

[315] Corte de Cassação Seções Unidas 10 de janeiro de 2006, n. 141, em *Diritto del Lavoro*, II, p. 181, 2006.

[316] Corte de Cassação Seções Unidas 10 de janeiro de 2006, n. 141, cit.. No mesmo sentido posteriormente: Corte de Cassação 30 de julho de 2014, n. 17372, em *Guida al diritto*, n. 38, p. 36, 2014; Corte de Cassação 18 de junho de 2012, n. 9966; Corte de Cassação 18 de junho de 2012, n. 9965, em *Rivista Critica di Diritto del Lavoro*, p. 815, 2012; Corte de Cassação 18 de novembro de 2010, n. 23302.

tutela de quaisquer valor, inclusive aqueles de natureza fundamental consagrados pela Constituição[317].

Ambas as afirmações são, contudo, inequivocamente desmentidas pela evolução da disciplina geral de proteção do consumidor a qual, inclusive impulsionada pelo legislador europeu, identifica na execução em forma específica a melhor garantia em prol do comprador de um bem ou de um serviço[318].

É, portanto, insólito que o cumprimento em forma específica seja considerado pouco compatível com a liberdade de empresa quando a solicitá-lo é o trabalhador para tutelar seus próprios direitos fundamentais, enquanto esta mesma medida torna-se central e principal forma de tutela dos interesses patrimoniais do consumidor no mercado de bens[319].

Mesmo admitindo que o instrumento da execução forçada seja dificilmente utilizável em caso de condutas que podem ser realizadas apenas com a colaboração ativa do próprio empregador, não faltam, contudo, eficazes medidas de coação indireta ao adimplemento que consistem em impor ao devedor o pagamento de uma determinada quantia em caso de não execução da condenação ao adimplemento.

Trata-se do chamado "*astreinte*", ou seja, de uma medida coercitiva indireta que visa induzir o devedor ao adimplemento. Um instrumento que não é desconhecido ao direito trabalhista italiano, o qual, em matéria de dispensa, dispõe ao artigo 18 do Estatuto

---

317 SPEZIALE, Valerio. Situazioni delle Parti e Tutela in Forma Specifica nel Rapporto di Lavoro, cit., p. 64.

318 O Art. 130 do Decreto Legislativo 6 de setembro de 2005, n. 205 (c.d. Código do consumo) prevê que, em caso de defeitos do bem, o comprador tem o direito a reparação, substituição ou redução adequada do preço ou rescisão do contrato. Sobre a prioridade da execução de forma específica no Código do consumo, ver MAZZAMUTO, Salvatore, *Il Contratto di Diritto Europeo*, cit., p. 397 ss, e 466 ss.

319 SPEZIALE, Valerio, op. ult. cit., p. 5-6.

dos Trabalhadores a condenação do empregador ao pagamento da retribuição do dia da dispensa ilegítima até o dia da efetiva reintegração do trabalhador reconhecida pelo juiz[320]. A sanção econômica constituída pelo pagamento da retribuição tem, por conseguinte, a função de induzir o empregador a executar espontaneamente a condenação à reintegração, com o efeito que o empregador é livre formalmente de não cumprir a ordem judicial, mas suportando o custo do salário sem receber prestação de trabalho alguma. Tais medidas econômicas de coação indireta ao adimplemento da ordem de execução poderiam vir a ser instrumentos particularmente eficazes para conjugar a incoercibilidade da conduta do empregador com a garantia dos direitos fundamentais do trabalhador[321].

Já não parece coerente com a natureza inviolável de tais direitos continuar a privilegiar o recurso ao instrumento ressarcitório, fazendo com que prevaleça a monetização do direito no lugar da sua efetiva realização.

Ao final, a importância e a profunda evolução em muitos sistemas jurídicos do tema da indenização dos danos não patrimoniais representam a confirmação mais evidente da incapacidade dos legisladores de garantir a realização efetiva dos direitos dos trabalhadores à segurança do trabalho que, perante essa incapacidade, são destinados a ser monetizados, confundindo dessa forma o direito com o seu equivalente monetário.

---

[320] Assim DELL'OLIO, Matteo. Licenziamenti illegittimi e provvedimenti giudiziari. In: *Giornale di Diritto del Lavoro e Relazioni Industriali*, p. 467, 1987; GHERA, Edoardo. Le tecniche di tutela nello Statuto dei lavoratori. *Giornale di Diritto del Lavoro e Relazioni Industriali*, p. 636 ss., 1991; MAZZOTTA, Oronzo. *I Licenziamenti*. Milão: Giuffrè, 1999, p. 1011.

[321] SPEZIALE, Valerio, op. cit., p. 64-65; NOGLER, Luca. "Diritto contrattuale europeo": il punto di vista del diritto del lavoro. MONTUSCHI, Luigi (coord.). *Un Diritto in Evoluzione. Studi in Onore di Yasuo Suwa*. Milão: Giuffrè, 2007, p. 83-84.

# REFERÊNCIAS


ALVES, Alexandre Ferreira de Assumpção. **A Pessoa Jurídica e os Direitos da Personalidade**. Rio de Janeiro: Renovar, 1998.

ALVIM, Agostinho. **Da Inexecução das Obrigações e suas Consequências**. Rio de Janeiro: Jurídica e Universitária, 1965.

AMARANTE, Aparecida I. **Responsabilidade Civil por Dano à Honra**. 3. ed. rev. e atual. Belo Horizonte: Del Rey, 1996.

BELMONTE, Alexandre Agra. **Tutela da Composição dos Danos Morais nas Relações de Trabalho**: identificação das ofensas morais e critérios objetivos para quantificação. São Paulo: LTr, 2014.

BIANCA, Cesare Massimo. **Diritto Civile. L'obbligazione**, Vol. 4. Milão: Giuffrè, 1993.

BITTAR, Carlos Alberto. **Os Direitos da Personalidade**. Rio de Janeiro: Forense Universitária, 1989.

BITTAR, Carlos Alberto. **Reparação Civil por Danos Morais**. 2. ed. São Paulo: RT, 1994.

BUSNELLI, Francesco Donato. Quale futuro per il danno alla salute?, In: BARGAGNA, Marino; BUSNELLI, Francesco Donato (coord.). **La Valutazione del Danno alla Salute**. Pádua: Cedam, 1995.

CANOTILHO, José Joaquim Gomes. **O Provedor de Justiça e o efeito horizontal dos direitos, liberdades e garantias.** Disponível em: http://www.provedor-jus.pt/publicações/sessao/gcanotilho.htm. Acesso em: 20 fev. 2003.

CARMO, Júlio Bernardo do O. Dano moral e sua reparação no âmbito do direito civil e do trabalho. **Revista LTr**, 60-63/318.

CASTELLO, Jorge Pinheiro. Do dano moral trabalhista. **Revista LTr**, v. 59, n. 4, abril 1995.

CASTRO, Guilherme Couto de. **A Responsabilidade Civil Objetiva no Direito Brasileiro**. 2. ed. Rio de Janeiro: Forense, 1997.

CAVALIERI FILHO, Sérgio. **Programa de Responsabilidade Civil**. 6. ed. São Paulo: Malheiros, 2005.

CUPIS, Adriano de. **Os Direitos da Personalidade**. Lisboa: Livraria e Editora Morais, 1961.

DINIZ, Maria Helena. **Curso de Direito Civil**, vol. 7. São Paulo: Saraiva, 2003.

FLORINDO, Valdir. A justiça do trabalho e o dano moral decorrente da relação de emprego. **Revista LTr**, v. 59, n. 3, março 1995.

FRANÇA, Rubens Limongi. **Instituições de Direito Civil**. 3. ed. São Paulo: Saraiva, 1994.

FRANÇA, Rubens Limongi. **Manual de Direito Civil**, vol. I. São Paulo: RT, 1966.

GABBA. **Questione di Diritto Civile**. II. Torino: Fratelli Rocca, 1898.

GAETA, Lorenzo. **Infortuni sul lavoro e responsabilità civile**. Alle origini del diritto del lavoro. Napoli: Esi, 1986.

GIUBBONI, Stefano. Il danno patrimoniale da inabilità permanente al lavoro fra indennizzo e risarcimento. **Rivista Critica di Diritto del Lavoro**, 2005.

GIUBBONI, Stefano; LUDOVICO, Giuseppe; ROSSI, Andrea. **Infortuni sul Lavoro e Malattie Professionali**. Pádua: Cedam, 2020.

GOMES, Orlando. **Introdução ao Direito Civil**. 9. ed. Rio de Janeiro: Forense, 1987.

GOMES, Orlando. **Obrigações**. Rio de Janeiro: Forense, 1986.

GONÇALVES, Carlos Roberto. **Responsabilidade Civil**. 6. ed. São Paulo: Saraiva, 1995.

ICHINO, Pietro. **Il Contratto di Lavoro**, Vol. II. Milão: Giuffrè, 2003.

LANOTTE, Massimo. **Il Danno alla Persona nel Rapporto di Lavoro**. Turim: Giappichelli, 1998.

LARENZ, Karl. **Tratado de Derecho Civil Alemãn – parte general**. Trad. de Miguel Izquierdo. Madrid: Editoriales de Derecho Reunidas, 1978.

LEGA, Carlo. **La Capacità Lavorativa e la sua Tutela Giuridica**. Milão: Giuffrè, 1950.

LUDOVICO, Giuseppe. La retromarcia del legislatore sui criteri di calcolo del danno differenziale. **Giustizia Civile.com**, n. 7, 2019.

LUDOVICO, Giuseppe. **Tutela Previdenziale per gli Infortuni sul Lavoro e le Malattie Professionali e Responsabilità Civile del Datore di Lavoro**. Milão: Giuffrè, 2012.

MARANDO, Giuseppe. **Responsabilità, Danno e Rivalsa per gli Infortuni sul Lavoro**. Milão: Giuffrè, 2003.

MARINO, Vincenzo. **La Responsabilità del Datore per Infortuni e Malattie da Lavoro**. Milão: F. Angeli, 1990.

MAZZAMUTO, Salvatore. **Il Mobbing**. Milão: Giuffrè, 2004.

MENDES, Gilmar Ferreira, Os direitos individuais e suas limitações: breves reflexões. In: MENDES, Gilmar et al. **Hermenêutica Constitucional e Direitos Fundamentais**. Brasília: Brasilia Jurídica, 2002.

MONATERI, Pier Giuseppe; BONA, Marco; OLIVA, Umberto. **Il Nuovo Danno Alla Persona**. Milano: Giuffrè, 1999.

MONATERI, Pier Giuseppe; BONA, Marco; OLIVA, Umberto. **Mobbing**. Vessazioni sul Lavoro. Milão: Giuffrè, 2000.

MONTUSCHI, Luigi. **Diritto alla salute e organizzazione del lavoro**. Milão: F. Angeli, 1989.

MORAES, Maria Celina Bodin de. O princípio da dignidade humana. In: **Princípios do Direito Civil Contemporâneo**. Rio de Janeiro: Renovar, 2006.

NOGLER, Luca. La deriva risarcitoria della tutela dei diritti involabili della persona del lavoratore dependente. **Quaderni di Diritto del Lavoro e Relazioni Industriali**, 2006, n. 29.

PEDRAZZOLI, Marcello. Introduzione. In: PEDRAZZOLI, Marcello (coord.). **Danno Biologico e Oltre**. Turim: Giappichelli, 1995.

PEREIRA, Caio Mário da Silva. **Responsabilidade Civil**. 4. ed. Rio de Janeiro: Forense, 1993.

PINHO PEDREIRA. A reparação do dano moral no direito do trabalho. **Revista LTr**, n. 55, 1991.

PISANI, Andrea Proto. Appunti sulla tutela di condanna. **Rivista Trimestrale di Diritto e Procedura Civile**, p. 1.104 ss, 1978.

PISANI, Andrea Proto. **Le Tutele Giurisdizionali dei Diritti**. Napoli: Jovene, 2003.

PIZZOFERRATO, Alberto. **Molestie Sessuali sul Lavoro**. Fattispecie giuridica e tecniche di tutela. Pádua: Cedam, 2000.

POLETTI, Dianora. Il danno da infortunio sul lavoro alla luce del d.lgs. n. 38/2000. **Responsabilità Civile e Previdenza**, 2001.

REALE, Miguel. **Temas de Direito Civil, O Dano Moral no Direito Brasileiro**. São Paulo: RT, 1992.

REIS, Clayton. **Os Novos Rumos da Indenização do Dano Moral**. São Paulo: Forense, 2002.

ROMITA, Arion Sayão. **Direitos Fundamentais nas Relações de Trabalho**. São Paulo: LTr, 2005.

SILVA, Wilson Melo da. **O dano moral e sua reparação** (tese). Belo Horizonte: Faculdade de Direito da UFMG, 1949.

SIMI, Valente. Interesse pubblico ed attività amministrativa nella tutela della sicurezza del lavoro. **Rivista degli Infortuni e delle Malattie Professionali**, 1969.

SPEZIALE, Valerio. Processo del lavoro, certezza del diritto ed effettività delle tutele. In: **WP C.S.D.L.E. Massimo D'Antona**, n. 215, 2014.

SÜSSEKIND, Arnaldo. Tutela da personalidade jurídica do trabalhador. **Revista LTr**, n. 59, maio 1995.

TURSI, Armando. Il danno non patrimoniale alla persona nel rapporto di lavoro: profili sistematici. **Rivista Italiana di Diritto del Lavoro**, n. I, 2003.

VON JHERING, Rudolf. **Actio injuriarum des lésions injurieuses en droit romain (et en droit français)**. Trad. Meulenaere. Paris: Chevalier, 1888.

ZENO-ZENCOVICH, Vincenzo. Danni non patrimoniali e inadempimento. In: VISINTINI, Giovanni (coord.). **Risarcimento del Danno Contrattuale ed Extracontrattuale**. Milão: Giuffrè, 1984.

ZIVIZ, Patrizia. **I Danni Non Patrimoniali**. Turim: Utet, 2012.

ZIVIZ, Patrizia. Verso un altro paradigma risarcitorio. In: CENDON, Paolo; ZIVIZ, Patrizia (coord.). Il Danno Esistenziale. **Una nuova categoria della responsabilità civile**. Milano: Giuffrè, 2000.